통합적 유아 음악교육 유아와 함께

노래 부르기

통합적 유아 음악교육

유아와 함께 노래 부르기

김진영 지음

Singing in the Early Childhood Curriculum

(주)교 문 사

머리말

이 책이 나오기까지 다양한 모습으로 함께 해주신 여러분들께 감사의 마음을 전합니다.

제가 유아 음악교육이라는 영역에 집중할 수 있도록 언제나 넉넉한 터를 마련해 주시는 이화여자대학교 유아교육과 교수님들과 선배님들, 그리고 동기들과 후배 여러분들께 감사를 드립니다. 특별히 이 책을 집필할 수 있는 뿌리가 자랄 수 있도록 좋은 토양을 제공해 주시고, 유치원 교사로서 많이 배우도록 도와주신 이정환 교수님과 나의 새로운 생각들을 언제나 격려해 주셨던 이화여자대학교 부속 유치원 동료 선생님들께 감사드립니다.

'유아 음악교육'이라는 영역에 서 있는 저의 존재를 귀하게 인정해 주시고, 여러 지역에서 교사 연수에 초대해 주신 장학사님들, 원장 · 원감선생님들, 유아교육진흥원, 유아인지연구회 여러분들 그리고 기쁨으로 연수에 참여해 주신 유아 교사 여러분께 감사를 드립니다. 여러분들께서 보여 주신 관심과 열정은 저에게 유아 음악교육을 위한 필요를 생각하게 하는 동기 유발이 되고 큰 힘이 되었습니다.

'유아 예능 교육 세미나'와 '유아 음악 교육 세미나'를 통해 깊이 있는 토론과 세심한 제언, 그리고 현장 적용으로 함께 동참해 주신 이화여자대학교 유아교육 석 · 박사과정생 여러분, 그리고 새로운 도구 개발을 위해 바쁜 시간을 쪼개어 동고동락한 난이도지수 프로젝트 팀의 김언경 · 서사라 · 정선혜, 홍누리 선생님과 즐거운 마음과 같은 마음으로 효과적인 유아 음악 교수법 에 대한 생각을 나누었던 연수 워크숍 팀원들께 감사를 드립니다.

또한, 삶을 나누는 같은 마음으로 원고 내용을 세심하게 검토해 주신 엄정애 교수님과 좋은 눈을 가진 지원이, 예쁜 모델이 되어준 황지애 선생님 반 아이들과 아인이, 미피 그리고 열매 가족들에게도 감사의 마음을 전합니다.

학문으로는 절대 채울 수 없는 더 큰 사랑으로 언제나 바쁜 딸을 여전히 돌보아 주시는 어머니, 늘 마음에 든든한 힘이 되어주는 언니와 동생, 그리고 무엇보다도 제가 이 세상에서 하는 모든 일을 눈동자와 같이 지켜봐 주시는 하늘에 계신 두 분의 아버지께 이 책에 담은 글자 수 이상만큼의 특별한 사랑을 보냅니다.

끝으로, 유아교육자들을 위해 좋은 책 만드는 일에 마음을 모아 주시는 교문사 류제동 사장님과 백 년 만에 내린 폭설만큼 정성이 담긴 책을 만들기 위해 애써 주신 모든 분들께 감사드리며 성심을 다하는 수고의 열매로 아름다운 기업으로 성장하시길 기원합니다.

저의 작은 나눔이 이 책을 읽는 이들에게 기쁨과 도움이 되기를 소원하며…

2010년 2월

김진영 올림

들어가기 전에

유아교육 현장에서 노래 부르기는 유아들에게는 빼놓을 수 없는 생활의 일부이고 유아 교사가 자주 진행하는 활동 중 하나이기도 합니다. 노래를 즐겨 듣고 부르는 문화적 영향 때문일수도 있겠지만, 교육서나 지도자료서 안에 생활 주제에 따라 분류된 노래와 함께 '새노래 지도'라는 이름으로 제시되는 많은 활동들은 유아 교사들이 편안하게 받아들이고 부담없이 사용할 수 있는 방법들을 가르쳐 줍니다. 그러나 정해진 방법에 따라 활동을 계획하고 실행하는 것에 대하여 안정감을 느끼게 되는 시간이 어느 정도 지나고 나면 자연스럽게 생기는 질문들이 있습니다. 새노래를 가르치기 위해 정해진 순서를 따라야 할까?, 노래 부르기 활동에 더 다양한 방법은 없을까?, 과연 생활 주제에 맞추어 부르고 있는 노래가 내가 가르치고 있는 유아들에게 적절한 노래일까?, 연령에 따라 부르는 노래가 정해져 있을까?, 노래에 따라 배우는 방법이 달라져야 할까? 등과 같은 질문들이죠.

노래 부르기 활동과 관계된 많은 종류의 질문들에 대한 답을 찾기 위해 이 책을 쓰기 시작한 것은 아니었습니다. 이 책은 '김진영 동요'라고 알려져 있는 노래들에 제가 어떤 마음을 담았는지와 더불어 노래를 만들고 사용하면서 생각했던 활동에 대한 아이디어를 공유해 보고자 하는 작은 마음에서 시작된 것입니다. 이렇게 시작된 마음에 더하여 노래 부르기와 관계된 질문들을 스스로에게 해보게 되었습니다. 제가 발견한 것은 '다양성'이라는 것은 우리가 가진 지식이나 기술에 의해서 제한될 수밖에 없다는 것입니다. 같은 노래 부르기 활동을 제시함에 있어서, 시각자료를 잘 만들 수 있는 교사는 노랫말을 전하기 위한 다양한 시각자료를 만드는 방법에 대하여 생각하게 될 것이고, 다양한 종류의 악기를 많이 다룰 수 있는 교사가 있다면 악기로 노래를 반주하며 다양한 소리를 들려주려 할 것입니다. 저는 제가 가진 지식과 기술을 사용하여, 또 다른 다양한 방법들을 제시해 보기로 했습니다. 같은 방법으로 부를 수 있는 다양한 노래를 제시해 보는 동시에, 같은 노래일지라도 다양하게 부를 수 있는 방법을 찾아보기로 한 것입니다.

본 서는 크게 제1부 '노래 부르기의 유아 음악적 기초'와 제2부 '노래 부르기 활동'으로 나누어져 있습니다.

제1장에서는 노래 부르기와 관련된 교수-학습적 지식(pedagogical content knowledge)을 다루었습니다. 첫째, '노래 안에 담긴 음악적 개념'은 음악적인 개념들이 노래 안에 어떤 모습으로 들어 있는지에 대한 이해를 돕기 위한 것입니다. 음악적 개념에 대한 이해는 노래 부르기 활동을 할 때 노랫말뿐만 아니라 노래가 가진 곡조를 어떻게 다양하게 제시할 수 있는지, 노래 부르기 활동은 어떻게 전개할 수 있는지, 그리고 어떻게 노래를 다양하게 활용할 수 있는지 등에 대한 아이디어를 생각해 볼 수 있는 기초가 될 것입니다.

둘째, '노래 부르기를 통한 음악적 활동'에서는 노래 부르기 활동을 어떻게 진행할 수 있으며 다른 음악적 활동들과 통합할 수 있는지에 대한 다양한 방법을 제시해 보았습니다. 노래가 유아들이나 교사들에게 가장 친근하게 다가가는 것이라면 다른 음악적인 활동으로 연결하는 다리 역할을 할 수 있으리라 믿으며, 노래 부르기를 중심으로 통합된 다양한 음악적 활동들을 살펴보았습니다. 노래 부르기 자체가 음악적 활동이 될 수 있는 것처럼 연주하기 등과 같은 다른 음악적 활동들도 물론 그 자체의 의미를 가지고 있습니다. 그러나 이 책은 노래 부르기 중심으로 쓰여졌기 때문에 다른 음악적인 활동들을 더 깊이 있게 다루지는 않았습니다. 기회가 되면 다른 음악적 활동들에 대한 내용을 다른 책을 통해 다루어보고자 하는 소망을 남깁니다.

셋째, 노래 부르기의 통합적 접근은 유아교육과정 내에서 노래 부르기가 어떻게 다양한 모습으로 녹아져 있는지를 살펴보기 위한 것입니다. 통합의 의미를 함께 되새겨 보며 통합의 요소들과 노래의 관계를 살펴보았습니다. 이 장의 앞부분에 제시된 '난이도지수'는 이 책을 통하여 처음 소개되는 노래 분석 도구입니다. 유아들에게 적합한 노래를 분별하기 위해 계발된 이 도구가 유아 음악교육에 유용하게 쓰이길 바라며, 부족한 연구물들을 토대로 만들어진 도구의 한계점을 생각할 때, 유아들의 음악적 발달 능력이나 노래의 적합성에 대한 더 많은 연구들이 나와야 할 것이라 생각됩니다.

1부에서는 되도록이면 적은 수의 노래를 예로 들어 반복적으로 사용하였습니다. 하나의 노래가 다양한 요소들을 포함하고 있는 것처럼 같은 노래가 다양하게 쓰여질 수 있음을 제시하기 위한 것입니다.

제2부는 노래 부르기 활동을 위한 자료집으로 제가 그동안 만든 유아들과 함께 부르는 모든 노래들에 대한 설명을 담았습니다. 각 노래에 대한 '노래 이야기'는 노래를 만들게 된 배경이나, 노래를 만들면서 가졌던 생각들을 나누고자 한 것입니다. 비록 유아들에게 직접적으로 전할 수 있는 내용이 아닐지라도 노래 안에 담겨 있는 마음이기에 그 마음을 공유하는 교사들이 노래를 제시하거나 부르면 그 마음이 함께 전해질 것이라 믿기 때문입니다.

'활동을 위한 제안'은 노래 부르기 활동을 할 때 다양하게 활용해 볼 수 있도록, 필자의 생각이나 아이디어를 모아놓은 것입니다. 여기에 제안된 내용들은 한 번의 활동에 사용되기 위한 교육 계획안이 아니므로 활동 목표와 자료는 생략했습니다. 이책의 1부에서 제시된 음악적 개념, 활동방법, 예시된 활동 목표, 다양한 시각자료의 활용법들을 응용하여 교사가 가르치는 유아들에게 적절하게 활동을 재구성하면 되겠습니다.

제안에 포함된 내용들은 1) 사전활동, 2) 노래 부르기, 3) 통합활동입니다. '사전활동'은 노랫말과 관련된 이야기 나누기를 비롯하여 노래와 직접 관련되는 활동이나 사전 준비활동들을 포함하여 어떤 맥락에서 이 노래를 부르게 되는가를 설명하기 위한 것입니다. '노래 부르기'에서는 새노래를 배울 때 어떤 방법으로 다양하게 지도할 수 있는지, 새노래 배우기를 위한 활동으로 계획하지 않아도 되는 경우에는 어떻게 자연스럽게 노래 부르기를 할 수 있는지에 대한 여러 가지 가능성을 제시해 보았습니다. '통합활동'에서는 새노래를 배워보는 것으로 그치지 않고 다양한 기회에 다양한 방법으로 노래를 부를 수 있는 통합적인 활동들을 제안해 보았습니다. 그러나 이 책이 노래 부르기와 관련된 내용에 초점을 맞춘 만큼, 통합적인 활동도 노래 부르기를 중심으로 다른 음률활동 – 연주하기, 듣고 움직이기, 창작하기 등과 어떻게 통합될 수 있는지의 범위 안에서 제시했습니다.

이 책의 각 부분은 유아 음악교육에 대하여 배우고자 하는 유아교육 전공생들이나, 현장에서 유아들과 함께 활동하는 교사들, 또는 유아 음악 교육을 더 깊이 생각해 보기를 원하는 연구자들에게 다양하게 쓰여질 수 있을 것이라 생각됩니다. 이 책을 요리책으로 비유를 하자면, 1부는 요리를 위한 기본 재료들에 대한 설명과 조리법에 대한 기본적인 설명을 담은 것입니다. 그리고 2부는 1부의 재료들과 조리법들을 사용하여 만들어 본 맛보기용의 간단한 요리와 같습니다. 유아교육과정 안에서 유아들과 함께 노래를 부르면서 필요할 것이라고 생각되는 내용들을 담아 보았으나, 사람들이 모두 같은 맛과 취향을 가지지 않은 것처럼, 이 책이 제시하는 내용들이 그대로 모든 이들을 만족시켜 주지 못할 수도 있습니다. 때문에, 이 책을 읽는 독자 또한 그들이 속해 있는 환경과 상황에 따라, 그리고 가르치는 유아들에게 적합하도록 다양하게 활용되어야 할 것입니다. 최선을 다하려 여러 차례에 걸쳐 마음과 노력을 이 책에 쏟아부었지만, 여전히 어휘 등을 완전하게 고치지 못한 미흡함과 그림 등의 시각자료를 더 제시해 주지 못한 것이 아쉬움으로 남습니다. 그러나 이 책에서 얻은 아이디어를 바탕으로 자신들의 생각과 마음을 더하여, 유아 교사들은 유아들과 노래 부르기를 위한 가장 맛있는! 활동을 제공하는 창의력을 충분히 발휘할 수 있을 것이라고 믿습니다.

2010년 2월
김진영

차 례

Part 1

노래 부르기의 유아 음악 교육적 기초

Chapter 1 노래 안에 담긴 음악적 개념

유아교육 현장에서 가장 많이 하는 활동 중 하나가 노래 부르기이다. 집단활동시간에 함께 노래 부르는 것 이외에도, 활동을 시작하기 전 주의 집중을 위해, 또는 하나의 활동에서 다른 활동으로 전이되는 시간을 위한 활동으로 종종 노래를 부르곤 한다. 그렇다면, 노래가 많이 사용되는 이유는 무엇일까? 그것은 노래가 가지고 있는 사람을 끄는 강력한 힘 때문일 것이다. 노래는 시와 곡조의 만남이 목소리를 통해 표현되는 예술이다. 즉, 언어와 음악이 만나서 새로운 예술 형태를 이루고, 그것이 사람의 목소리를 통해 밖으로 표현되는 것이다. 유아 교사가 말로 이야기할 때보다 노래를 사용할 때 유아들의 집중력이 높아지는 것을 본 적이 있을 것이다. 이는 언어에 더하여 음악이 가지고 있는 요소들이 부가시켜 주는 생명력 때문이다. 노래 속의 여러 요소들과 음악적 개념들이 총체적으로 합해져서 각 노래의 독특한 분위기를 만들기 때문에, 한 가지 개념만 분리해서 활동으로 전개하는 데 지나치게 집중하는 것은 바람직하지 않다. 그러나 노래 안에 어떤 요소들이 어떤 음악적 개념을 담고 있는지를 분석적으로 살펴보는 것은 노래를 이해하고 노래 부르기 활동을 다양하게 계획하기 위한 방법을 찾는 데 도움이 될 것이다.

1. 소 리

노래가 언어(노랫말)와 음악(곡조)이 만나서 만들어진 새로운 예술의 형태라면, 이 두 가지 모두의 기본이 되는 것은 '소리(Sound)'이다. 그렇다면 소리란 무엇인가? 단순하게 정의해 본다면 소리는 '귀로 들을 수 있는 것'이다. 그래서 우리는 '소리'라는 단어를 말할 때 '귀(청각)'를 연상하게 된다. 조금 더 자세히 설명해 본다면, 소리는 어떤 물체(또는 성대)의 자극에 의해 생긴 울림이 공기를 타고 이동하여 사람의 청각기관을 자극하여 들리는 것이다. 그러므로 소리가 전달되기까지 필요한 세 가지 요소, 즉 소리를 만드는 물체의 진동, 소리가 진행되는 공간, 그리고 소리를 감지하는 청각을 고려해야 한다 (♪ 1-1).

소리 : 자극의 울림이 공간을 타고 이동하여 귀에 들리는 것

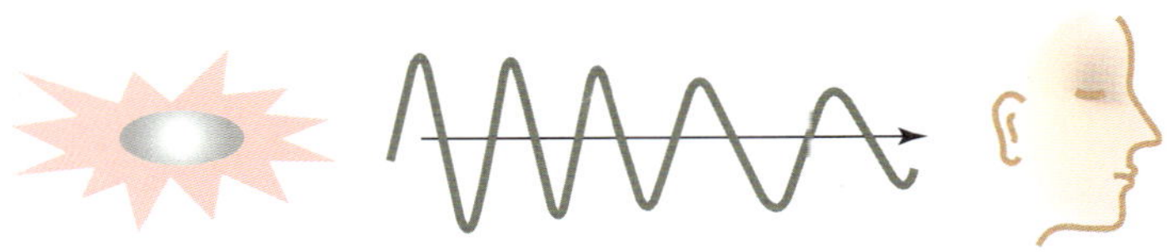

구 분	소리 생산	소리 전달	소리 듣기
과 정	자 극	진동(vibrations)	감 지
필요 요소	물체 또는 성대	공 간	청신경

♪1-1 소리 생산의 요소들

노래 부르기를 위해 선행되어야 할 것은 바로 이러한 '소리'에 대해 아는 것이다. 소리에 관심을 가지고 귀 기울여 듣기, 다양한 소리를 듣고 분류해 보기, 아름다운 소리를 찾고 만들어 보기 등이 소리를 탐색하기 위한 활동의 예이다. 노래는 이러한 소리들 중에서 사람의 목소리로 만들어지는 것이기 때문에 목소리에 대한 탐색은 노래 부르기를 위한 기초활동이 된다. 목소리로 만들어 낼 수 있는 다양한 소리를 찾아보는 활동으로 시작하여 아름다운 목소리를 내려면 어떻게 해야 하는지에 대하여 이야기를 나누어 볼 수 있다(김진영, 1998).

- 노래를 부를 때에는 허리를 펴고 손은 자연스럽게 내린 후 바르게 선다.
- 앉아서 노래를 부를 때에는 의자에 등을 기대지 않고 허리를 곧게 편다.
- 성대가 울려서 나오는 소리가 지나가는 길이 막히지 않도록 턱을 너무 올리거나 고개를 숙이지 않는다.
- 노래를 부를 때 어깨에 힘을 주지 않는다.
- 입은 적당히 크게 벌리고, 노랫말은 잘 알아들을 수 있도록 분명하게 노래한다.
- 숨을 깊이 들이 마셔서 노래할 때 나누어 쓰도록 한다.
- 숨은 배로 쉰다. 다른 말로 하면, 숨을 쉴 때 가슴이 나갔다 들어왔다 하지 않도록 주의한다.

노래를 듣거나 부르는 것 자체가 소리를 듣고 만들어 내는 활동이지만, 노래를 통하여 유아들이 소리에 더욱 집중하도록 도울 수 있다. 예를 들면, 노래 '흔들 흔들'의 마지막 부분에서는 신체의 모든 움직임을 멈추고 청각에만 집중하여 소리를 탐색하도록 도와 준다(노래의 예 1).

♬ 노래의 예 1 ♬

'소리'에 집중하도록 도와주는 노래

흔들 흔들 (후반부)*

작사/곡 김진영

* 주 : 노래의 쉬운 이해를 돕기 위해 원곡의 마지막 네 마디를 다장조로 옮겨 그렸음

'낙엽을 밟으며'와 같은 노래에서는 일상생활에서 지나칠 수 있는 소리를 듣고 그것을 다시 표현해 봄으로써 들리는 소리의 다양성에 대해 생각해 보게 한다(노래의 예 2). 낙엽을 밟을 때에 나는 소리를 '바스락'이나 '부스럭' 이외에도 다양한 의성어로 표현해 보도록 한다. 또한, 낙엽을 밟을 때뿐만 아니라 소리를 탐색할 수 있는 다양한 상황에서 소리를 표현해 볼 수 있다. 예를 들어, '우리 함께 공원에 앉아서 어떤 소리 들리는지 얘기해요'나 '우리 함께 악기 연주하며 어떤 소리 들리는지 얘기해요'처럼 노랫말을 바꾸어 불러본다면, 유아들이 주변에서 들리는 다양한 소리를 찾아 귀를 기울이게 될 것이다.

♬ 노래의 예 2 ♬

소리를 표현해 보기 위한 노래

낙엽을 밟으며 (전반부)*

작사/곡 김진영

* 주 : 노래의 쉬운 이해를 돕기 위해 원곡의 앞부분 네 마디를 다장조로 옮겨 그렸음

2. 음 색

음색(timbre)이란 악기가 가지고 있는 독특한 소리를 의미한다. 사람마다 다른 목소리를 가지고 있어서 목소리만 들으면 누구인지 연상할 수 있는 것처럼 악기도 저마다 다른 소리를 가지고 있다. 유아들은 노래를 부를 때 반주로 사용되는 기타나 피아노와 같은 악기 소리를 들으며 악기의 독특한 음색을 경험하게 된다. 또한, 동요 음반에서 들리는 악기 소리들은 노래에 색다른 느낌을 더해 주기 때문에 노래가 어떻게 편곡되고 어떤 악기를 사용하여 연주되었는지는 유아들이 노래를 듣고 음악을 느끼는 데 영향을 준다.

특별히 악기의 음색에 초점을 맞추어 보도록 도와주는 노래가 있다. 노래 '실로폰을 쳐보자'는 노랫말 속에서 연주되는 악기의 소리를 주의깊게 들어보도록 한다(노래의 예 3). 이를테면 '이 소리를 들어봐 그래 그래 들을게' 하고 노래가 끝나면 노래의 길이 정도가 되는 여덟 마디만큼 악기를 자유롭게 연주하면서 악기의 음색을 탐색해 볼 수 있다. 노랫말의 '실로폰을 쳐보자' 대신 '피아노를 쳐보자'나 '탬버린을 쳐보자' 등과 같이 다른 악기의 이름을 넣어 부르면서 악기 연주를 하면 각 악기의 독특한 소리에 귀를 기울이게 된다.

♬ 노래의 예 3 ♬

악기 음색을 들을 수 있는 노래

실로폰을 쳐보자

작사/곡 김진영

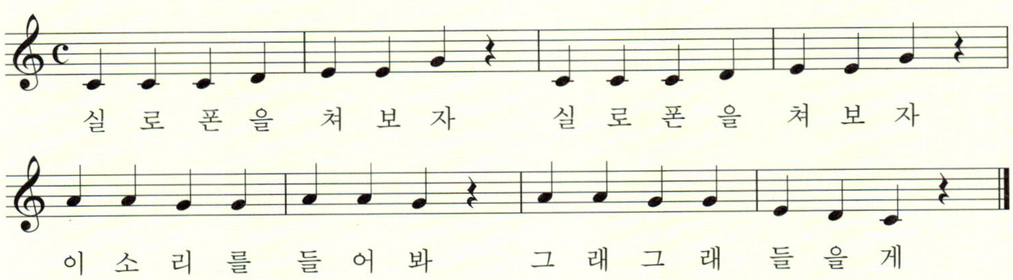

악기의 음색을 탐색할 수 있는 노래의 예

동물들의 악기 연주(동물들이 연주하는 악기를 다양하게 바꿔가며 탐색)
모두 함께 축하해(축하 연주를 하는 악기들을 다양하게 탐색)

노래 '무엇일까?'는 악기의 음색과 더불어 각 악기의 특성을 살펴보기 위한 노래이다(노래의 예 4). 피아노 대신 다른 악기 이름을 넣어 모양이나 특성들을 살펴보고 노랫말을 바꾸어 불러 볼 수 있다. 예를 들면, '동그란 악기' 또는 '기다란 악기'처럼 모양을 표현해 보거나 '손으로 치네' 또는 '활로 켜네'처럼 악기를 연주하는 방법을 표현해 볼 수 있다.

악기를 처음 제시하는 경우나 유아들이 악기의 모양이나 특성 등에 아직 익숙하지 않다면 노래를 부르면서 악기를 볼 수 있도록 함께 연주하는 것이 좋다. 그러다가 차차 유아들이 악기 소리에 익숙해지면, 적절한 도구를 사용하여 악기를 가려놓고 악기의 모양이나 특성을 설명하는 노랫말 부분을 노래하는 대신 악기 소리로만 연주하며 유아들이 음색을 들으면서 어떤 악기인지 상상해 보는 노래놀이 형태로 활동을 발전시켜 볼 수 있다.

비슷한 활동으로 악기 소리 대신 목소리를 사용하는 방법도 있다. 노랫말로 악기를 표현하는 대신 한 유아가 뒤에 숨어서 '안녕 친구들'하고 노래하면 다른 유아들이 '누구일까?'하고 노래로 되묻다가 목소리를 듣고 그 친구가 누구인지 맞춰보는 놀이를 해볼 수 있다.

♬ 노래의 예 4 ♬

음색을 맞춰보기 위한 노래

무엇일까?

작사/곡 김진영

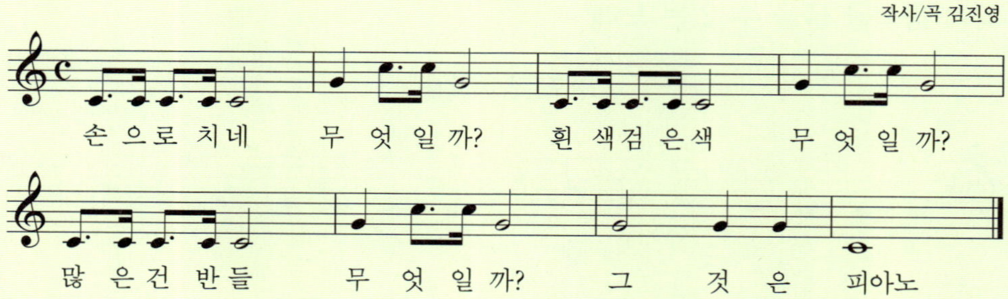

3. 박과 박자

박(beat)이라는 것은 맥이 뛰거나 시계가 똑딱 거리는 것처럼 규칙적이고 동일하게 움직이는 시간 속의 소리 움직임이다(♪1-2). 모든 노래의 기본은 '박'이 된다. 노래의 종류나 난이도와

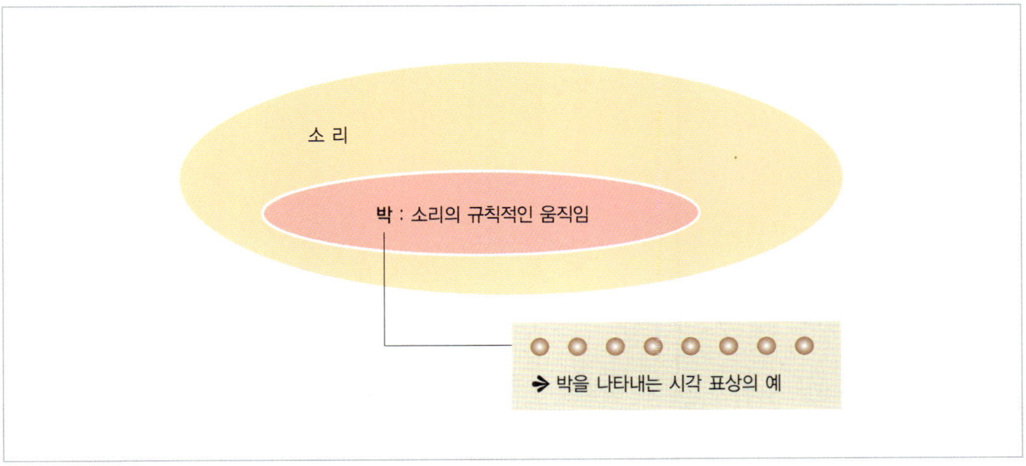

♪ 1-2 노래 안에 통합된 음악적 개념들 : 박

상관없이 '박'은 누구나 쉽게 반응할 수 있을 정도로 간단하다. 유아들이 노래하거나 들을 때 규칙적으로 고개를 끄덕이거나, 몸을 좌우 또는 앞뒤로 움직이거나, 손뼉을 치거나, 발을 구르는 것은 음악 속에 흐르는 이러한 '박'에 반응을 하게 되는 것이다.

이러한 '박'은 음악 안에서 두 개, 네 개, 여섯 개와 같이 짝수로 나뉘거나 세 개, 다섯 개처럼 홀수로 나누어져 진행되는데, 이러한 그룹을 '박자(meter)'라고 부른다(♪ 1-3).

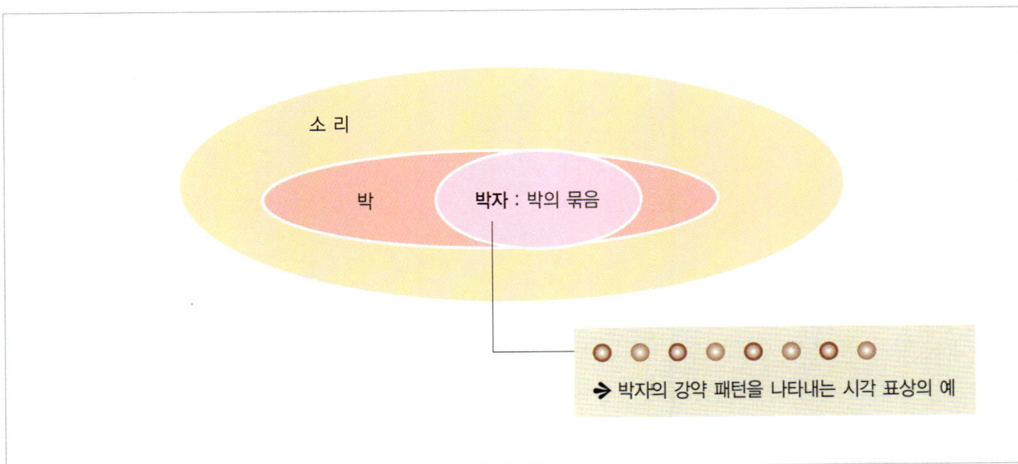

♪ 1-3 노래 안에 통합된 음악적 개념들 : 박자

박자가 다른 음악이나 노래들은 각각 다른 느낌을 가져다 준다. 그러므로 다른 박자로 구성된 음악을 듣거나 노래를 불러봄으로써 다양한 박자의 다름을 느껴볼 수 있다. 2박자는 주로 행진곡과 같은 음악에 쓰여지는 발랄하고 경쾌한 박자이다. 행진하듯이 '하나–둘–하나–둘'을 외치며 발을 굴러보면 '강–약–강–약'과 같은 박자의 강약 패턴이 자연스럽게 느껴질 것이다. 예를 들어, 노래 '동산 가는 길'을 부르며 매 첫 번째(노랫말이 회색으로 강조되어 있는) 박을 두 번째 박보다 강하게 소리낸다(노래의 예 5). 이처럼 두 박자의 패턴을 다양한 방법을 사용해서 만들어 볼 수 있다.

- 행진하듯 걸어보거나, 오른손과 왼손으로 번갈아 가면서 무릎을 치기
- '무릎–손뼉–무릎–손뼉' 등을 치는 것과 같이 몸을 이용하여 다른 두 가지 소리를 찾아 번갈아 소리 내기
- 타악기를 사용하여 박자에 맞추어 연주하기

♬ 노래의 예 5 ♬

2박자의 노래

동산 가는 길

작사/곡 김진영

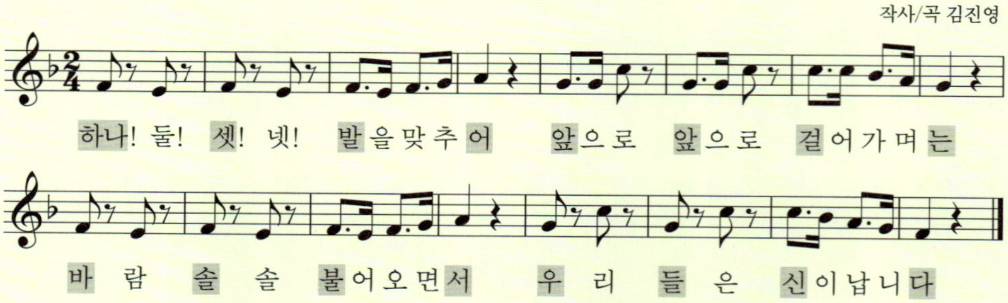

2박자의 강약을 살려서 부를 수 있는 노래의 예

게('따깍'의 첫 박 강조)
기차('칙칙 폭폭'의 첫 음 '칙'과 '폭'에 강세)
나팔꽃('꼬불 꼬불'을 강약으로 나누어 꼬불거리는 느낌)
물놀이('야호'나 '퐁퐁' 같은 의성어의 첫 박에 강세)
시소('통탕 통탕'의 강약을 살려서 좌우로 발구르는 느낌)

2박자에 맞추어 왼손, 오른손으로 번갈아가며 무릎을 쳐보는 것은 손뼉만 반복해서 치는 것보다 유아들이 박자를 맞추어 보는 것에 도움이 된다. 왜냐하면 손뼉을 치다 보면 박자에 맞추어 규칙적인 소리를 만드는 대신 노랫말의 리듬을 따라가게 되는 경우가 종종 생기기 때문이다.

3박자는 주로 왈츠와 같은 춤곡에 많이 쓰이며 2박자처럼 강하지는 않지만 부드럽고 경쾌한 느낌을 준다(노래의 예 6). 흔히 '쿵-작-작, 쿵-작-작'이라고 표현하는 것처럼 3박자의 노래에는 첫 번째 박에 강세가 있고 나머지 두 박은 가볍게 표현된다. 유아들은 '꽃씨 심기' 같은 노래를 부르며 다양하게 표현해 보는 활동을 통해 3박자를 느껴볼 수 있다.

- '무릎-손뼉-손뼉'을 반복해서 쳐보기
- 신체를 이용한 세 가지 다른 소리를 찾아 노래에 맞추어 연주하기
- 3박자인 '강-약-약'에 맞추어 리듬막대 연주하기
- 트라이앵글이나 큰북과 같은 악기를 이용하여 매 첫 '강' 박에만 연주해 보기
- 캐스터네츠나 마라카스 등과 같은 약한 소리를 내는 악기를 이용하여 두 번째와 세 번째 박인 '약' 박에만 연주해 보기
- 지휘하듯이 공중에서 손으로 삼각형 그려 보기
- 3박자를 표현하는 다른 형태의 움직임을 만들어 보기
- 몸을 좌우로 움직여 보기(3박자의 시작하는 박에서 몸의 방향을 바꾼다)
- 왈츠 춤을 추듯이 다리를 움직여 보기

위에 제시한 예는 유아의 발달 정도에 따라 다르게 사용된다. 왜냐하면 유아들의 대/소근육 발달 정도와 움직임을 조절할 수 있는 능력에 따라 박자를 느낄 수 있는 활동이 될 수도 있고 그렇지 않을 수도 있기 때문이다. 음악에 반응하여 몸이 좌우로 움직여 지는 것은 자연스러운 현상이지만 3박자에 맞추어 다리를 움직이는 것은 어린 유아들에게 쉽지 않은 활동이 될 수도 있다. 음악 안에 흐르는 박자를 자연스럽게 느끼고 그것에 반응하는 활동이 되기보다는 다리의 움직임에 더 초점이 맞추어져서 박자와 상관없는 움직임이 될 가능성도 있다. 그러므로 어떤 활동이 가장 적합한지는 유아들의 발달에 대한 이해와 신중한 관찰을 통하여 고려되어야 할 것이다.

3박자의 노래

꽃씨 심기*

작사/곡 김진영

* 주 : 노래의 쉬운 이해를 돕기 위해 원곡을 다장조로 옮겨 그렸음

3 박자의 강약을 살려서 부를 수 있는 노래의 예

감사합니다(매 첫박에 강세를 주어 감사 표현을 강조)
기쁨을 주는 생일(3박자 강약을 살리면 기쁨이 증가)
추수감사(강약을 살리면 추수한 내용들이 강조)
치우는 시간(치워야 할 장난감과 치워야 할 곳이 강조)
한몸(세 번씩 반복되는 신체 부위의 매 첫 박을 강조하여 다른 부위 강조)

4. 마 디

노래에서 박자의 경계를 표시해 놓은 것이 '마디(measure)'이다(♪1-4). 예를 들어, 4박자의 노래에는 네 박이 끝날 때마다 세로줄을 그어 놓는다. 유아들을 위한 노래는 짧게는 네 마디에서 시작하여 열여섯 마디 혹은 그 이상까지 다양하게 존재한다. 유아들이 부르는 많은 노래들이 여덟 마디로 이루어져 있고 이 정도의 길이가 유아들이 부르기에 적합한 노래로 고려되어 사용되는 편이다. 그러나 노래의 난이도는 단순히 노래의 길이에 있는 것이 아니라, 그 안에 담긴 멜로디나 리듬 패턴들이 얼마나 단순한지 또는 어떻게 반복되는지 등의 영향을 받는다. 때로는 같은 패턴이 여러 번 반복되어 마디 수가 길어지는 경우도 있기 때문이다. 또한 노랫말의 난이도에 따라 노래 전체의 난이도가 달라지기도 한다.

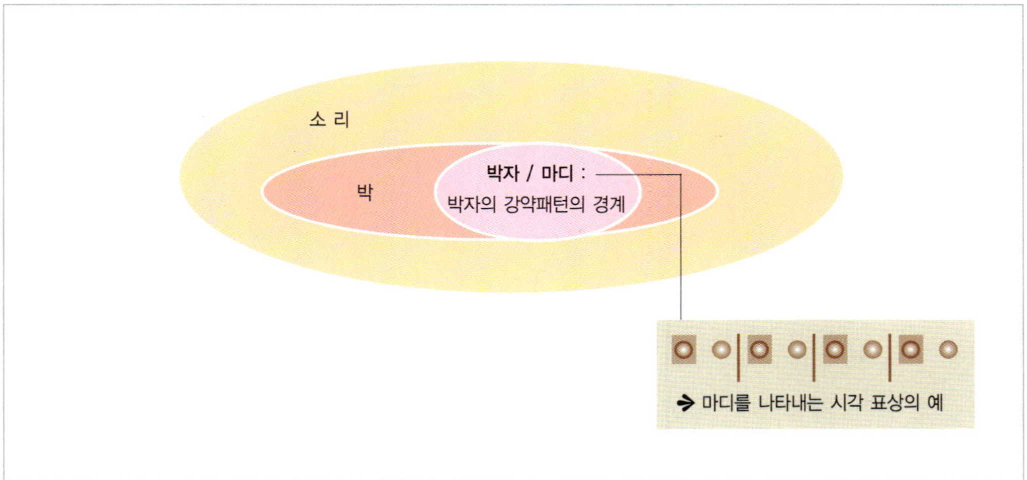

♪1-4 노래 안에 통합된 음악적 개념들 : 마디

어떤 경우에는 같은 노래를 짧게 편곡하여 사용하기도 한다. 예를 들어, [노래의 예 7]의 '높이 뛰세요'의 원곡은 '흔들흔들'이다. 원곡의 열두 마디를 여덟 마디로 줄이고 노랫말을 바꾼 경우이다. 유아의 연령이나 발달 정도에 따라 노래를 줄여서 사용할 수도 있지만, 이러한 경우에는 작곡자가 의도한 노래의 분위기나 흐름을 거스를 수 있다. 그러므로 원곡의 작곡자와 의논하지 않았다면 원곡을 바꾸기보다는 필요에 맞는 곡을 선별해서 사용하는 것이 좋다.

유아의 연령에 따라서 노래의 길이가 길어지면 부르기 어려운 경우도 있기 때문에 노래의 부분만 배울 수도 있다. 이러한 경우에는 노래의 부분만 불러도 노래의 흐름이나 맥락이 상하지 않는지 살펴보아야 할 것이다.

마디 수를 줄인 노래

높이 뛰세요*

작사/곡 김진영

* '흔들흔들' 원곡의 마디 수를 줄여 변형한 노래로, 쉬운 이해를 위해 다장조로 옮겨 그렸음

마디 수를 줄여 부를 수 있는 노래의 예

공작새(같은 노래 패턴의 반복으로 앞의 여덟 마디만 부를 수 있다)
귀여운 삼보(이야기 내용의 한 부분으로 앞의 여덟 마디만 부를 수 있다)
기쁘게 기다려(각 계절을 나타내는 앞의 네 마디만 부를 수 있다)
단 하나뿐(친구 이름을 말하는 부분을 생략하고 앞의 열여섯 마디만 부를 수 있다)
옛날 이야기(어린 연령의 유아들은 노래의 마지막 여덟 마디만 부를 수 있다)
용기있는 아이(처음 여덟 마디나 열여섯 마디만 부를 수 있다)
우리 유치원(처음 여덟 마디나 후반부 여덟 마디만 부를 수 있다)
제 자리에(처음 여덟 마디나 후반부 여덟 마디만 부를 수 있다)

5. 리 듬

리듬(rhythm)은 박자 위에서 움직이는 길고 짧은 소리들의 묶음이다(♪1–5).

리듬을 만들기 위해서는 우선 음의 길이에 익숙해져야 한다. 예를 들어, 4박자 노래의 한 마디 안에서 한 음이 네 박의 길이만큼 지속될 수도 있지만 두 박, 한 박 또는 반 박의 길이만큼의 짧은 소리들이 반복되거나 섞여 있을 수 있다. 그러므로 노랫말의 어떤 음절은 길게 부르게 되고 어떤 음절은 짧게 부르게 된다. 어떤 음(=온음표)은 한 번 소리나면 네 박을 세는 길이만큼 지속된다. 또한 어떤 음(=2분 음표)은 두 박을 세는 길이만큼 지속되기 때문에 네 박의 길이를

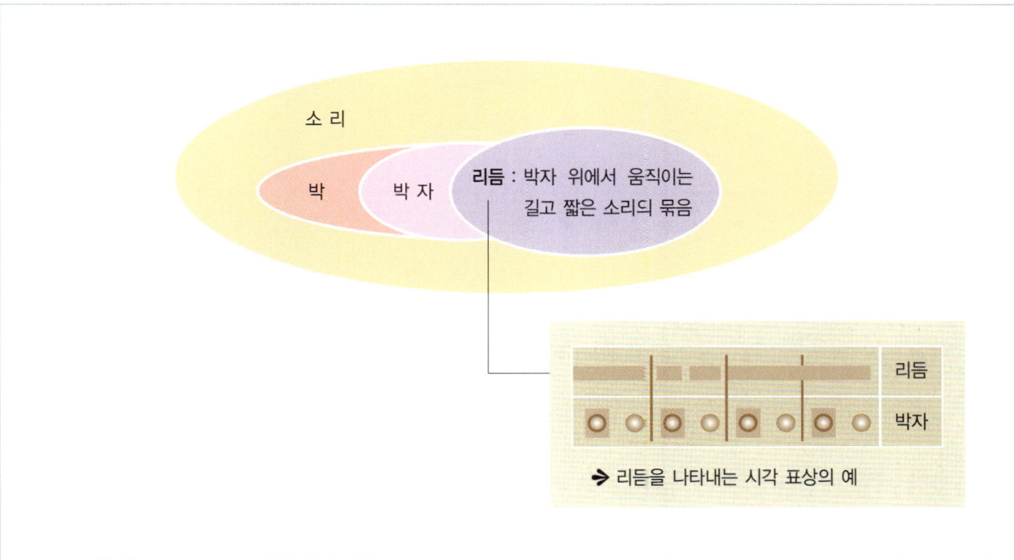

♪1-5 노래 안에 통합된 음악적 개념들 – 리듬

채우려면 두 번 소리를 내게 된다. 같은 맥락에서 한 박을 세는 길이만큼 지속되는 음(=4분 음표)은 4박의 길이를 채우기 위해 네 번 소리를 낸다. 어떤 소리(=8분 음표)는 매우 짧아서 소리를 내면 반박밖에 길이가 지속되지 않는다. 다른 말로 하면 두 번 소리를 내야 한 박의 길이만큼 연결이 되며 네 박의 길이를 채우려면 여덟 번 소리를 내야 한다(표 1–1).

표 1-1 리듬 패턴을 만드는 음표와 쉼표의 길이

구 분	다른 음의 길이				음과 쉼			
길 이	1	2	3	4	1	2	3	4
온	라 𝅝	–	–	–	(쉼) 𝄻	–	–	–
이 분	라 𝅗𝅥	–	라 𝅗𝅥	–	라 𝅗𝅥	–	(쉼) 𝄼	–
사 분	라 ♩	라 ♩	라 ♩	라 ♩	라 ♩	라 ♩	라 ♩	(쉼) 𝄽
팔 분	라라 ♫	라라 ♫	라라 ♫	라라 ♫	라라 ♫	라라 ♫	라라 ♫	라(쉼) ♪𝄾

♬ 노래의 예 8 ♬

리듬 패턴을 만들어 부르는 노래

작은 집 창가에서

작사/곡 김진영

다양한 리듬 패턴을 만들어 부를 수 있는 노래의 예

동물들의 악기 연주(악기 소리내는 부분에 악기에 따라 다양한 리듬 패턴)
어린이날(손뼉 치는 부분에 다양한 리듬 패턴으로 바꿔봄)
줄다리기('영차'와 '영치기'를 다양한 조합으로 만듦)
튼튼한 집(전반부의 '뚝딱 뚝딱 뚝딱딱' 부분)
팝콘('톡톡톡 탁탁탁' 부분)

리듬은 길이가 다른 소리들로 이루어지기도 하지만, 소리와 쉼의 다른 패턴으로 이루어지기도 한다. 다른 길이를 가진 소리들은 박자 안에서 소리를 만들기도 하고 쉬기도 하면서 다양한 패턴을 만들게 된다. 유아들은 음절의 길이에 따라 다양한 리듬 패턴을 만들어 보는 경험을 할 수 있다. 예를 들어 '작은 집 창가에서'라는 노래의 '랄라라' 부분은 다양한 종류의 리듬 패턴을 만들어 보기 위한 것이다(노래의 예 8).

6. 빠르기

움직임에도 빠르거나 느린 움직임이 있듯이 노래 안에도 빠르기(tempo)가 있어서, 빠른 노래와 느린 노래가 있고 같은 노래를 빠르게 또는 느리게 부를 수도 있다(♪1–6). 노래의 빠르기는 노래 속에 흐르는 박의 빈도수와 리듬을 만들고 있는 음의 간격에 따라 정해진다. 우선 노래 속에 흐르는 박의 빈도수는 일정한 시간(1분) 내에 얼마나 많은 박(beat)을 가지고 있는가를 말한

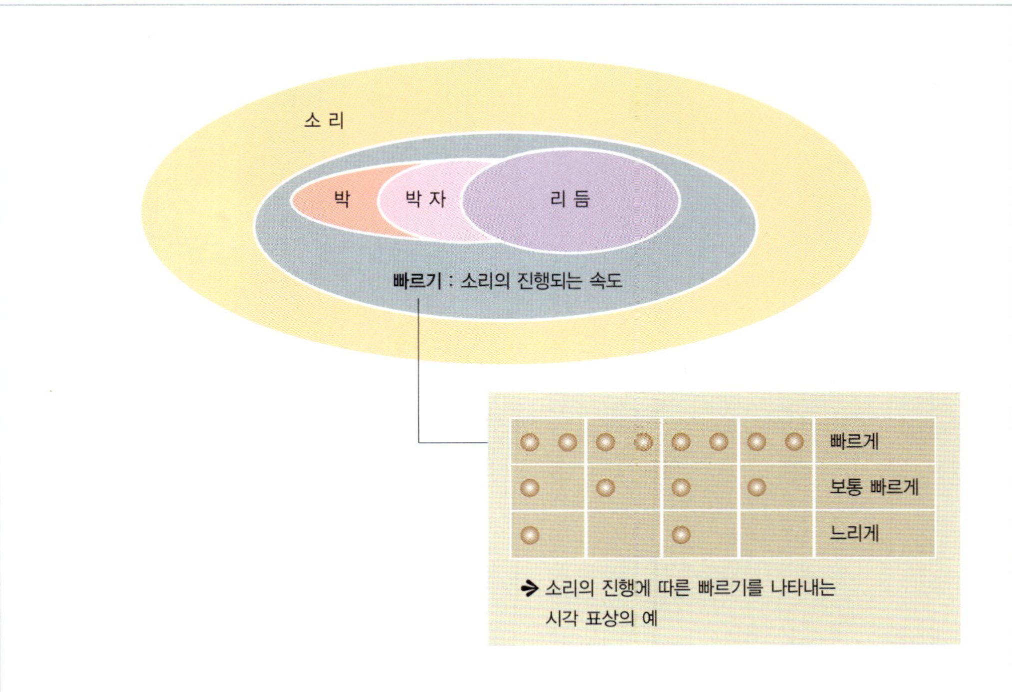

♪1-6 노래 안에 통합된 음악적 개념들 – 빠르기

다. 예를 들어, '집에 갈 시간'이라는 노래는 1분 내에 한 박이 120번 연주되는 것과 같은 길이로 정해져 있다(노래의 예 9). 다시 말하면 노랫말의 '똑딱'이라고 부르는 길이가 시간의 1초의 길이와 같다. 만약 이 노래의 한 박이 1분 내에 60번 연주되도록 바꾼다면 노랫말의 '똑'이라는 음절을 부르는 시간이 1초가 되고, '똑딱'을 부르려면 2초가 소요될 것이다. 그러므로 노래는 두 배로 느려지며, 노래를 부르는 시간도 두 배로 길어진다.

같은 빠르기의 박자를 가진 노래일지라도 리듬을 구성하는 소리들의 간격이 넓은 것보다 좁은 것이 빠르게 들린다. 즉, 4분 음표나 2분 음표가 많은 노래들은 느리게 들리는 반면 8분 음표나 16분 음표가 많으면 노래가 빠르게 느껴진다. 예를 들어 '나팔꽃'의 노래 속에서 노랫말 '꼬불꼬불'이나 '높이높이'는 8분 음표에 맞추어 부르고 '꽃잎활짝 펼치면' 부분은 4분 음표에 맞추어 부르게 된다. 따라서 '꼬불꼬불'은 '꽃잎활짝' 부분보다 빠르게 부르는 것처럼 느껴진다(노래의 예 10).

노래 '꾹 참았네'의 끝부분도 비슷한 양상을 지닌다. '친구야' 부분은 4분 음표와 2분 음표가 사용되어 상대적으로 느리게 느껴지고, '다음부터 그러지마라'는 8분 음표들의 조합으로 상대

♬ 노래의 예 9 ♬

빠르기를 다르게 불러보는 노래

집에 갈 시간 (전반부)*

작사/곡 김진영

* 주 : 노래의 쉬운 이해를 돕기 위해 원곡의 첫 네 마디를 다장조로 옮겨 그렸음

박/분 = ♩	46	66	88	132	160
빠르기	아주 느리게	느리게	보통 빠르게	빠르게	아주 빠르게
음악 기호	largo (라르고)	andante (안단테)	moderato (모데라토)	allegro (알레그로)	vivace (비바체)

빠르기를 다양하게 부를 수 있는 노래의 예

동산 가는 길(걸어가는 속도를 다르게 표현)
팝콘(팝콘의 튀는 빈도수를 빠르기로 표현)
팽이(팽이의 움직임을 다양한 빠르기로 표현)

♬ 노래의 예 10 ♬

음표의 길이에 따라 달라지는 빠르기를 경험하는 노래

나팔꽃 (중반부)*

작사/곡 김진영

* 주 : 노래의 쉬운 이해를 돕기 위해 원곡의 중반 여덟 마디를 다장조로 옮겨 그렸음

적으로 빠르게 느껴진다(노래의 예 11). 때로는 이러한 빠르기를 조금 더 과장해서 표현할 수 있다. 이를테면 '친구야 친구야' 부분을 점점 느려지도록 부른 다음에 '다음부터 그러지마라' 부분에서 원래 빠르기로 돌아오면 상대적으로 더 경쾌하고 빠르게 느껴지도록 표현된다.

같은 노래를 다양한 빠르기로 불러보는 것은 노래의 빠르기에 따라 달라지는 느낌을 경험하는 데 좋은 활동이 될 수 있다. 이러한 경우에는 무조건 빨리 불러보거나, 무조건 느리게 불러보기보다는 메트로놈과 같이 규칙적이고 일정한 박이 있으면서 빠르기를 다양하게 할 수 있는 소리의 움직임에 맞추어 불러보는 것이 음악 내의 빠르기틀 경험하는 데 도움이 된다. 유아들은 보통 ♩=60에서 ♩=130 정도 사이의 빠르기를 가진 노래를 부르게 된다. 그러나 노래가 너무 느린 경우에는 호흡이 짧아 중간에 숨을 쉬기 어려운 경우가 많고, 반대로 너무 빠른 경우에는 노랫말을 리듬에 빨리 맞추어 소리내기가 어려우므로 노래에 따라 빠르기를 적절하게 조절해야 할 것이다. 바꾸어 말하면, 노래의 빠르기는 노래의 분위기에 따라 정해지기도 하지만, 유아들의 호흡이나 노랫말을 발음할 수 있는 정도 등과 관계되기 때문에 노래의 난이도가 빠르기와 항상 비례하는 것은 아니다.

♬ 노래의 예 11 ♬

다양한 빠르기를 살려서 부르는 노래

꾹 참았네 (후반부)*

작사/곡 김진영

* 주 : 개념의 이해를 돕기 위해 원곡의 마지막 여덟 마디를 옮겨 그렸음

빠르기	점점 느리게	본디 빠르기로
음악 기호	rit. (리타르단도)	a tempo (아템포)

7. 셈여림

음악 속에서 셈여림(dynamics)은 소리의 크고 작은 정도를 나타낸다(♪1-7). 박에는 강한 박과 약한 박이 있어서 몇 개씩 그룹지어 박자가 될 때 강한 박과 약한 박이 패턴을 이루어 묶이게 된다. 이를테면 4박자는 '강(박)-약(박)-중강(박)-약(박)'과 같은 패턴을 이룬다(노래의 예 12-1). 또한 악보에는 악상 기호라고 부르는 여러 가지 기호들이 있다. 이 기호들 중에는 빠르기나 셈여림을 나타내어 음악을 어떻게 연주하라고 지시해 주는 기호들이 있다. 셈여림 기호 중 포르테, 피아노 또는 크레센도, 데크레센도와 같이 그림이 간단한 기호들은 꼭 그 기호를 읽고 배우지 않더라도 상징적인 그림으로 유아들과 함께 쉽게 사용해 볼 수 있다(노래의 예 12-2, 12-3). 노래를 부를 때 상징부호에 반응하여 크게, 작게, 점점 크게 또는 점점 작게 연주해 보도록 한다.

유아음악 교육에서는 음악기호를 쓰지 않더라도 다른 그림을 사용하여 음악기호를 상징하는 경우가 종종 있다. 셈여림을 위한 시각자료로도 다양한 그림자료들이 사용된다. 이를테면 크기

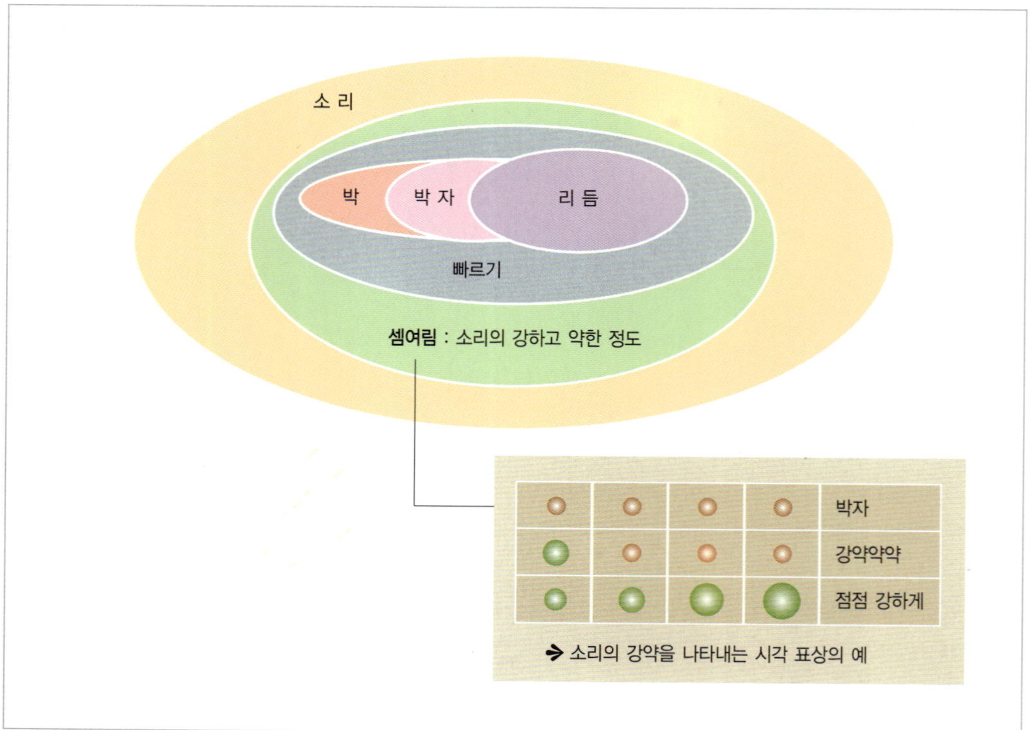

♪1-7 노래 안에 통합된 음악적 개념들 : 셈여림

강약을 살려서 부르는 노래

[예 12 - 1] 박자의 강약

꾹 참았네 (전반부)

작사/곡 김진영

강 → 약 → 중강 → 약

[예 12-2] 짧은 강조와 점차적인 강약의 변화

음악 기호	>(악센트)	(크레센도)	(데크레센도)
세 기	한 음만 세게	점점 세게	점점 여리게

[예 12-3] 강약을 나타내는 부호 사용

낙엽을 밟으며 (중반부)*

음악 기호	ff (포르티시모)	f (포르테)	mf (메조포르테)	mp (메조 피아노)	p (피아노)	pp (피아니시모)
세 기	매우 세게	세게	보통 세게	보통 여리게	여리게	매우 여리게

* 주 : 노래의 쉬운 이해를 돕기 위해 원곡의 중간 부분 네 마디를 다장조로 옮겨 그렸음

에 비례하여 큰 동물을 큰소리 작은 동물을 작은 소리를 상징하는 기호로 사용하는 것이다. 이때에 시각자료를 사용하여 소리의 크기에 반응하도록 하는 것은 자칫하면 단순히 시끄러운 소리, 조용한 소리를 만드는 것에서 그치게 되기 쉬우므로, 음악 속에서 강약을 느낄 수 있도록 노래의 느낌을 살려서 잘 배열하는 것이 중요하다.

8. 음높이

소리에는 높은 소리와 낮은 소리가 있다(♪1-8). 유아들이 노래를 듣거나 부를 때에는 다양한 음높이(Pitch)에 있는 소리들을 경험하게 된다. 다양한 음높이가 있는 노래를 부르려면 우선,

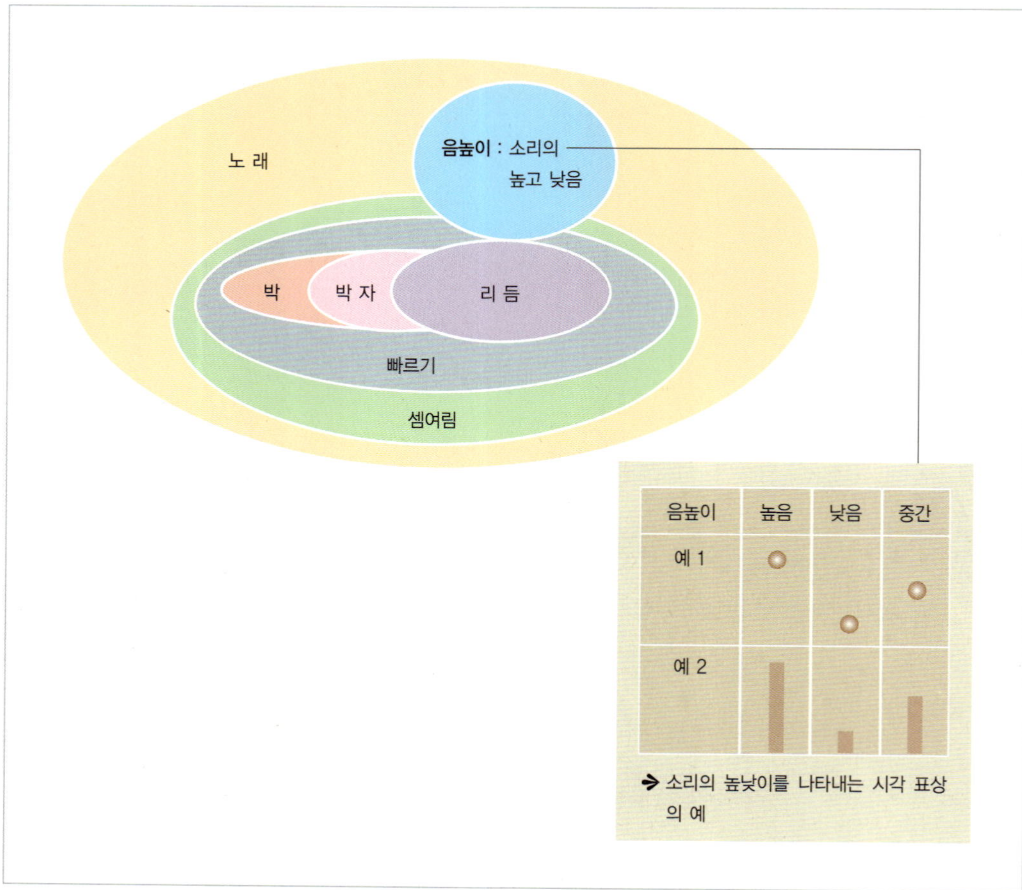

♪1-8 노래 안에 통합된 음악적 개념들 : 음높이

다양한 높이에 있는 소리들을 구분할 수 있어야 한다. 유아들을 위한 노래에 사용되는 음높이는 대부분 다장조의 한 음계 범위 안에 있다. 즉, 드문 경우를 제외하고는 중간 도(C′)와 높은 도(C″) 사이에 있는 음높이를 사용하여 유아들을 위한 노래들이 만들어지고 불린다. 유아들이 성대를 울려서 만들어 낼 수 있는 소리보다 너무 높거나 낮은 음이 노래에 포함되어 있다면 유아들은 그 음을 다른 음으로 부르거나 억지로 소리를 내려다가 성대를 상하는 일이 발생하게 되므로 유의하여야 한다.

노래 안에서 다양한 음높이를 가진 소리들은 서로 연결되어서 멜로디를 만들기 때문에, 노래 안에 들어 있는 높이를 탐색하려면 두 개의 음높이를 노래 밖으로 분리시켜 꺼내와야 한다. 그러나 어떤 노래는 그 노래 안에 높고 낮은 다른 음높이들이 특별히 강조되어 있다. 예를 들어, '위! 위! 위!'와 같은 노래는 다른 음높이들을 구분해 보기 위한 노래이다(노래의 예 13). 다른 음높이를 경험하기 위해 우선 노래를 부르면서 팔이나 몸을 위 아래와 같이 노랫말이 지시하는 방향으로 움직여 봄으로써 음의 높이를 몸으로 느껴보는 활동을 할 수 있다. 그리고 핸드벨과 같은 악기를 이용하여 각 음높이에 해당하는 소리를 연주하 보면 높고 낮은 소리를 구분하는 청각적인 경험을 할 수 있게 된다.

어떤 노래는 제한된 높이의 음만을 가지고 만들어진 경우도 있어 유아들이 편하게 높이가 다

♬ 노래의 예 13 ♬

다른 음높이를 강조한 노래

위! 위! 위! (전반부)*

작사/곡 김진영

* 주 : 이 노래는 음높이를 선명하게 보기 위해 원곡의 쉼표를 줄이고 노래의 전반부만 옮겨 그렸음

다른 음높이를 강조한 노래의 예

낙엽을 밟으며('촉착촉착'과 '비삭비삭')
물에 뜰까?('물에 뜰까'와 '가라앉을까')
소리나는 편지(1절 후반부의 '무엇일까요'와 2절 후반부의 '낙엽이에요')

♬ 노래의 예 14 ♬

제한된 음높이를 사용한 노래

추수감사 (전반부)*

작사/곡 김진영

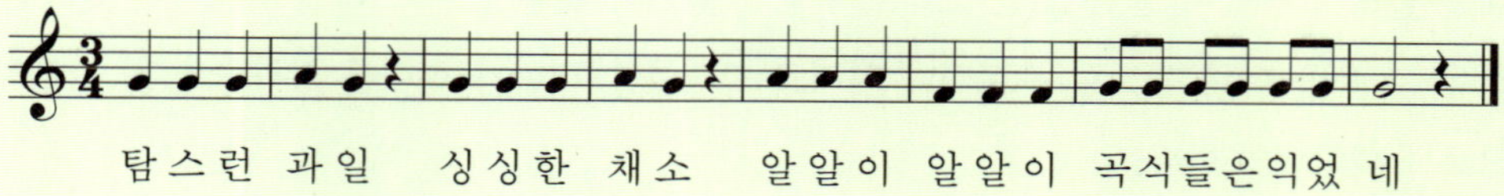

* 주 : 노래의 쉬운 이해를 돕기 위해 원곡의 첫 여덟 마디를 옮겨 그렸음

제한된 음높이를 사용한 노래의 예

봄(C, D, E, F, G)
실로폰을 쳐보자(C, D, E, G, A)
우리 친구(C, D, E, F, G)
웅애(D, E, F, G)
작은 집 창가에서(E, F, G)
한 몸(C, D, E, F, G)
할 수 있죠(C, D, E, F)

른 몇 개의 음만 가지고 노래를 부르게 된다(노래의 예 14). 유아들은 '솔(G)'과 '미(E)'를 사용한 노래를 가장 편안하게 부른다. 유아들이 만드는 대부분의 찬트(chant)가 이 두 개의 음을 포함하는 것도 같은 이유이다. 그 이후에 유아들은 '라(A)', '도(C)', '레(D)'의 음을 가진 노래들을 편하게 부를 수 있게 된다. 그러므로 어린 연령의 유아일수록 되도록 이렇게 제한된 음높이를 가진 노래를 선정하여 부르게 하는 것이 효과적이다. 제한된 음높이를 가진 노래들은 음높이가 있는 피아노, 실로폰, 핸드벨 등과 같은 악기를 이용하여 연주하기도 쉽다.

어떤 노래는 유아들이 사용할 수 있는 확장된 음높이들을 골고루 사용한 멜로디를 가지고 있다(노래의 예 15). 유아들은 이러한 노래들을 부르며 소리낼 수 있는 음역 안에 있는 음높이들을 고루 경험하게 된다. 예를 들어, 유아들과 노래 '낙엽'을 부르면서 멜로디의 어느 부분을 부를 때 소리가 높이 올라가는지 또는 낮게 내려오는지 찾아보고 가장 높은 소리가 나는 부분(와아와)과 가장 낮은 소리가 나는 부분('노란옷', '옵니다')을 함께 불러볼 수 있다. 이때 노랫말이 섞여 있어서 유아들이 음높이에 집중하기 어렵다면 노랫말을 빼고 '아'나 '라' 같은 한 음절의 소리로 멜로디만 불러보는 것이 도움이 된다.

♬ 노래의 예 15 ♬

다양한 음높이를 가진 노래

낙 엽 (후반부)*

작사/곡 김진영

* 노래의 쉬운 이해를 돕기 위해 원곡의 마지막 여덟 마디만 옮겨 그렸음

음높이를 골고루 사용하는 노래의 예

공작새('쫙하고 펼치니 부채모양 되었네' 부분에서 음계의 모든 음들을 사용)
꾹 참았네('친구야 다음부터 그러지마라' 부분)
들짐승을 집에서 못 키우는 이유('왜 들짐승을 집에서 못 키울까')
비행기(음계의 모든 음을 타고 올라갔다 내려옴)

♬ 노래의 예 16 ♬

노래 안에 담긴 멜로디 패턴들

들짐승을 집에서 못 키우는 이유 (전반부)*

작사/곡 김진영

* 개념의 이해를 돕기 위해 원곡의 첫 네 마디를 옮겨 그렸음

멜로디의 흐름을 선명하게 경험할 수 있는 노래의 예

낙엽('와아와 리루루' 부분의 내려오는 흐름)
비행기(점차적으로 올라갔다가 내려오는 흐름)
시소(올라갔다 내려갔다를 반복하는 흐름)
친구하고 마주보고(간격을 띄워 올라갔다가 내려오는 흐름)

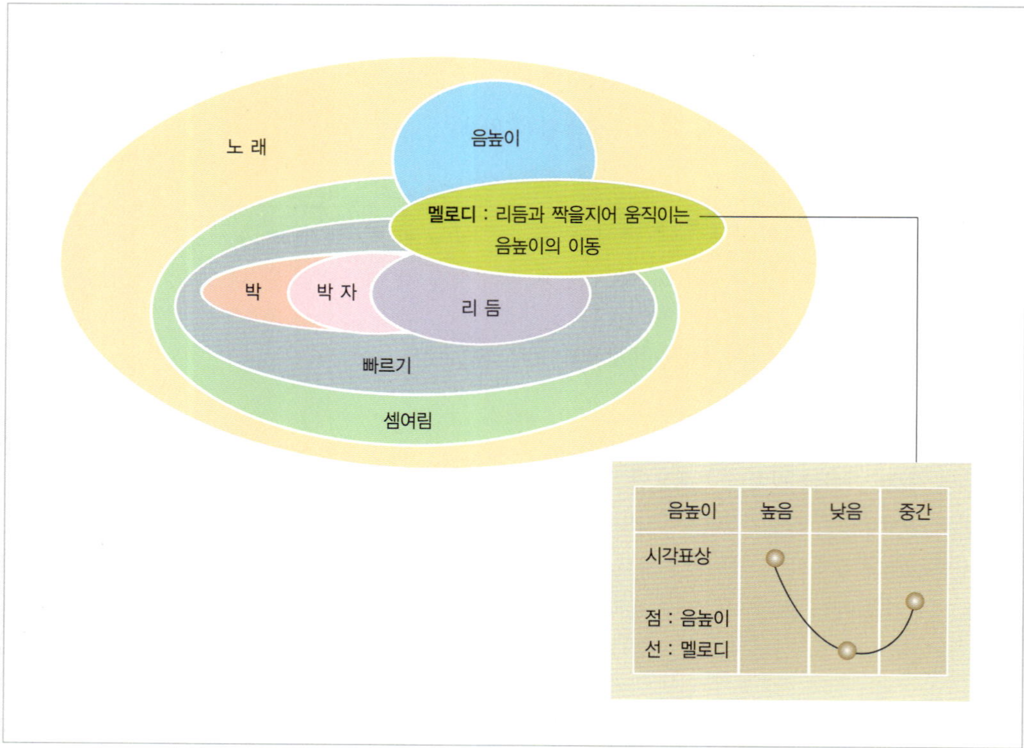

♪1-9 노래 안에 통합된 음악적 개념들 : 멜로디

9. 멜로디

음높이가 있는 소리가 리듬과 짝을 이루어 반복되거나 높이가 다른 음으로 연결되어 만드는 소리의 흐름을 멜로디(melody)라고 한다(♪1-9). 즉, 멜로디는 소리가 정지된 상태가 아니라 움직임이 있어야 한다. 유아들은 노래를 부르면서 노래의 가락인 멜로디를 경험한다. 멜로디에는 다양한 흐름이 있다(노래의 예 16). 예를 들어, 노래 '들짐승을 집에서 못 키우는 이유'의 전반부를 살펴보면 '왜 들짐승을'이나 '집에서 못 키울까' 부분처럼 올라가기도 하고, '왜 못' 부분처럼 제자리에 머물기도 하며, 두 번째 마디의 '키울'처럼 내려오기도 하는 멜로디의 흐름이 있다. 노래를 부르면서 이러한 멜로디의 흐름을 느낄 수 있는데, 이에 더 초점을 맞추려면 멜로디의 흐름을 따라 손가락 또는 손으로 공중에서 선율을 그려보도록 한다.

1도나 2도 또는 '솔-미'와 같은 3도의 음정으로 구성된 멜로디 패턴을 가진 노래들은 안정적이고 정돈된 느낌을 준다. 또한 유아들은 1 · 2 · 3도의 음정을 가진 노래들을 가장 안정적으로 부른다. 그 다음은 '솔-미-라' 와 같이 3음정과 1음정 또는 4음정이 섞인 노래들, 그리고 '도' 와 '레' 를 포함한 5도 음정의 노래들을 상대적으로 편하게 부를 수 있다. 이러한 노래들은 아주 쉽지는 않지만 도약이 가져다 주는 경쾌한 느낌 때문에 노래에 흥을 더하여 준다. 유아들을 위한 노래를 선곡함에 있어서 노랫말이나 리듬 패턴이 비슷한 경우라면 이러한 음정들로 구성된 멜로디의 노래가 어린 유아들이 부르기에 쉽다(노래의 예 17). 6도는 유아들이 쉽게 부를 수 있는 음정이 아니기 때문에 유아들의 노래에 흔하게 등장하지는 않는다. 그러나 노래 '시소' 처럼

♬ 노래의 예 17 ♬

노래 안에 담긴 음정

실로폰을 쳐보자 (전반부)*

작사/곡 김진영

* 노래의 쉬운 이해를 돕기 위해 원곡의 첫 네 마디를 옮겨 그렸음

강조된 음정을 가진 노래의 예	
1도, 1도+2도 • 잠깐! • 작은 집 창가에서('라라라') • 제자리에 • 할 수 있죠('할 수 있죠')	2도 • 꽃샘바람('일어나요', '알았어요') • 집에 갈 시간('이제는', '집으로') • 튼튼한 집('집을 만들자', '튼튼한집을', '무너지지않네')
3도, 1도+3도 • 정글('깊은 정글', '누가 살고 있을까') • 팽이('팽팽', '비틀 비틀', '다시 한 번', '휘 휘') • 흔들흔들('흔들')	4도, 1도+4도 • 무엇일까? • 물놀이('야호', '퐁퐁') • 산타 할아버지 오시는 날('딸랑 딸랑') • 줄다리기('영차')
5도, 1+5도 • 팝콘 만들기 ('톡톡톡', '고소한') • 옛날 이야기 (후렴의 '엄마 아빠', '할아버지 할머니')	6도, 1+6도 • 다시 살아나셨죠('딱딱한 계란속에서', '돌무덤 속의 예수님께서') • 시소 ('통탕통탕', '올라갔다 내려갔다')

♬ 노래의 예 18 ♬

멜로디를 비교해 볼 수 있는 노래

닭 (전반부)*

작사/곡 김진영

* 주: 노래의 쉬운 이해를 돕기 위해 원곡의 첫 네 마디를 바장조로 옮겨 그렸음

비교해 볼 수 있는 멜로디를 가진 노래의 예

괜찮아('괜찮아'의 멜로디)

바닷가에서('엄마', '아빠', '누나'에 해당하는 멜로디)

요리하는 날(두개의 음높이로 다양하게 만들어진 요리 재료 멜로디 패턴)

팝콘('톡톡톡'과 '탁탁탁' 부분)

음의 급진적인 도약으로 그 변화를 표현함으로써 노랫말의 분위기를 살려주기도 한다.

때로는 같은 가사나 비슷한 댓구적인 가사를 다른 멜로디로 부르게 되는 경우도 있다. 예를 들어, 노래 '닭'에서 처음 두 마디의 노랫말은 그 다음 두 마디에 반복된다. 그러나 두 번째 반복될 때에는 '하늘 보고' 부분의 마지막 음이 달라진다(노래의 예 18). 그러므로 유아들과 함께 '하늘 보고' 부분의 멜로디만 비교해서 들어보고 어디가 어떻게 다른지 이야기해 본다.

10. 하모니

두 개 이상의 다른 음높이나 멜로디가 함께 소리를 낼 때 하모니(harmony, 화성)를 만든다 (♪ 1-10). 하지만 유아들이 직접 화음을 만들거나 화음에 맞추어 노래하는 것은 어렵다. 우선 유아들은 정확한 음정으로 노래하는 것이 어려우며, 다른 음으로 노래하는 소리에 쉽게 집중이 흐려지기 때문이다. 그러나 교실에서 배경음악으로 듣는 음악들, 유아들이 노래를 부를 때 선생님이 쳐주는 기타나 피아노 반주들은 유아들이 자연스럽게 화성을 듣게 되는 통로이다. 흔히

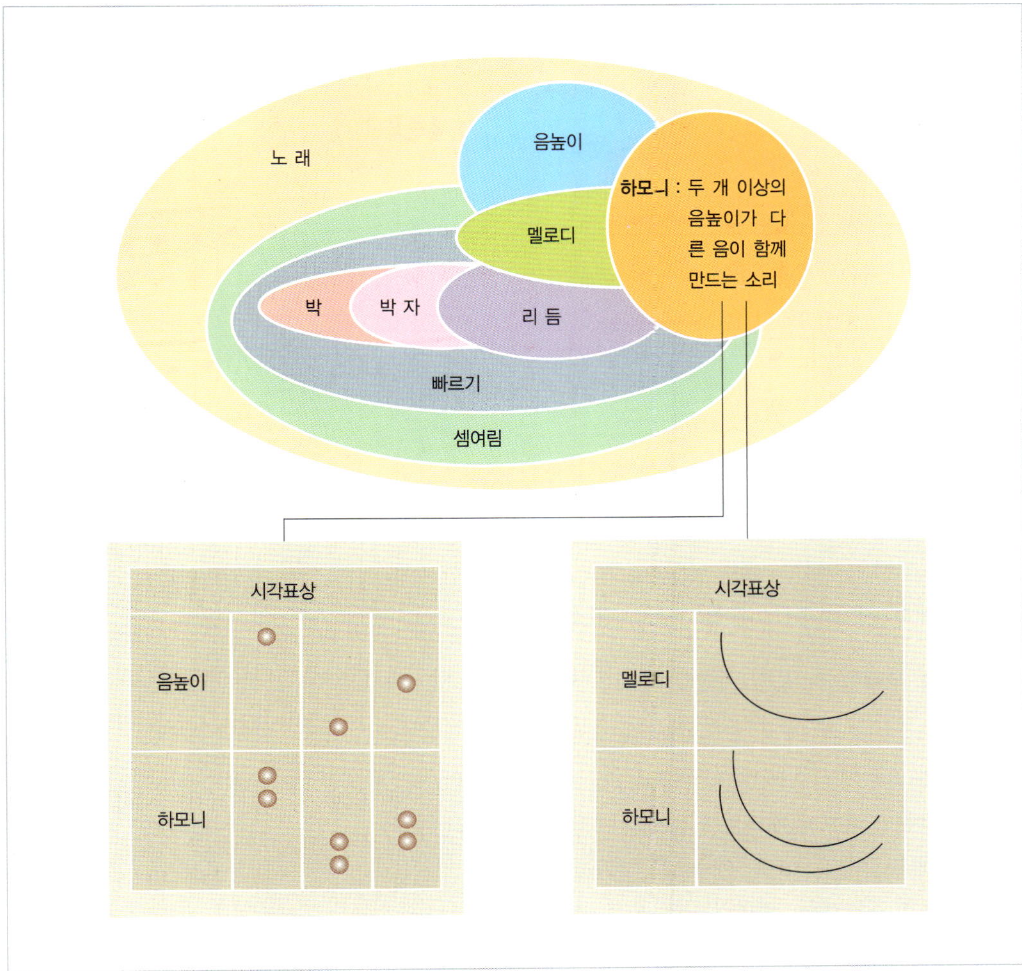

♪1-10 노래 안에 통합된 음악적 개념들 : 하모니

돌림노래라고 불리는 노래에는 화성이 담겨 있다(노래의 예 19).

유아들은 구조화된 악기 연주를 통해 화성을 경험할 수도 있다. 예를 들어, 노래 '한몸'에서 '입', '눈', '머리'에 해당하는 음들은 함께 연주될 때에 1도 화음(도미솔)을 만든다. 그러므로 입, 눈, 머리 모양의 그림자료를 음높이를 가진 실로폰이나 핸드벨과 같은 악기에 붙여서 사용하여 화성을 만드는 활동으로 계획해 볼 수 있다. 예를 들면 다음과 같다.

- 그림자료를 이용하여 '머리와 눈', '눈과 입' 등과 같이 두 개씩 짝을 지어 동시에 연주해 보고 목소리로 같은 음을 소리내 보기

■ 손으로 각 부위를 가리키면 그것에 해당하는 음을 연주해 보거나 노래로 해보기

이러한 활동은 '솔'과 '미'와 같이 유아들이 가장 익숙하게 부를 수 있는 음을 사용하여 시도해 볼 수 있는 활동으로 유아들의 발달 정도에 따라 차츰 음을 확장시켜 볼 수 있다.

♬ 노래의 예 19 ♬

화음을 사용하는 노래

한 몸 (전반부)*

작사/곡 김진영

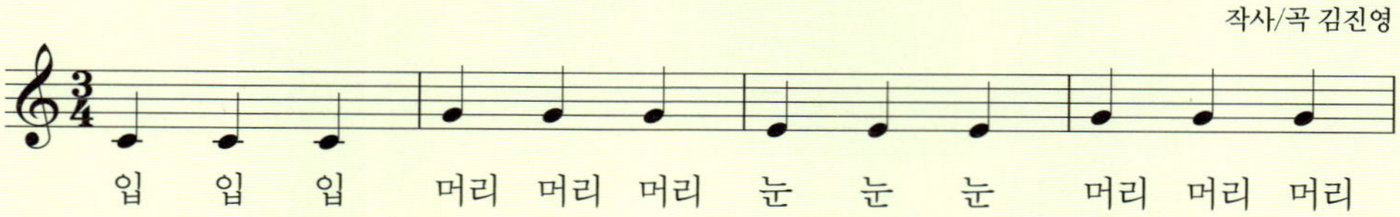

* 노래의 쉬운 이해를 돕기 위해 원곡의 첫 네 마디만 옮겨 그렸음

화음을 경험할 수 있는 노래의 예

기차('칙칙'과 '폭폭'을 사용한 5도 화음 만들기)
시소(반주에 나오는 '통탕통탕'의 4도 화음과 '들썩들썩' 부분의 1도 화음 구분하기)
실로폰을 쳐보자(펜타토닉 음계를 이용하여 연주하는 화음 만들기)
웅애(마지막의 '웅애' 부분으로 만드는 화음)
작은집 창가에서('랄라라' 부분으로 만드는 화음)

지금까지 노래 안에 담긴 음악적 개념들에 대하여 살펴보았다. 도입부에 제시한 것처럼, 각각의 음악적 개념들을 나누어 설명한 것은 유아들에게 특정 개념이나 음악적인 용어를 강조해서 가르치기 위함이 아니다. 마치 요리를 할 때 각각의 재료의 특성에 대해 잘 알고 있으면 그 재료들을 적절하게 합하여 맛을 내는 데 도움이 되는 것처럼, 각 개념에 대한 충분한 이해는 노래 부르기 활동을 보다 풍성하고 다양하게 제공하는 데 도움이 될 것이다.

다음 장에서는 노래 부르기를 통한 음악적 활동의 내용을 구체적으로 살펴봄으로써 지금까지 이해한 음악적인 개념들을 어떻게 활동 안에서 통합할 수 있는지 알아보도록 할 것이다.

분류의 목적은 다른 것을 밀어내기 위함이 아니라
다른 것을 이해하고 받아들이기 위함입니다.
Jinyoung's Never Ending Melody

Chapter 2 노래 부르기를 통한 음악적 활동

유아교육 현장에서 노래를 부르는 것은 유아들의 생활과 밀접한 관계가 있다. 유아들이 놀이를 하며 흥얼거리는 찬트(chant)와 같은 짧은 노래들을 비롯하여 배우고 부르는 많은 동요들이 유아의 놀이나 생활 내용을 바탕으로 하기 때문이다. 교육과정의 생활 주제와 관련하여 어떤 노래를 유아들과 함께 부르고자 할 때, 교사는 노래와 관련된 다양한 활동을 함께 계획하게 된다(♪2-1).

노래의 내용과 관련하여 진행되는 사전활동은 노랫말을 전달하는 데 도움이 된다. 노랫말이 담고 있는 이미지와 관련된 대상을 관찰하거나 직접 경험해 보는 활동, 노래자료로 사용할 수 있는 시각자료를 조형활동을 통해 유아들과 함께 만드는 활동, 노랫말의 주제와 관련된 이야기 나누기 등이 노래 관련 사전활동의 예이다. 이러한 활동을 하면서 배경음악으로 노래를 먼저 들어 보는 것도 노래를 쉽게 배울 수 있는 방법 중 하나이다. 노래 관련 사전활동은 새노래를 배우거나 노래를 부를 때 노래에 대한 이해와 흥미를 증진시켜 주는 역할을 한다.

새노래를 배울 때에는 일반적으로 세 단계, 즉 노래를 탐색하고, 배우며, 부르는 과정을 거치게 된다. 노래 탐색은 노래를 들어보고, 어떤 노랫말이 들어 있었는지, 어떤 멜로디가 담겨 있는지를 알아보는 과정이다. 이때에 사용되는 시각자료들은 어떤 노랫말이나 음악적 요소가 담겨 있는지 살펴보는 데 도움이 된다. 노랫말을 전달한 후에는 유아들이 노래를 배울 수 있도록 노래의 특성에 따라 가장 어울리는 적합한 방법을 찾는다. 한 번 들으면 금새 따라 부를 수 있는 노래도 있지만, 그렇지 않은 경우에는 노래에 따라 어떻게 나누어 부르면 좋을지, 노래의 어떤 요소를 가지고 먼저 접근할 것인지를 찾아야 한다. 예를 들면 다음과 같은 접근방법들이 있다.

- 음악 요소 중심 접근

  [예] 노랫말을 리듬에 맞춰 읽거나, 멜로디만 들어본 후 허밍으로 부르기

- 노랫말 중심 접근

  [예] 노래의 일부분만 또는 반복되는 부분만 유아들이 따라 부르기

■ 총체적 접근

[예] 노래를 반복해서 들으며 기억나는 부분 맞추어 가며 부르기

노래에 따라 그 자리에서 배우고 부를 수 있는 쉬운 노래도 있지만, 여러 번에 걸쳐 반복적으

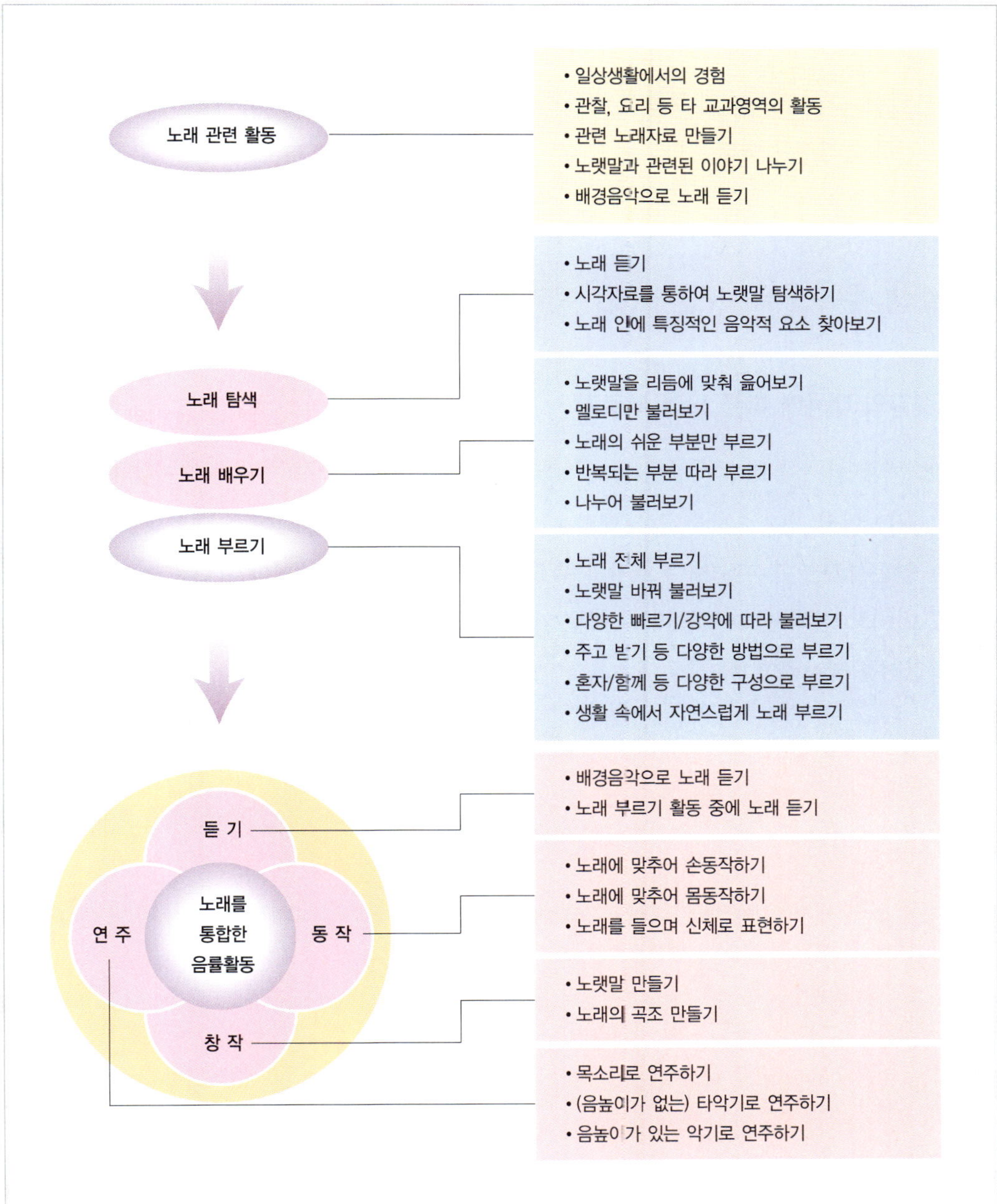

♪2-1 노래 부르기 활동 전개의 예

로 부르며 익숙해지는 노래도 있다. 노래를 배우고 나면, 다른 시간에 다양한 방법으로 불러보면서 노래에 익숙해지도록 돕는다. 유아가 새로 배운 노래에 익숙해지면 노래를 통한 다양한 음악적 활동을 계획하여 유아들이 노래를 다양하게 부르면서 그 안에서 음악적인 개념들을 익히고 다른 영역들과 통합된 예술의 형태로 발전시켜 볼 수 있다. '음악적 교수방법'으로 일컬어지는 음률활동에는 노래 부르기, 듣고 움직이기, 연주하기 그리고 창작하기가 있다(김진영 외, 2007). 이 네 가지 모두 각각의 요소와 특성을 가지고 있으며 그에 따라 다양한 활동방법을 사용할 수 있다. 그러므로 노래 부르기 중심의 활동으로 전개할 수도 있고, 다른 음악적 교수방법들과 통합하여 진행할 수도 있다 .

1. 노래 부르기

1) 노랫말의 내용에 따른 노래 부르기

유아교육과정 안에서 대부분의 노래들은 생활 주제에 따라 분류된다. 이러한 경우에는 노래가 가지고 있는 여러 가지 요소들 중 노랫말이 그 분류의 중심에 있게 되어, 노랫말의 내용을 생활 주제와 연결시키는 것이 노래 부르기의 주요 과제가 된다. 생활 주제와 관련된 노랫말은 다양하게 표현되고 전해질 수 있는데, 노래를 가르치기 위해서는 노랫말을 어떻게 전달하는 것이 효과적인지를 생각해야 한다.

(1) 이미지를 나타내는 노랫말을 담은 노래

어떤 사물이나 동 · 식물, 또는 풍경 등과 같은 이미지를 묘사하는 노랫말을 담은 노래들이 있다. 이러한 노래들을 가르칠 때에는 노랫말이 나타내는 이미지를 전달하는 것이 우선된다. 예를 들어, '닭'은 동물의 이미지를 표현하는 노래이다(노래의 예 20). 그러므로 이 노래가 전달하는 이미지에 중점을 두기 위해서는 다음과 같은 과정을 포함하여 노래 부르기 활동을 계획한다.

■ 노랫말의 이미지 탐색을 위한 사전활동

- 유아들과 함께 실제 닭을 관찰하거나 영상으로 닭이 움직이는 모습을 관찰한다.
- 질문을 통해 유아들이 관찰을 구체화할 수 있도록 돕는다.

  [예 1] 닭이 무엇을 하고 있니?

[예 2] 닭이 어떻게 움직이니?

• 관찰하는 동안 배경음악으로 노래를 들려준다.

■ 노랫말 중심의 노래 탐색

• 관찰한 닭의 이미지를 회상하며 노랫말에 들어 있는 내용을 중심으로 이야기를 나눈다.

[예 1] 닭은 어떻게 물을 먹었니?

[예 2] 닭은 어떻게 걸어다니니?

• 닭에 대한 노래가 있음을 알리고 노래를 들려준다.

[예] 닭에 대한 노래가 있는데 함께 들어볼까?

• 노래의 전체적인 느낌을 이야기 나눈다.

[예 1] 어떤 느낌이 드니?

[예 2] 노래에 무슨 말이 들어 있어?

[예 3] 노래에서 기억나는 부분이 있니?

■ 노랫말 내용 중심의 노래 배우기

• 노랫말의 내용을 확인한다.

[예 1] 닭이 물을 먹은 다음에는 무엇을 했지? 그 다음에는 무엇을 했을까?

[예 2] 노래에서 닭은 어떻게 소리내었니?

• 그림자료를 움직이면서 노랫말을 멜로디 없이 리듬에 맞추어 읽어 준다.

[예] 어떤 노래였는지 선생님이 다시 한 번 노랫말만 들려줘 볼게.

• 유아들도 리듬에 맞추어노랫말을 읽어보도록 한다.

[예] 선생님이 한 번 더 노랫말을 읽어볼께. 따라할 수 있는 아이들은 같이 해보자.

• 노래를 다시 들려준다.

[예] 이번에는 노래로 다시 한 번 들어보자.

• 함께 부른다.

[예 1] 너희들이 '콕코코코…' 부분만 불러보겠니?

[예 2] 노래를 따라 부를 수 있는 부분은 함께 불러보자.

■ 노래 부르기

• 노래를 기억하고 있는지 다른 시간에도 잠깐 불러도거나 배운 노래를 반복해서 불러볼 수 있다.

• 노래 앞부분의 멜로디를 들어본다.

♬ 노래의 예 20 ♬

이미지를 담은 노래

닭 (전반부)*

작사/곡 김진영

* 주 : 노래의 쉬운 이해를 돕기 위해 원곡의 첫 여덟 마디를 바장조로 옮겨 그렸음

이미지를 담은 노래의 예

게(동물의 움직임을 표현)
공작새(동물의 모양과 움직임을 표현)
나팔꽃(꽃의 움직임과 색깔을 표현)
낙엽(잎의 색깔과 움직임을 표현)
팝콘(팝콘의 모양, 색깔, 움직임을 표현)
팽이(팽이의 움직임을 표현)

[예] 이번에는 '물 먹고 하늘 보고' 부분만 피아노 멜로디 소리로 들어보자. 두 번이 나오는데 어떻게 다른지 귀 기울여 잘 들어보자.

• 같은 노랫말을 가진 두 소절의 멜로디가 어떻게 다른지 찾아본다.
• 멜로디를 따라해 본다.

[예] 이번에는 피아노 소리를 다시 들으면서 소리내서 한 번 따라해 보자.

(2) 노랫말 속에 이야기를 담은 노래

노래 중에는 동화와 같이 재미있는 한 편의 이야기 또는 교훈적 이야기가 담긴 노랫말을 가진 것들이 있다. 이러한 노래는 노래극처럼 한 편의 이야기 속에 노래를 담아서 전달하면 이야기 속에서 노래의 일부 또는 전체를 자연스럽게 듣게 되기 때문에 노래를 쉽게 배우게 된다. 이야기를 담고 있는 노래의 경우, 다음과 같은 과정을 포함하여 노래를 전달할 수 있다.

■ 노랫말과 관계된 이야기 나누기

• 노랫말의 주제나 소재와 관련된 이야기를 간단히 나누어 본다.

[예] 봄이 되니까 꽃들이 어떻게 되었니?, 어떤 꽃들이 있었니?, 무슨 색 꽃이니?

■ 노래 배우기

• 이야기 속에서 노래를 듣도록 한다(노래의 예 21).

• 어떤 노랫말이 있었는지 이야기한다.

[예] 무슨 이야기였니?

• 이야기 속에 들어있던 노래를 따라해 본다.

[예] 꽃샘바람이 뭐라고 하면서 꽃잎들을 깨웠지?, 꽃샘바람이 노래한 것처럼 너희들도 불러보겠니?, 그래서 꽃잎들은 뭐라고 대답했니?

• 노래 전체를 들어본다.

• 이런 이야기와 같은 노래가 있는데 노래를 한 번 들어보자.

• 이야기 속에 들어 있던 노래 부분을 불러본다.

[예] 이번에는 노래를 부를때 너희들이 꽃샘바람이 되어서 '일어나요 일어나요 봄이 왔어요' 부분을 불러주겠니?, 이번에는 너희들이 꽃잎들이 되어서 '알았어요 알았어요 지금 나가요' 부분을 노래해 줄래?

• 노래 전체를 부른다.

[예] 이제는 노래를 처음부터 모두 함께 불러보자.

■ 노래의 활용

• 노래를 극화해서 유아들이 노래극으로 해보며 노래를 부르도록 한다.

• 음률영역에 제시된 노랫말에 관련된 시각자료를 가지고 놀이를 하며 자유롭게 노래를 부를 수 있다.

이야기를 담은 노래

꽃샘 바람*

작사/곡 김진영

봄이 되었어요.
목련 나무 가지 속에서 꽃잎들이 겨울 잠을 자고 있었어요.
그때 꽃샘바람이 불어오기 시작했어요.

꽃샘 바람은 목련 꽃잎들을 깨웠어요.
그러자 목련 꽃잎들이 대답했어요.

목련 꽃잎은 하얀 얼굴을 내밀었어요.

* 주 : 노래의 쉬운 이해를 돕기 위해 원곡을 다장조로 옮겨 그렸음

이야기를 담은 노래의 예

귀여운 삼보(삼보가 호랑이를 만나는 이야기)
다시 살아나셨죠(예수님의 부활을 알려주는 이야기)
숲 속 친구들(숲속의 동물들이 서로에게 궁금한 것을 물어보는 이야기)
어디에서 왔나(다른 나라에서 날아온 비행기에 관한 이야기)
작은 조각 종이(어떤 아이가 그림을 그리려 하는 이야기)
달팽이 미끄럼(순서를 지켜 기다리렸다가 미끄럼을 타는 교훈)
제자리에(아이의 일상에 대한 이야기와 정리 · 정돈에 관한 교훈)
튼튼해지려면(편식하지 않고 골고루 먹는 이야기)

(3) 감정이나 느낌을 표현하는 노래

노래를 만들거나 부르는 목적 중 하나는 감정이나 느낌을 표현하기 위함이다. 유아들도 노래를 통해서 느끼는 감정을 표현할 수 있고, 자신의 감정을 정화시키거나 조절할 수 있는 능력을 기

르게 된다. 예를 들면, 노래 '꾹 참았네'는 유아들의 놀이 안에서 종종 발생하는 갈등 상황 중에 느낄 수 있는 감정을 다룬 노래이다(노래의 예 22). 이러한 노래는 노래 속에서 표현되는 감정이나 느낌에 초점을 맞추어 배우는 것이 효과적이다. 놀이시간에 노랫말과 같은 상황이 일어났을 때 그 자리에서 또는 놀이시간이 끝난 후 하루 일과를 정리하기 위해 모두 함께 모인 자리에서 배우거나 불러본다.

■ 감정이나 느낌에 대한 이야기 나누기

- 놀이 중에 노랫말과 비슷한 상황이 생겼을 때 그 상황에 대한 이야기를 나눈다.
  [예] 무슨 일이 생겼니? 왜 이런 일이 일어났을까?
- 감정을 살피는 이야기를 나눈다.

♬ 노래의 예 22 ♬

감정을 담은 노래

꾹 참았네 (전반부)*

작사/곡 김진영

* 주 : 노래의 쉬운 이해를 돕기 위해 원곡의 첫 여덟 마디만 옮겨 그렸음

감정이나 느낌을 표현하는 노래의 예

\# 감사합니다(감사)
\# 괜찮아(용서)
\# 기쁘게 기다려(인내)
\# 기쁨을 주는 생일, 내마음이 기쁘단다(기쁨)
\# 꾹 참았네(분노)
\# 무섭지 않아(용기)
\# 친구와 헤어질때(섭섭함)

[예] 너의 마음이 어떠니? 친구의 마음은 어떠할까? 이럴 때는 어떻게 해야 할까?

• 자신의 감정을 말로 표현해 본다.

[예] 네가… 하니까 내 마음이… 했단다.

■ 노래 소개하기

• 오늘 일어난 일과 비슷한 이야기를 담은 노래를 소개한다.

• 노래를 듣고 이야기 나눈다.

[예 1] 노래를 듣고 나니 어떤 마음이 드니?

[예 2] 노래를 부른 아이에게 무슨 일이 일어났을까?, 이 아이는 어떤 마음이었을까?

[예 3] 노래 안에서 화가난 아이는 친구에게 뭐라고 이야기 했니?

■ 노래 배우기

• 교사가 먼저 노래를 불러준다.

• 유아들이 노래의 일부를 불러보도록 한다 .

[예] 선생님이 노래를 처음부터 불러볼께. 너희들이 '다음부터 그러지마라' 하는 부분을 불러주겠니?

■ 노래 부르기

• 놀이시간에 배경음악으로 노래를 들려주면 자연스럽게 노래를 부르게 된다.

• 다른 상황이 일어났을 때는 노랫말을 바꾸어 불러본다.

(4) 일상을 담은 노래

유아교육기관의 일상과 관련해서 부르게 되는 노래들이 있다. 하루 일과와 관련하여 특정한 시간을 알려주거나 해야 하는 일들을 제시해 주는 노래들이다. 이러한 노래들은 음률활동시간에 부르기보다는 일상과 관련하여 적절한 시간에 부르게 된다. 예를 들어, '집에 갈 시간' 과 같은 노래는 하루 일과를 마치고 집으로 가기 전에 모여 앉아서 부른다. 어떤 노래들은 유아교육기관생활 중 지켜야 하는 규칙 등과 같은 내용을 담고 있다. 이러한 노래들은 처음에는 노래 부르기 활동시간에 배워볼 수 있지만, 그 외에는 유아들이 일상과 관련된 노랫말을 적절한 상황에서 부를 때 그 의미가 함께 전해질 수 있다(노래의 예 23). 일과 중에 교사가 자연스럽게 부르거나, 손동작을 만들어 함께 하면 유아들이 자연스럽게 노래를 배우게 된다.

♬ 노래의 예 23 ♬

일상에 관한 노래

집에 갈 시간(전반부)*

작사/곡 김진영

* 주 : 노래의 쉬운 이해를 돕기 위해 원곡의 첫 여덟 마디를 다장조로 옮겨 그렸음

일상이나 일과에 관한 노래의 예

치우는 시간(정리)
집에 갈 시간(귀가)
흔들 흔들(주의 집중)
튼튼해 지려면(식사)

(5) 절기나 행사와 관계된 노래

어떤 노래들은 특별한 날이나 행사에 부르기 위한 것들이다. 예를 들면 노래 '기쁨을 주는 생일'은 유아가 생일을 맞이했을 때 부르는 노래이다(노래의 예 24). 노래를 처음 배울 때에는 다른 노래와 같은 방법으로 배울 수 있지만, 되도록 미리 배워서 여러 날에 걸쳐 익숙해진 후에 특별한 날이 되었을 때 노래 전체를 부르도록 한다. 또한, 배경음악으로 들으면서 특별한 날의 분위기를 살린다.

특별한 날 부르는 노래

기쁨을 주는 생일 (전반부)*

작사/곡 김진영

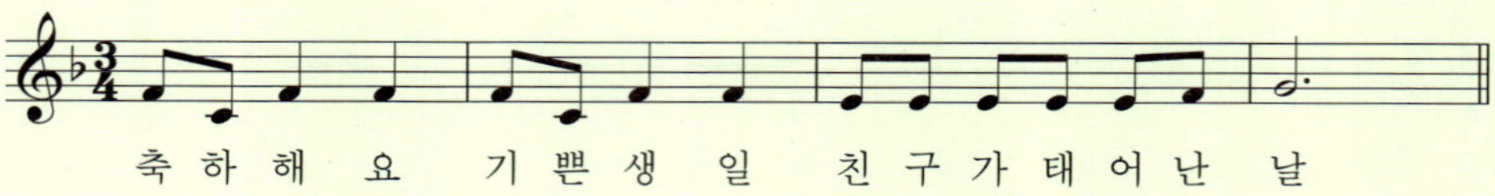

* 주 : 노래의 쉬운 이해를 돕기 위해 원곡의 첫 네 마디를 옮겨 그렸음

절기나 행사에 관계된 노래의 예

감사합니다(어버이날)
기쁨을 주는 생일(생일)
꽃씨심기(아버지 참여일)
다시 살아나셨죠(부활절)
동산 가는길(야외 학습)
신나는 캠프(캠프)
어린이날
옛날 이야기(조부모 참여일)
운동회

2) 노래의 패턴에 따른 노래 부르기

(1) 반복형

노래의 일부가 두 번씩 반복되는 노래들이 있다. 이러한 노래들은 같은 멜로디와 노랫말이 한 마디 또는 두 마디씩 반복되어 마치 메아리처럼 같은 소리를 받아 부르는 것과 같은 느낌을 준다(노래의 예 25). 같은 부분이 반복되는 곳에서 교사가 먼저 부르고 유아들이 따라 부르도록 하면서 노래를 배우는 방법을 사용한다. 예를 들어, 노래 '낙엽을 밟으며'는 낙엽을 밟을 때 들리는 소리를 유아들이 묘사하며 지은 시로 만들어진 노래이다. 소리를 묘사하는 부분이 두 번씩 반복되어 교사가 한 번 부르면 두 번째는 유아들이 따라 부르는 형식으로 부르는 노래이다. 그러나 처음 노래를 부를 때에는 유아들이 박자에 맞추어 반복되는 부분을 따라 부르기가 쉽지 않기 때문에 교사가 다음과 같이 이야기하며 노래를 제시하면 좋다.

♬ 노래의 예 25 ♬

같은 부분을 반복하며 따라 부르는 노래

낙엽을 밟으며 (중반부)*

작사/곡 김진영

* 주 : 노래의 쉬운 이해를 돕기 위해 원곡의 중간 부분 여덟 마디를 다장조로 옮겨 그렸음

같은 부분을 반복하며 부를 수 있는 노래의 예

튼튼해 지려면(먹어야 하는 음식 종류를 똑같이 반복하며 따라하기)
작은 집 창가에서(리듬 패턴으로 만들어지는 '라라라' 를 똑같이 반복하며 따라하기)
크고 큰 우주 작고 작은 우리(우주에 있는 것들을 차례로 살펴보며 따라하기)

> 노래에서 똑같은 낙엽 밟는 소리가 두 번씩 나오지? 선생님이 같은 소리를 두 번씩 불러볼께. 첫 번째는 선생님의 노래 소리를 잘 듣고 두 번째 같은 노랫말을 부를 때 너희들이 같이 불러보자.

교사는 노래의 중반부에 반복되는 부분부터 불러본다. 첫 번째 부분을 노래할 때는 교사 자신을 가리키며 노래를 하고 두 번째 반복되는 부분에서는 유아들을 모두 가리키며 함께 노래 부르자는 손짓을 함으로써 유아들이 어디에서 노래를 불러야 하는지를 알게 한다. 유아들이 이러한 패턴에 익숙해지면, 두 번째 반복되는 부분에서는 교사가 목소리를 점차 줄여 입 모양으로만 노래하는 부분을 알려주면 유아들끼리 부를 수 있게 된다. 이때 노래 전체를 처음부터 불러보면 자연스럽게 반복하듯 따라하는 노래의 느낌을 살리게 된다.

간단히 노랫말을 바꾸어 부를 수 있는 노래들도 있다. 노랫말을 바꾸어 부르는 동안 자연히 같은 멜로디와 가사의 일부를 반복해서 부르게 된다. 예를 들어 노래 '할 수 있죠' 에서는 '할 수 있죠' 대신에 혼자서 할 수 있는 일들을 노랫말로 만들어 넣어 부를 수 있다(노래의 예 26). 이러한 노래들은 따로 멜로디를 익히거나 노랫말을 설명하기 위한 과정을 거치지 않아도 자연스

♬ 노래의 예 26 ♬

부분적으로 노랫말을 바꾸어 반복하는 노래

할 수 있죠 (전반부)*

작사/곡 김진영

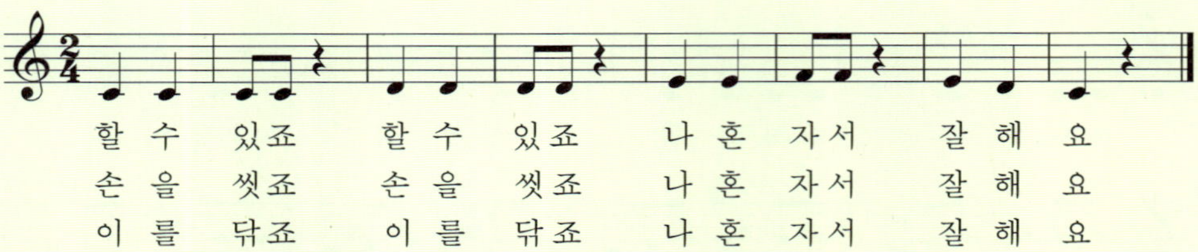

* 주 : 노래의 쉬운 이해를 돕기 위해 원곡의 첫 여덟 마디를 옮겨 그렸음

노랫말을 바꾸어 가며 반복해서 부를 수 있는 노래의 예

꾹 참았네(친구가 속상하게 한 원인을 바꾸어 부를 수 있음)
한몸(신체 부위를 바꾸어 부를 수 있음)
흔들흔들(신체 부위를 바꾸어 부를 수 있음)

럽게 노래를 익히게 된다. 예를 들면, 우선 교사가 자연스럽게 노래를 한 번 부른 후에, "혼자서 할 수 있는 일에는 또 어떤 것들이 있을까?" 하고 물어본다. 만약 유아가 "나는 혼자서 옷을 입을 수 있어요."라고 이야기했다면 교사는 "그래, 그러면 이번에는 '옷을 입죠'를 넣어서 노래를 불러볼까?" 하고 말한 후 유아가 대답한 이야기를 노랫말의 형태로 바꾸어 함께 노래를 부른다. 이렇게 노랫말을 바꿔가며 노래를 여러 번 부르게 되면 멜로디는 자연스럽게 익숙해지게 된다.

(2) 대구/문답형

유아들을 위한 노래들 중에는 비슷한 패턴이 대구를 이루듯 마주하고 있거나, 질문하고 대답하듯이 대화식으로 주고 받는 노래들이 있다(노래의 예 27). 이런 노래들은 대구가 되는 소절 또는 질문과 대답 부분이 같은 길이에 비슷한 리듬과 멜로디 패턴으로 구성되어 있다. 예를 들어 '들짐승을 집에서 못 키우는 이유'라는 노래를 살펴보면 질문을 하는 부분(A)과 대답하는 부분(B)으로 이루어져 있다. 노랫말의 질문과 대답 부분의 앞 두 마디는 같은 멜로디와 리듬 패턴을 가지고 있고 뒤의 두 마디는 조금 다른 패턴이다.

이러한 노래들을 가르칠 때에는 두 개의 손인형을 사용하거나, 대화하는 것과 같은 효과를 낼

♬ 노래의 예 27 ♬

대화식으로 주고 받는 노래

들짐승을 집에서 못 키우는 이유

작사/곡 김진영

대화식으로 주고받으며 부를 수 있는 노래의 예

꽃씨심기(아빠와 아이가 대화하듯이 주고 받으며 부를 수 있음)
돛단배(바다를 건너는 방법의 질문과 대답)
딩딩딩(교통기관의 종류에 대한 질문과 대답)
무엇일까?(스무고개처럼 주거니 받거니 하는 문답)
어린이날(무슨 날인지에 대한 질문과 대답)
우리 친구(자기를 소개하면 친구들이 대답하는 형식)
어디에서 왔나(다른 나라에서 온 사람과 대화)
정글(정글 속에 살고 있는 동물들에 대한 질문과 대답)

수 있는 다른 시각자료를 사용하여 노랫말을 제시한다. 그리고 자연스럽게(뮤지컬에서 보는 것처럼) 멜로디를 넣어 대화를 노래로 부른다. 그 다음에는 대화 속의 두 부분 중에 더 쉬운 부분을 유아들에게 부르도록 하고 다른 부분을 교사가 부른다. 이렇게 해서 노래에 익숙해지면 역할을 바꾸어 불러본다.

노래 '꽃샘 바람'의 경우에는 세 부분, 즉 꽃샘바람(A), 꽃잎들(B) 그리고 상황을 설명해 주는 해설(C–1, 2)로 나누어진다(노래의 예 28). 이러한 경우에는 유아들 중 일부는 꽃샘바람이 되어 A 부분을 부르고 나머지 유아들은 꽃잎들이 되어 B 부분을 부르며 교사는 해설 부분을 불러본다. 유아들이 노래에 익숙해지면 해설 부분도 유아들이 부르게 하거나 A를 부르는 유아들이 C–1 부분을 부르고 B를 부르는 유아들이 C–2를 부르는 식으로 나누어 부르게 할 수도 있다.

대화와 해설을 담은 노래

꽃샘 바람*

작사/곡 김진영

* 주 : 노래의 쉬운 이해를 돕기 위해 원곡을 다장조로 옮겨 그렸음

대화와 해설을 담은 노래의 예

귀여운 삼보(해설, 호랑이, 삼보)
숲속 친구들(해설, 동물 1, 동물 2)
작은 조각종이(독백, 유아 1, 유아 2)

(3) 열거/서술형

노랫말 안에 단어나 문장들이 반복 없이 열거되어 있거나 서술적으로 쓰여진 경우가 있는데, 이러한 노래들은 어떤 장면을 묘사하거나 주제를 가진 이야기를 전하기 위해 만들어진 것이다. 이러한 노래를 처음 부를 때에는 노랫말에 들어가는 단어를 분리하여 외우는 것보다는 노래의 전체적인 내용을 인지하도록 하거나 노랫말이 연결되는 원리를 이해하도록 돕는 것이 더 효과적이다. 내용 자체가 너무 길어 어린 유아들이 부르기에 어려운 노래는 나누어 부르는 방법을 사용하기도 한다. 예를 들어, '옛날 이야기'와 같은 노래의 멜로디와 리듬 패턴은 반복되어 간단하지만, 노랫말이 길어서 유아들이 처음부터 연결해서 부르기는 어려울 수 있다(노래의 예 29). 이러한 경우에는 유아들이 부르기 쉬운 구절만 부르도록 한다. 처음에는 B′ 부분만 부르도록 하고, 그 다음에는 B와 B′ 부분을 불러보도록 한다.

부분으로 나누어 부르는 노래

옛날 이야기*

작사/곡 김진영

* 주 : 노래의 쉬운 이해를 돕기 위해 원곡을 다장조로 옮겨 그렸음

노래를 처음 배울 때 나누어 부를 수 있는 노래의 예

단 하나뿐[유아 네 마디(또는 교사 세 마디+유아 한 마디) → 교사 네 마디 → 유아 네 마디 → 교사 네 마디 → 교사 세 마디+유아 한 마디]
닭[교사 여덟 마디 → 유아 여덟 마디]
우리들의 마음 속엔[유아 여덟 마디 → 교사 여덟 마디]
우리 유치원[유아 여덟 마디 → 교사 여덟 마디]
제자리에[교사 여덟 마디 → 유아 여덟 마디]

2. 노래 듣고 움직이기

노래와 움직임은 분리할 수 없는 관계를 가지고 있다. 노래라는 것은 소리의 움직임인 곡조와 몸 또는 마음의 움직임을 나타내는 노랫말로 이루어져 있기 때문이다. 다른 말로 하면 내적인 감정(emotion)을 외적으로 표현한 것이 움직임(motion)이라면, 음악은 소리의 움직임이고 동

작은 몸의 움직임인 것이다. 그러므로 움직임의 요소인 신체(body Parts), 공간(space), 시간(timing), 그리고 질(quality)을 노래 안에서 함께 찾아보고 그 요소들을 중심으로 노래와 움직임을 통합한 활동을 계획해 볼 수 있다(김진영 외, 2007). 즉, 노래와 함께 무엇(신체)을, 어디에서(공간), 언제(시간), 어떻게(질) 움직일 것인지를 찾아본다.

1) 움직임의 요소가 담긴 노래들

(1) 신 체

움직임의 첫 번째 요소인 신체(body parts)의 어떤 부분들을 움직일 것인지 노래가 제시해 주기도 한다. 우리가 움직일 수 있는 신체 부위는 다양하다. 얼굴만 살펴보더라도 입술의 다양한 움직임뿐 아니라 이마, 눈썹, 눈, 볼 등 다양한 부위의 움직임을 보게 된다. 연결마디(joint)가 있는 부분은 신체의 움직임을 가능하게 하는데 팔과 다리의 움직임처럼 대근육을 사용한 움직임에서 손가락 마디를 사용하는 소근육에 이르기까지 다양한 근육을 움직이면서 노래해 볼 수 있다(표 2-1).

표 2-1 신체의 움직임

움직이는 신체	움직임의 예
부위(body parts)	얼굴 부위, 팔, 다리 등
근육(motor)	대근육, 소근육 등

어린 유아들의 경우에는 노래를 사용하여 각 신체 부위를 가리키면서 신체를 탐색하는 활동으로 움직임을 시작해 볼 수 있다. 예를 들면 노래 '한 몸'을 부르며 노랫말 속에 들어 있는 신체의 부분을 손으로 가리켜 본다(노래의 예 30). 이 노래의 음높이는 각 신체 부위의 높이와 연결이 되어 있다 . 예를 들어, 입이 머리보다 낮은 위치에 있는 것처럼 도(C′)는 솔(G′)보다 낮은 음높이를 가지고 있으므로 다음과 같은 활동들을 통해 간단한 노래를 만들어 부르면서 신체를 탐색해 본다.

- 신체의 두 부위만 사용하여 노래 만들어 부르기
  [예] 입(c′)과 머리(g′), 눈(e′)과 머리(g′) 등
- 신체의 세 부위만 사용하여 노래 만들어 부르기

♬ 노래의 예 30 ♬

신체 부분을 탐색하는 노래

한 몸

작사/곡 김진영

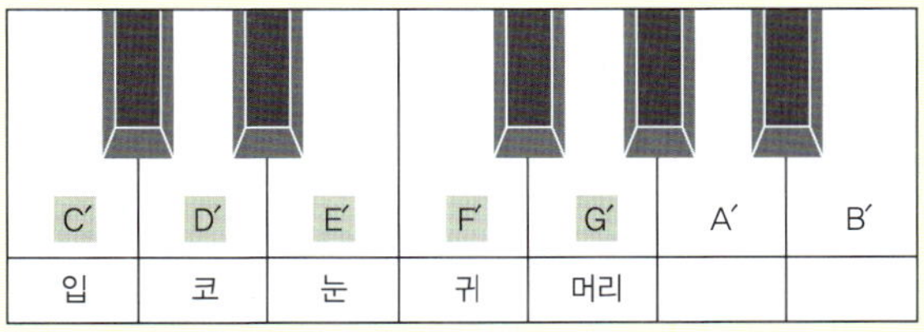

[예] '입'과 '눈'과 '머리'

- 노래에 맞추어 신체 부위 가리키기
- 교사가 신체 부위를 가리키면 이에 맞추어 노래 부르기
- 그림자료로 얼굴 부위 패턴을 만들고 그것에 맞추어 노래 부르며 신체 부위 가리키기

[예] 입-눈-머리, 입-눈-머리

노래를 통해 각 신체 부위의 움직임을 탐색해 보기도 한다. 노래 '흔들흔들'의 반복되는 리듬 패턴은 신체를 리듬에 맞추어 흥겹게 흔들어 볼 수 있도록 격려한다(노래의 예 31). 노랫말에 따라 어깨-팔-손-손가락의 순서로 흔들거리듯 움직여 보면, 대근육의 움직임에서 점차 소근육을 사용한 움직임으로 이동하면서 다양한 마디의 움직임을 살펴볼 수 있게 된다. 이외에도 노래를 부르며 다음과 같은 신체의 다양한 움직임을 탐색해 본다.

- 노래에서 제시된 노랫말 외에 몸에서 움직일 수 있는 다양한 부위를 찾아 노랫말에 넣어 부르며 흔들기
- 움직일 수 있는 신체 부위에 방울로 만든 악기를 달아 노랫말에 맞추어 몸을 흔들며 몸의

♬ 노래의 예 31 ♬

신체의 움직임을 탐색하는 노래

흔들 흔들*

작사/곡 김진영

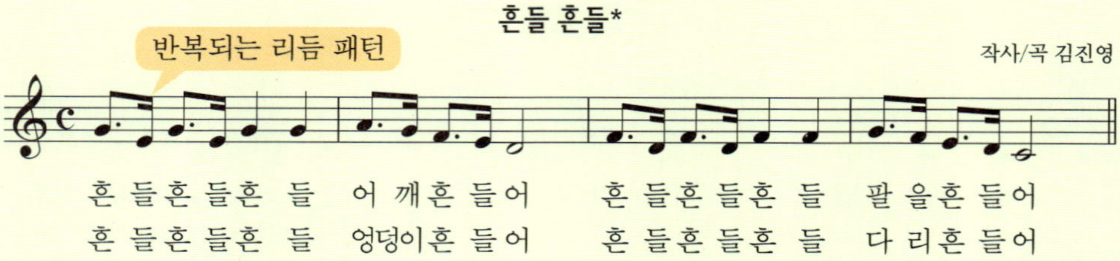

* 주 : 노래의 쉬운 이해를 돕기 위해 원곡의 첫 네 마디를 다장조로 옮겨 그렸음

움직임을 소리로 확인하기

- 두 사람씩 마주보고 한 사람이노래의 반주(또는 간주)에 나오는 음악에 맞추어 흔드는 모습을 보고 다른 사람이 거울이 되어 따라 하고 또 역할을 바꾸어 반대로 하기
- 전하기 게임처럼 일렬로 늘어선 다음에 한 사람이 움직이는 모습을 보고 옆에 사람이 똑같이 따라 하며 전달하기

(2) 공 간

움직임에 있어서 공간(space)이라는 요소는 '어디에서(where) 움직이는가?'와 같이 움직임의 범위를 나타낸다. 그리고 움직임의 공간은 장소(place), 방향(direction), 높이(level), 형태(shape)에 따라 다르게 정해진다(표 2-2).

노래 속에서 노랫말이나 진행되는 멜로디, 또는 리듬 패턴은 공간을 다양하게 활용할 수 있도록 돕기도 한다. 이를테면, 노래 '게'는 게의 움직임처럼 한 곳에서 다른 곳으로 장소를 옮기는

표 2-2 공간을 활용하는 움직임

움직임의 공간	움직임의 예
장 소	한 곳에서 움직이지 않기(비이동), 한 곳에서 다른 곳으로(이동) 움직이기
방 향	앞으로/뒤로, 오른쪽으로/왼쪽으로, 위로/아래로
높 이	높게/중간으로/낮게
형 태	곡선으로, 직선으로, 각으로

♬ 노래의 예 32 ♬

움직이는 공간을 연상시키는 노래

게 (전반부)*

작사/곡 김진영

* 주 : 노래의 쉬운 이해를 돕기 위해 원곡의 첫 여덟 마디를 다장조로 옮겨 그렸음

이동 동작, 옆으로 걸어가는 방향, 중간 이나 낮게 구부려 움직이는 높이, 게걸음의 형태 등을 표상한다(노래의 예 32). 손가락을 게의 다리처럼 펴서 옆으로 까닥까닥 움직이는 손동작을 하며 노래를 불러볼 수도 있고, 노래에 맞추어 게처럼 무릎을 살짝 굽히면서 옆으로 걸어볼 수도 있다.

노래 '나팔꽃'의 노랫말은 다른 장소로 옮겨가지 않고 한 장소에서 움직이는 비이동 동작, 위쪽으로 움직이는 방향, 낮게 있다가 점점 올라가는 높이, 그리고 꼬불거리는 형태를 표상한다. 노래를 부르면서 몸을 낮게 굽히고 있다가 점점 펴면서 높이 뻗도록 해본다(노래의 예 33).

노래의 멜로디는 음높이가 다른 음들이 높고 낮게 또는 제자리에서 리듬과 함께 움직이는 흐름이다. 그러므로 노래를 부를 때 노랫말뿐만 아니라 곡조에 따라 음의 높고 낮은 흐름에 반응하여 움직일 수 있다. 예를 들어, '들짐승을 집에서 못 키우는 이유'의 앞부분을 불러보면, 음이

♬ 노래의 예 33 ♬

노랫말과 움직이는 높이를 연결시키는 노래

나팔꽃 (중반부)*

작사/곡 김진영

* 주 : 노래의 쉬운 이해를 돕기 위해 원곡의 중반 여덟 마디를 다장조로 옮겨 그렸음

♬ 노래의 예 34 ♬

멜로디의 움직임과 높이를 연결시키는 노래

들짐승을 집에서 못 키우는 이유 (전반부)*

* 주 : 개념의 이해를 돕기 위해 원곡의 첫 네 마디를 옮겨 그렸음

점점 단계적으로 '도(C′)-레(D′)-미(E′)-파(F′)'와 같이 올라가다가 '솔(G′)-도(C″)'하고 높이 뛰어 오르는 것을 발견하게 된다(노래의 예 34). 이러한 음높이에 반응하기 위해 손을 공중에서 멜로디의 흐름과 함께 움직여 볼 수 있다.

노래 '낙엽'과 같이 노랫말이 낙엽이 위에서 아래로 춤을 추듯이 내려오는 모습을 표현하면서 멜로디도 그에 맞춰 내려오는 경우도 있다(노래의 예 35). 이러한 경우에는 낙엽을 표현하는 창의적인 움직임을 노랫말과 멜로디에 맞추어 표현할 수 있다. 예를들면, 위에서부터 내려오듯 손과 몸을 움직이다가(첫 번째 '와아와 리루루' 부분) 바람에 날려 낙엽이 다시 공중으로 날렸다가 내려오듯이 살짝 올라갔다가 내려오는 모습(두 번째 '와아와 리루루' 부분)을 표현해 본다. 그리고 마지막 부분에서는 완전히 땅에 내려앉는 모습을 표현하며 몸을 낮게 움직여 본다.

♬ 노래의 예 35 ♬

멜로디와 노랫말이 높고 낮은 움직임을 반영하는 노래

낙엽 (후반부) *

작사/곡 김진영

* 주 : 노래의 쉬운 이해를 돕기 위해 원곡의 마지막 여덟 마디를 옮겨 그렸음

(3) 시 간

노래 안에서 소리는 시간(timing) 속에서 박자라는 이름으로 그룹지어져 다양한 빠르기를 가지고 지속되거나 멈추면서 움직인다. 또 때로는 이러한 소리 안에 강세가 규칙적 또는 비규칙적으로 들어가기도 한다(표 2-3).

앞의 장에서 살펴 보았듯이, 노래를 불러보면서 유아들은 다양한 박자와 리듬의 패턴에 따라 달라지는 음악의 느낌을 경험하게 된다. 다양한 빠르기의 노래를 불러보거나 같은 노래를 다양

표 2-3 시간을 활용하는 움직임

움직임의 시간	움직임의 예
빠르기(tempo)	빠르게/느리게, 점점 느리게/점점 빠르게 등
지속성(duration)	짧게/길게 등
강세(accent)	규칙적/비규칙적 등
박과 리듬(beat & rhythm)	다양한 박자, 다양한 리듬 퍼턴 등

♬ 노래의 예 36 ♬

다른 빠르기의 반주를 이용하여 움직이는 노래

팝콘 (전반부)*

작사/곡 김진영

(반주 패턴)

* 주 : 노래의 쉬운 이해를 돕기 위해 원곡의 첫 네 마디를 다장조로 옮겨 그렸음

한 빠르기로 불러보면서 음악의 빠르기를 경험하기도 하고, 같은 빠르기의 노래에 맞춘 다양한 빠르기의 반주를 통해서도 그 빠르기를 경험해볼 수 있다. 예를 들어, 노래 '팝콘'에 맞추어 '팝콘 되어 보기'를 동작으로 표현하는 경우, 목금과 같은 악기로 연주해 주는 음표의 다양한 길이 패턴은 움직임의 빠르기를 달리 할 수 있도록 도와준다(노래의 예36). 2분 음표로 연주되는 것보다는 8분 음표로 연주되는 반주에 맞춰 움직일 때 같은 노래이지만 더 빠른 움직임을 느낄 수 있게 된다. 노래 또는 노래와 함께 연주되는 타악기의 빠르기를 다르게 하여 점점 빠르게 또는 점점 느리게 움직여 볼 수도 있다.

같은 노래를 다른 박자로 바꾸어 불러보면 박자에 따라 달라지는 느낌의 차이를 알게 된다(노래의 예 37). 이를테면 '할 수 있죠'를 2박자로 경쾌하게 부르다가 3박자로 바꾸어 부르면 조금 느려지는 듯하면서 부드럽게 노래가 바뀐다. 2박자에 맞추어서는 '손을 씻죠' 등과 같이 혼자 할 수 있는 일을 찾아서 노랫말을 바꾸어 불러보고, 3박자에 맞추어서는 친구와 함께 할 수 있는 일을 찾아서 노랫말을 바꾸어 불러보는 활동을 해본다. 이때에 노랫말에 맞는 동작을 해보면 몸의 움직임을 통해 박자를 함께 느낄 수 있다.

♬ 노래의 예 37 ♬

박자를 바꾸어 부르는 노래

할 수 있죠

작사/곡 김진영

(4) 질

질(quality)이 음악적인 개념들과 더불어 느낌을 더욱 살려 주는 것은 노래가 담고 있거나 표현하고 있는 에너지(energy), 감정(feeling), 이미지(image) 또는 주제나 이야기들 때문이다(표 2-4).

표 2-4 다양한 질을 활용하는 움직임

움직임의 질	움직임의 예
에너지	강하게, 약하게, 부드럽게 등
감정	신나게, 기쁘게, 슬프게 등
이미지	떨어지는 낙엽의 모습, 파도치는 모습, 비 내리는 모습 등
주제가 있는 이야기	《피터와 늑대》와 같은 이야기 등

이를테면 '닭'과 같은 노래는 닭이 모이를 먹는 모습이나 사뿐사뿐 가볍게 걸어가는 모습을 표현한다(노래의 예 38). 노래를 부르기 전에 닭을 관찰하거나 시각자료나 영상자료를 통해 유아들과 함께 닭의 모습을 살펴보는 활동을 하면 노래를 부를 때 노래에 담긴 이미지를 상상하면서 부르는 데 더욱 효과적이다. 또한, 유아들이 직접 닭의 움직임을 모방해 보는 활동을 하면서 부르면 노래의 느낌을 보다 잘 표현할 수 있다.

♬ 노래의 예 38 ♬

이미지를 담은 노래

닭 (전반부)*

작사/곡 김진영

* 주 : 노래의 쉬운 이해를 돕기 위해 원곡의 첫 여덟 마디를 바장조로 옮겨 그렸음

노래는 하나의 장면을 보는 것같은 이미지를 표현하기도 하고, 어떤 주제로 진행되거나 연결되는 이야기를 담기도 한다. 예를 들어 노래 '꽃샘바람'에서는 바람이 불고 있는 한 가지 이미지뿐만 아니라 꽃샘바람이 꽃잎들을 깨우는 모습, 그리고 그에 반응하여 꽃잎들이 피어나는 모

♬ 노래의 예 39 ♬

주제나 이야기를 담은 노래

꽃샘 바람*

작사/곡 김진영

* 주 : 노래의 쉬운 이해를 돕기 위해 원곡을 다장조로 옮겨 그렸음

습을 연상시킨다 (노래의 예 39). 그러므로 이 노래의 경우에는 역할극을 하듯이 노래를 부르며 몸을 움직여 볼 수 있다. 꽃샘 바람의 역할을 맡은 유아들은 '일어나요 일어나요 봄이 왔어요' 하고 노래하면서 꽃잎들을 깨우러 간다. 그리고 꽃잎의 역할을 맡은 유아들은 '알았어요 알았어요 지금 나가요' 부분을 노래하면서 잠에서 깨어 피어나는 꽃잎들을 표현해 본다.

2) 움직임의 단위나 형태에 따른 노래들

지금까지 노래 안에 움직임의 요소와 음악적인 요소들이 어떻게 담겨 있는지 살펴보았다. 노래 안에 담긴 이러한 요소들은 움직임의 다양한 단위와 형태에 따라 표현되기도 한다. 이를테면, 유아가 노래를 부르며 거기에 맞추어 혼자 움직이거나, 다른 유아와 짝지어 움직이거나, 여러 명의 유아들과 함께 대집단으로 움직이는 것이다.

(1) 혼자 움직이며 부를 수 있는 노래

유아가 노래와 함께 혼자 움직이게 되는 경우는, ① 노랫말에 맞추어 손동작을 하는 것(finger play), ② 노랫말이 지정하는 대로 몸을 움직여 보는 것, ③ 노래에 맞추어 걷거나 뛰는 것과 같은 기본적인 움직임을 하는 것, ④ 노래의 이미지나 분위기를 몸으로 표현하는 것 등이다.

노랫말에 맞추어 손동작을 하는 것은 주로 주의집중용 활동으로 많이 사용되고 있는데, 노랫말의 기억을 도와주는 역할을 한다. 또한 유아들의 소근육발달과 더불어 다양한 협응력을 기르는 데 도움이 된다. 노래를 부르며 교사가 이미 만들어 놓은 손동작을 하면 유아들이 보면서 따라하기도 하지만, 유아들과 함께 노랫말에 맞는 손동작을 만들어 볼 수도 있다.

어떤 노래는 움직임을 지정하기도 한다. 이를테면 노래 '흔들 흔들'의 경우에는 신체의 어떤 부분을 흔들지를 노랫말이 정해준다(노래의 예 40). 정해준 노랫말 이외의 움직임에 대해서는 비교적 유아들의 창의적인 움직임이 요구된다. 이를테면 정해진 신체 부위를 흔들되, 어떻게 움직일 것인지는 유아들이 자유롭게 정한다. 그리고 노랫말에 따른 신체 부위를 넣어 바꾸어 부르면 다른 신체 부위의 움직임을 탐색하게 된다. 특정 움직임을 지시하는 노래 중에는 게임처럼 사용할 수 있는 것들도 있다. 노래를 부르면서 움직이다가 노래가 지정하는 순간에 어떤

♬ 노래의 예 40 ♬

혼자 움직이며 부를 수 있는 노래

흔들 흔들 (전반부)*

작사/곡 김진영

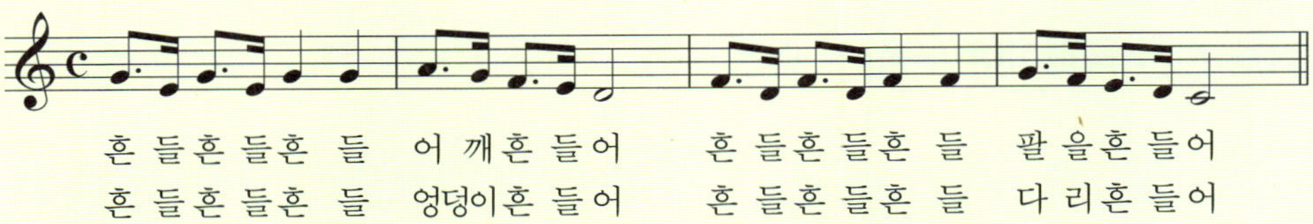

* 주 : 노래의 쉬운 이해를 돕기 위해 원곡의 첫 네 마디를 다장조로 옮겨 그렸음

구체적인 움직임을 지정하는 노래	표현을 위해 사용하는 노래
손동작(소근육)	**기본 동작**
• 괜찮아 • 나의 손으로 • 집에 갈 시간 • 한 몸	• 게(옆으로 걷기) • 나팔꽃(위로 올라가기) • 동산가는 길(걷기) • 해바라기(높이 닿기)
몸동작(대근육)	**표현 동작**
• 발바닥 밟기(노래 게임) • 위! 위! 위!(노래 게임) • 줄다리기(줄잡고 당기기) • 흔들흔들(신체 흔들기)	• 공작새/닭(동물) • 꽃샘바람/낙엽(식물) • 팝콘(요리) • 팽이

움직임(또는 움직이지 않고 멈춤)을 하게 되는 것이다.

노랫말이 구체적인 움직임을 지정하지 않는 경우에도 노래가 움직임과 함께 사용될 수 있다. 이를테면 노래에 맞추어 걷거나 뛰기, 일정한 방향으로 움직이기 등의 기본적인 동작을 해보는 것이다. 이러한 움직임의 경우에는 노랫말을 바꾸어 사용하지 않더라도, 노래 안에 담겨 있는 음악적인 요소와 움직임의 요소를 사용하여 빠르기를 달리해 보거나 다른 강세를 주어 다양한 움직임을 돕는다.

어떤 노래들은 동 · 식물이나 그 외 다른 여러 이미지를 표현하고 있다. 유아들은 이런 노래에 맞추어 창의적으로 이미지를 몸으로 표현해 보도록 한다. 앞에서 제시한 움직임의 요소들, 즉 장소 · 방향 · 높이 · 형태 등에 따라 다양한 동작을 만들어 보도록 격려하면 유아들의 표현력을 도울 수 있다. 또한, 스카프나 리본 등과 같은 도구를 사용하여 다양한 움직임을 도울 수도 있다.

♬ 노래의 예 41 ♬

짝을 지어 움직이며 부를 수 있는 노래

꽃씨 심기*

작사/곡 김진영

* 주 : 노래의 쉬운 이해를 돕기 위해 원곡을 다장조로 옮겨 그렸음

짝을 지어 움직일 수 있는 노래의 예

괜찮아(손동작을 짝과 마주보고 할 수 있음)
나는 친구가 좋아요(친구하고 짝지어 할 수 있는 동작을 만들어 봄)
시소(둘씩 마주보고 시소 타듯이 올라갔다 내려갔다 하는 움직임)
친구하고(짝과 마주보고 노랫말에 따라 같이 움직임)
할 수 있죠(3/4박자에 맞추어 친구와 함께 할 수 있는 동작을 찾아 움직임)

(2) 짝으로 움직이며 부를 수 있는 노래

어떤 노래들은 유아들이 둘씩 짝지어 손을 잡거나 마주보고 움직이도록 한다. 예를 들면, 노래 '친구하고'는 짝과 마주보고 같은 동작으로 움직이도록 노랫말이 정해져 있다. 움직임이 정해져 있지 않은 노래라도 둘씩 짝지어 할 수 있는 동작을 만들어 해볼 수도 있다. 서로 마주보고 인사를 한다거나, 손을 잡고 안으로 들어갔다 밖으로 나가기, 손잡고 돌기, 서로 오른손 잡고 돌기/돌려주기, 손잡고 걷기 등이 그 예이다. 예를 들어, 노래 '꽃씨 심기'의 경우 아빠와 함께 왈츠를 추는 분위기를 낼 수 있다(노래의 예 41).

- '아빠와 함께' : 양손을 잡고 안으로 들어갔다 밖으로 나오기
- '꽃씨를 심자' : 양손을 잡고 안으로 들어갔다 밖으로 나오기 반복
- '아빠는 흙을 담고' : 아빠가 무릎 굽혀 인사하기
- '나는 씨 심고' : 유아가 무릎 굽혀 인사하기
- '꽃씨야 꽃씨야 쑥쑥 자라라' : 양손을 잡고 천천히 원을 그리며 돌기
- '나도 아빠처럼 자랄테야' : 아빠가 유아를 번쩍 안아주기

♪2-2 대그룹 동작의 다양한 형태

(3) 대집단으로 움직이며 부를 수 있는 노래

노래에 맞추어 여러 명의 유아가 대집단으로 움직이려면 모든 유아들이 같은 동작 또는 비슷한 동작을 같은 순간에 또는 순차적으로 해야 하기 때문에 동작이 간단하고 반복적이어야 한다. 따라서 노래도 리듬 패턴이 비교적 간단하고 반복적인 것을 사용하게 된다. 대집단의 움직임은 원형, 선형, 사각형 등 다양한 형태로 만들어 할 수 있다(♪2-2).

원형은 유아들이 손을 잡고 원을 만들어서 움직이는 것이다. 원형으로 할 수 있는 대표적인 움직임에는 손 잡고 돌기, 원 안으로 들어갔다 밖으로 나오기, 팔 또는 다리를 원의 안/밖 또는 위/아래에서 함께 움직이기 등이 있다(노래의 예 42).

선형의 움직임은 유아들이 손을 잡거나 어깨에 손을 얹고 한 줄 또는 두 줄을 만들어 움직이는 것이다. 제일 앞에 선 사람이 인도자가 되고 뒤에 연결된 사람들은 인도자를 따라가거나 인도자 없이, 모두 같은 동작을 함께 해볼 수도 있다. 선형을 만들어서 같은 동작을 하는 경우 혼자의 움직임과 다른 점은, 서로 연결이 되어 있는 느낌을 주는 움직임이 이어진다는 것이다.

사각형의 움직임은 적어도 여덟 명의 유아가 한 조가 되어 사각형의 각 면에 서서 마주 보고 움직이는 것이다. 마주 보고 있는 두 쌍씩 교대로 함께 움직이는 것이 사각형 움직임의 특징이다. 서로 마주 보고 인사하기, 마주 보고 있는 짝들과 악수하거나 손뼉치고 제자리로 돌아오기 등이 대표적인 예이다.

같은 노래의 동작을 다른 대형을 만들어서 해보는 것도 다른 느낌을 주게 된다. 예를 들어, '신나는 캠프'나 '우리유치원'과 같은 노래에 맞추어 같은 동작을 원형, 선형, 사각형으로 서서 해보면 다른 느낌을 경험해 볼 수 있다(노래의 예 43).

대집단으로 움직이며 부를 수 있는 노래

산타 할아버지 오시는 날

노랫말	동 작
펑펑 하얀 눈이 내릴때	모두 함께 원을 만들어 손을 잡고 오른쪽으로 여덟 걸음 간다.
산타 할아버지 오신대요	손을 잡은채 방향을 바꾸어 온쪽으로 여덟 걸음 간다.
우리 선물 가득 싣고서	손을 잡은채 원 안으로 여덟 걸음 들어간다.
썰매타고 오신대요	손을 잡은채로 원밖으로 여덟 걸음 나온다.
딸랑	한 팔은 원 안, 다른 팔은 원 밖을 향하게 하고 손을 반짝인다.
딸랑	원 안과 밖에 있던 팔을 바꾸어 손을 다시 반짝인다.
빨리 오세요	제자리에서 스키핑(skipping)한다.
딸랑 딸랑	앞 '딸랑 딸랑' 부분과 동일한 동작을 한다.
나는 기뻐요	박수를 세 번 친다.
딸랑 딸랑	앞의 '딸랑 딸랑' 부분과 동일한 동작을 한다.
어서 오세요	제자리에서 스키핑한다.
딸랑 딸랑	앞부분 '딸랑 딸랑' 부분과 동일한 동작을 한다.
기다릴께요	양손으로 턱을 괴며 제자리에 앉는다.

대집단으로 움직일 수 있는 노래의 예

게(일직선으로 서서 옆으로 움직임)
기(일직선으로 기차처럼 연결하여 움직임)
낙엽을 밟으며(쌓아놓은 낙엽 더미를 가운데에 두고 원형을 만들어 움직임)
바닷가에서(손을 잡고 일렬로 서서 움직임)
운동회(직선 두 개를 만들고 서로 마주 보고 움직임)
줄다리기(일직선으로 서되 두 집단이 마주 보고 줄다리기 하는 듯한 동작으로 움직임)

♬ 노래의 예 43 ♬

같은 동작을 다양한 형태에 맞추어 보는 노래

우리 유치원

마 디	노랫말	원형 움직임	선형 움직임	사각형 움직임
전주	–	양쪽에 서 있는 친구 손을 잡는다.	앞 (또는 옆)의 친구 어깨에 손 얹는다.	옆의 짝과 손을 잡는다.
1~2	웃음이 많은 우리 친구들	원을 따라 오른쪽으로 걷는다.	오른쪽으로 걷는다.	A와 B 라인만 오른쪽으로 걷다가 왼쪽으로 걷는다.
3~4	사랑이 많은 우리 친구들	반대 방향으로 돌아 왼쪽으로 걷는다.	왼쪽으로 걷는다.	C와 D 라인만 오른쪽으로 걷다가 왼쪽으로 걷는다.
5~6	행복이 많은 우리 친구들	원 안으로 들어간다.	앞으로 걸어간다.	A와 B 라인만 앞으로 걸어가 마주 손뼉치고 뒤로 걸어나온다.
7~8	모두 모인 우리 유치원	원 밖으로 나온다.	뒤로 물러서며 제자리로 돌아온다.	C와 D 라인만 앞으로 걸어가 마주 손뼉치고 뒤로 걸어 나온다.

3. 노래 연주하기

유아교육 현장에서 노래와 연관되는 연주는 여러 가지 측면에서 이루어질 수 있다. 예를 들면, 노래의 가락을 연주해 본다거나, 노래를 부를 때 반주를 한다거나, 익숙한 노래에 맞추어 다양한 방법으로 악기 연주를 해보는 것 등이다. 다음에서 박자나 리듬과 같이 반복되는 패턴을 이용하여 유아들과 함께 노래를 연주할 수 있는 다양한 방법을 제시해 보고자 한다.

1) 목소리를 사용한 노래 연주

인간의 목소리는 어떤 악기와도 비교될 수 없는 정교함을 가진 악기이다. 목소리를 사용하여 노래를 부르기도 하지만, 때로는 노래에 맞추어 다양한 리듬 패턴을 목소리로 연주해 볼 수도 있다.

(1) 반복되는 패턴을 이용한 노래 연주

목소리를 사용하여 연주하는 반복되는 리듬 패턴은 유아교육 현장에서 많이 사용하는 동극용 동화 속에서 반복되는 운율을 통해 경험할 수 있다. 예를 들면, 동화 《꼬마 삼보》에서 호랑이들이 나타날 때마다 반복적으로 읊조리는 '삼보야 삼보야 너를 잡아 먹으련다. 어흥, 어흥, 어흥'과 같은 것이다(노래의 예 44).

♬ 노래의 예 44 ♬

말하듯 하는 리듬 패턴을 가진 노래

귀여운 삼보 (중반부)*

작사/곡 김진영

* 주 : 노래의 쉬운 이해를 돕기 위해 원곡의 중간 네 마디를 옮겨 그렸음

노래에 맞추어 연주하기 위한 리듬 패턴이 들어가는 이야기를 만들어 볼 수도 있다. 이를테면 노래 '줄다리기'의 '영차 영차' 부분에 맞추어 다양한 리듬 패턴을 만들어 함께 목소리로 연주해 보기 위하여 간단한 동극용 동화를 만들어 본다(노래의 예 45). 아직 유아들이 리듬 패턴을 만들어 소리내는 데 익숙하지 않은 경우에는 유아들에게 친숙한 소리로 복잡하지 않은 리듬 패턴을 만들어서 시작하는 것이 좋다. 이를테면 동화 《멍멍이 구하기》에 사용된 동물의 소리처럼 유아들에게 친숙한 의성어를 사용하는 것이다. 박자에 맞추기가 어렵지 않은 의성어를 골라

반복되는 리듬 패턴을 목소리로 만드는 노래

줄다리기 (전반부)*

작사/곡 김진영

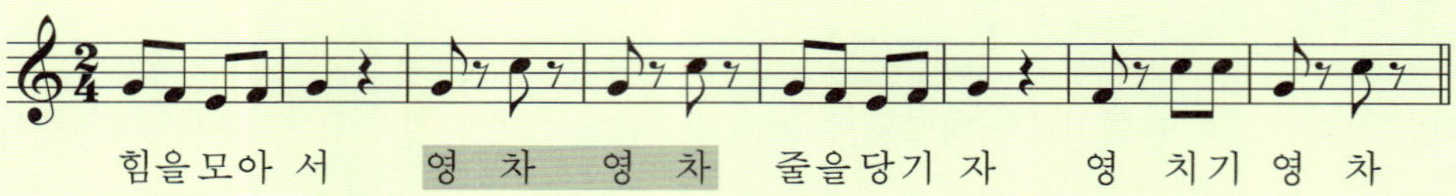

* 주 : 노래의 쉬운 이해를 돕기 위해 원곡의 첫 여덟 마디를 옮겨 그렸음

리듬 패턴을 사용한 동화 《멍멍이 구하기》

김진영 지음

어느날 마당에서 놀고 있던 멍멍이가 구멍에 빠졌어요.
"멍멍 멍멍 나 좀 구해주세요."
초롱이가 그 소리를 듣고 달려와서 줄을 던졌어요.
"멍멍아 이 줄을 잡아." 그리고 줄을 당겼어요. -(1)
그러나 초롱이는 힘이 부족했어요.

(1)

박 자	1	2	1	2
초롱이	영	차	영	차

"누가 멍멍이 구하는 것을 도와주세요."
그 소리를 듣고 꿀꿀이가 달려왔어요.
"꿀꿀 꿀꿀 내가 도와줄께."
초롱이와 꿀꿀이는 함께 줄을 당겼어요. -(2)
그러나 힘이 부족했어요.

(2)

박 자	1	2	1	2
초롱이	영	차	영	차
꿀꿀이	꿀	꿀	꿀	꿀

"누가 멍멍이 구하는 것을 도와주세요."
그 소리를 듣고 야옹이가 달려왔어요
"야옹- 야옹- 내가 도와줄께."
초롱이, 꿀꿀이, 야옹이는 함께 줄을 당겼어요. -(3)
그러나 힘이 부족했어요.

(3)

박 자	1	2	1	2
초롱이	영	차	영	차
꿀꿀이	꿀	꿀	꿀	꿀
야옹이	야옹	-	야옹	-

"누가 멍멍이 구하는 것을 도와주세요."
그 소리를 듣고 찍찍이가 달려왔어요.
"찍찍 찍, 찍 찍 내가 도와줄께."
초롱이, 꿀꿀이, 야옹이, 찍찍이는 함께 줄을 당겼어요. -(4)
마침내 멍멍이는 밖으로 나올 수 있었답니다.

(4)

박 자	1	2	1	2
초롱이	영	차	영	차
꿀꿀이	꿀	꿀	꿀	꿀
야옹이	야옹	-	야옹	-
찍찍이	찍찍	찍	찍찍	찍

보도록 한다. 동화를 들으며 소리 리듬 패턴을 반복하는 방법은 유아의 이해와 발달 정도에 따라 다양하게 제공될 수 있다.

■ 리듬 패턴 반복의 예 1 : 하나의 이야기에 한가지의 패턴만 사용하기

어린 연령의 유아들을 위해서는 하나의 소리만 사용하여 이야기하고 교사가 같은 리듬 패턴을 함께 반복해 본다. 즉, '영차'와 같은 소리 패턴은 달라지지 않고 반복되도록 한다.

■ 리듬 패턴 반복의 예 2 : 이야기가 진행되는 동안 각 패턴을 복습하듯 반복하기

교사는 '꿀꿀이는…', '야옹이는…', '찍찍이는…' 등과 같이 새로운 동물이 등장할 때마다 앞에 나왔던 동물들을 차례로 반복하여 유아들이 동물들의 소리 리듬 패턴에 익숙해지도록 돕는다.

■ 리듬 패턴 반복의 예 3 : 이야기가 진행되는 동안 각 동물을 더해가면서 함께 소리 내 보기

교사는 등장하는 동물들의 리듬 패턴을 소리낼 유아들을 몇 명 정하여, 새로운 동물들이 등장할 때마다 이전에 나온 동물들도 함께 소리내도록 한다.

■ 리듬 패턴 반복의 예 4 : 노래를 부르며 동물들이 나오는 브분에서 교사가 지휘하기

이야기와 노래에 익숙해진 다음에는 각 동물 역할을 맡을 유아들을 정하고 노래를 부르다가 '영차 영차' 부분에서 교사가 각 동물을 따로 또는 같이 가리키면 그 역할을 맡은 유아들이 소리 패턴을 사용하여 동물 소리를 낸다.

■ 리듬 패턴 반복의 예 5 : 노래극으로 하기

유아들이 역할을 정해 노래극으로 표현해 본다.

(2) 목소리로 다양한 리듬 패턴 만들기

유아들이 다양한 리듬 패턴 소리 내기에 익숙해지면, 조금 더 복잡한 형태의 리듬 패턴 만들기를 시도해 본다. 예를 들면, 노래 '집에 갈 시간'에 맞추어 '똑딱똑딱' 부분은 함께 손가락을 시계추처럼 까딱이며 노래를 부르고 '이제는 집으로' 부분에 맞추어 다양한 리듬 패턴을 연주해 보는 것이다(노래의 예 46). 이것 역시 앞에서 제시된 것과 마찬가지로 유아들의 이해와 발달 정도에 따라 다양한 방법으로 제시한다.

■ 목소리로 리듬 패턴 만들기의 예 1

집에 가기 전에 노래 부를 때마다 한 가지 패턴씩 가르쳐주고 교사와 함께 반복해 본다.

[예] 오늘은 노래를 부르는 대신 노래에 맞추어 '똑딱 똑딱 집에 가자' 부분을 말하듯이 반

♬ 노래의 예 46 ♬

목소리로 다양한 리듬 패턴 만들기

집에 갈 시간 (전반부)*

작사/곡 김진영

* 주 : 노래의 쉬운 이해를 돕기 위해 원곡의 첫 네 마디를 다장조로 옮겨 그렸음

박 자	1	2	1	2
패턴 1	이제	는	집으	로
패턴 2	집	에	가	자
패턴 3	쿵	–	쿵	–

복해 보자.

■ 목소리로 리듬 패턴 만들기의 예 2

유아들은 '똑딱똑딱'만 반복하고 교사가 리듬패턴 중 하나를 해본 후 바꿔서 해본다.

[예] 너희들은 시계처럼 '똑딱똑딱'만 해보겠니? 선생님은 시계에 맞추어 집에 걸어가는 것처럼 '똑딱똑딱 쿵 쿵' 해볼께. 이번에는 바꿔서 해보자.

■ 목소리로 리듬 패턴 만들기의 예 3

음악에 맞추어 여러 가지 리듬 패턴 중 두 가지를 함께 반복하며 해본다.

[예] 의자에 앉은 아이들은 '똑딱 똑딱 쿵 쿵'을 해보고, 바닥에 앉은 아이들은 노랫말에 나오는 것처럼 '똑딱똑딱 이제는 집으로' 부분을 해보자.

■ 목소리로 리듬 패턴 만들기의 예 4

그룹을 나누어 각 그룹이 다른 리듬 패턴을 지휘자의 지시에 따라 따로 또는 함께 해본다.

[예] 이번에는 다같이 '똑딱똑딱'을 하다가 선생님이 가리키는 편에 있는 아이들이 자기 편의 리듬 패턴을 해보자. 선생님이 한 편씩 번갈아 가리키다가 어떤 때는 두 편을 모두 가리킬 수도 있어.

2) 음높이가 없는 타악기로 노래 연주

북이나 리듬막대 등과 같이 음높이가 없는 타악기들은 유아들이 유아교육 현장에서 쉽게 접할 수 있는 악기이다. 타악기를 사용하여 노래를 연주하는 다양한 방법은 다음과 같다.

(1) 악기의 음색을 이용한 노래 연주

타악기를 가지고 연주하는 방법 중 가장 간단한 방법은 노래말 각각의 부분들을 다른 악기로 연주하는 것이다. 이를테면, 노래에 들어 있는 의성어나 의태어 또는 단어나 이미지를 악기의 다양한 음색을 사용하여 표현하는 것이다. 어떤 노랫말을 입으로 노래하는 대신, 악기로 소리를 내려면 어떤 악기 소리가 어울릴지 생각해 보고 노랫말의 각 단어(또는 문장)를 악기 소리와 함께 또는 악기 소리로만 연주해 보도록 한다. 예를 들어, 노래 '낙엽을 밟으며'의 노랫말 '부스럭'은 모

♬ 노래의 예 47 ♬

악기의 음색을 사용하여 연주하는 노래

낙엽을 밟으며 (중반부)*

작사/곡 김진영

a. 부스럭 부스럭 부스럭 부스럭 b. 조 - 고 조 - 고 조 - 고 조 - 고

a. 모래종이 악기를 비벼 소리를 낸다. b. 리듬 막대를 두드린다.

* 주 : 노래의 쉬운 이해를 돕기 위해 원곡의 중간 부분 네 마디를 다장조로 옮겨 그렸음

노랫말의 소리나 이미지를 악기로 연주할 수 있는 노래의 예

기차(칙칙, 폭폭)
낙엽(와아와 리루루)
닭(콕코코코, 푸드덕)
돛단배(뚝딱뚝딱, 어푸어푸)
물놀이(야호, 퐁퐁, 첨벙, 어푸)
송편(동글동글, 폭폭, 하나 둘, 집집집)
정글(악어, 뱀, 코끼리, 원숭이)
팝콘(톡톡톡, 탁탁탁)

래 종이 악기를 비벼 새는 소리로, 그리고 '조고조고'는 리듬막대를 두드려 만드는 소리로 표현해 본다(노래의 예 47).

또한 의성어가 아니더라도, 노랫말의 이미지를 다양한 악기의 음색을 이용하여 연주해 보도록 한다. 예를 들어, 노래 '정글'에 나오는 각각의 동물을 연상시키는 악기 소리를 찾아보고, 노랫말이 나오는 부분에서 각각의 악기를 연주한다.

- '악어' : 귀로 긁기
- '뱀' : 마라카 또는 방울 흔들기
- '코끼리' : 북 두드리기
- '원숭이' : 우드블록이나 캐스터네츠 두드리기

♬ 노래의 예 48 ♬

강약을 살려서 연주하는 노래

꾹 참았네 (후반부)*

작사/곡 김진영

악기로 강약을 연주할 수 있는 노래의 예

괜찮아('괜찮아' 부분은 강조, '지웠어' 부분은 데크레센도)
낙엽을 밟으며(낙엽 밟는 소리가 나오는 부분의 강약을 달리함)
단 하나뿐('단 하나' 부분만 강조)
물놀이('야호', '퐁퐁' 부분 강조, 뒤로 가면서 신나는 감정표현 위한 크레센도)
잠깐!('잠깐!' 부분만 강조)
정글(동물 수에 따라 연주하는 악기 수를 점점 늘려가며 강세를 더함)

(2) 노래의 셈여림 연주

노래에 맞추어 타악기를 연주하는 또 다른 방법은 악기를 사용하여 셈여림을 표현하는 것이다. 예를 들어, '꾹 참았네'와 같은 노래의 경우에는 같은 악기 또는 다른 악기를 가지고 소리의 크고 작은 변화를 연주할 수 있다(노래의 예 48).

(3) 노래의 박자에 맞추는 연주

유아들과 함께 타악기를 연주하는 또 다른 방법 중 가장 일반적인 방법은, 노래의 박자에 맞추어 악기를 연주하는 것이다. 유아들은 마치 군악대(marching band)처럼 노래에 맞추어 악기를 연주하면서 행진한다. 그런데 이때 모든 악기를 같은 박에 맞추어 연주한다면, 악기 연주 자체로는 즐거운 경험이 될 수 있을지 모르지만, 함께 어우러지는 아름다운 악기 소리로 듣기는 어렵다. 그러므로 모든 악기를 같은 박에 맞추어 연주하는 것보다는 악기의 음색에 따라 달리 배열하면 노래의 분위기와 박자의 느낌을 더 잘 살리게 된다.

유아들이 박자에 맞추어 리듬을 달리하여 연주하는 것은 쉬운 일은 아니다. 처음에는 음악적인 개념과 연관해서 다양한 박자의 노래를 부르며 연주해 보거나 다양한 리듬 패턴 만들어서 연주해 보는 등의 활동을 통해 악기를 다양한 박에 맞추어 연주하는 것에 익숙해지도록 한다. 동화와 같은 이야기 안에서 유아들이 다양한 리듬 패턴을 듣고 연주하는 것도 하나의 방법이 될 수 있다(노래의 예 49).

■ 동화를 노래와 함께 들려준다

- 동물이 하나씩 더해질 때마다 악기도 하나씩 더해진다.
- 악기가 하나씩 더해질 때마다 이미 등장했던 동물들이 악기를 어떻게 연주했는지 유아들과 함께 신체로 만든 소리로 연주해 보도록 할 수 있다.
- 교사가 여럿인 경우에는 악기를 하나씩 더할 때 증가되는 악기 수만큼 리듬 패턴도 더하면서 연주할 수 있으나 그렇지 않은 경우에는 가장 마지막에 등장한 동물이 연주하는 악기의 리듬 패턴으로 노래를 부른다.

■ 이야기가 끝나면 어떤 이야기였는지 회상해 본다

- 어떤 동물이 나왔는지 무슨 악기를 연주했는지 순서대로 이야기해 본다.
- 무슨 악기를 연주했는지 말하면서 악기를 어떻게 연주했는지 소리도 함께 내본다.

■ 각 악기를 연주할 유아 또는 그룹을 정한다

- 아직 리듬 패턴이 익숙하지 않으면, 연주할 유아들을 정하면서 노래에 맞추어 리듬 패턴

연주를 더해가는 노래

동산 가는 길

김진영 작사/곡

동물들의 소풍 가는 날

김진영 지음

어느 화창한 봄날 송아지가 소풍을 가기로 했어요.
송아지는 노래를 부르며 걸어갔어요.
[노래에 맞추어… (1) 패턴 연주]

(1)

박 자	1	2	1	2
북		–		–

길을 가다가 송아지는 망아지를 만났어요.
"송아지야 어디가니? 소풍 가는데 같이 갈래?"
"그래 나도 같이 가자."
망아지도 함께 노래를 부르며 걸어갔어요.
[노래에 맞추어… (2) 패턴 연주]

(2)

박 자	1	2	1	2
북		–		–
우드블록				

송아지와 망아지는 길을 가다가 강아지를 만났어요.
"너희들 어디가니? 소풍 가는데 같이 갈래?"
"그래 나도 같이가자."
강아지도 함께 노래를 부르며 걸어갔어요.
[노래에 맞추어… (3) 패턴 연주]

(3)

박 자	1	2	1	2
북		–		–
우드블록				
마라카스				

길을 가다보니 바람이 솔솔 불어왔어요.
[노래에 맞추어… (4) 연주]

(4)
노래의 '바람 솔솔 불어오면서' 부분에 탬버린을 흔든다.

동물들은 아주 신이 났답니다.
[노래에 맞추어… (5) 연주]

(5)
노래의 '우리들은 신이 납니다' 부분에서 심벌즈를 친다.

리듬 패턴 연주로 전환해 보는 노래

집에 갈 시간 (전반부)*

작사/곡 김진영

* 주 : 노래에 대한 쉬운 이해를 돕기 위해 원곡의 첫 네마디를 다장조로 옮겨 그렸음

박 자	1	2	1	2
패턴 1	이제	는	집으	로
패턴 2	집	에	가	자
패턴 3	쿵	(쉬고)	쿵	(쉬고)
패턴 4	(우)	(리)	(집)	어디?

1단계
목소리로 패턴 연주

박 자	1	2	1	2
패턴 1 마라카스	이제	는	집으	로
패턴 2 우드블록	집	에	가	자
패턴 3 북	쿵	(쉬고)	쿵	(쉬고)
		–		–
패턴 4 캐스터네츠	(우)	(리)	(집)	어디?
	–	–	–	

2단계
목소리와 함께
악기로 패턴 연주

박 자	1	2	1	2
패턴 1				
패턴 2				
패턴 3		–		–
패턴 4	–	–	–	

3단계
목소리를 빼고
악기로 패턴 연주

을 반복해 본다.

- 유아들이 패턴에 잘 맞추는지 살피면서 교사가 함께 연주한다.

■ 노래극을 하듯이 노래를 부르면서 각 동물이 연주하는 리듬 패턴을 더해간다.

- 교사는 같은 악기를 가지고 옆에서 함께 연주해줄 수 있다.

■ 활동이 끝나면 시각자료들과 악기들을 음률영역에 제공한다.

- 노래극에 사용되었던 동물 그림과 그들이 연주했던 패턴 그림자료를 붙여주어 유아들이 자유롭게 노래를 부르며 리듬 패턴에 맞춘 악기 연주를 하도록 한다.

(4) 노래에 리듬 패턴을 만드는 연주

같은 리듬 패턴이라면 악기로 연주하는 것보다는 목소리로 연주하는 것이 상대적으로 더 쉽다. 왜냐하면 악기 연주를 위해서는 두 가지 감각 이상의 협응력이 필요하기 때문이다. 그러므로 목소리로 리듬 패턴 소리내기에 익숙해지면 악기로 간단한 리듬 패턴 연주를 시도해 본다. 이 두 가지를 병합하면 조금 더 복잡한 패턴을 악기로 연주해 볼 수 있다. 이때 같은 리듬 패턴을 첫 번째 단계에서는 목소리로만 해보고, 두 번째 단계에서는 목소리에 맞추어 악기를 연주해 본 후, 세 번째 단계에서 목소리를 빼고 악기로만 연주해 본다(노래의 예 50).

이렇게 리듬 패턴을 사용하여 노래를 연주해 보는 것에 익숙해지면, 다른 리듬 패턴을 만들어 연주해 볼 수도 있다. 예를 들어 노래 '게'에 맞추어 타악기로 다양한 리듬 패턴을 만들어 볼 수 있다. 이때에는 순서대로 단계에 맞춰서 연주를 할 수도 있고, 순서없이 지휘자의 지휘에 따라 같이 연주하거나 한 가지 악기씩 따로 연주하는 것을 혼합해서 해본다(노래의 예 51).

3) 음높이가 있는 악기로 노래 연주

음높이가 있는 악기를 연주하는 것은 유아들에게 쉬운 일이 아니다. 음높이가 있는 악기의 소리를 자유롭게 탐색하거나 이야기를 지어내듯 마음대로 소리를 만들어 볼 수도 있지만, 악보를 보고 연주를 하거나 멜로디를 연주하는 것은 조금 더 발달된 기술을 요한다.

(1) 노래의 부분 멜로디 연주하기

유아들이 노래의 일부를 피아노로 연주하는 것을 본 적이 있을 것이다. 그것은 유아들이 악보를 읽거나 피아노 연주법을 배워서 그런 경우도 있지만, 배웠던 노래를 듣고 쉬운 멜로디를 외워서 치는 경우가 많다. 쉬운 멜로디 패턴을 이용하여 간단한 활동을 계획하면 유아들이 음높이가 있는 악기들을 가지고 노래의 부분을 쉽게 연주할 수 있게 된다. 예를 들어, 노래 '꽃샘바

♬ 노래의 예 51 ♬

타악기로 리듬 패턴 만들기

게 (전반부)*

작사/곡 김진영

* 주 : 노래의 쉬운 이해를 돕기 위해 원곡의 첫 네 마디를 다장조로 옮겨 그렸음

리듬 패턴의 예

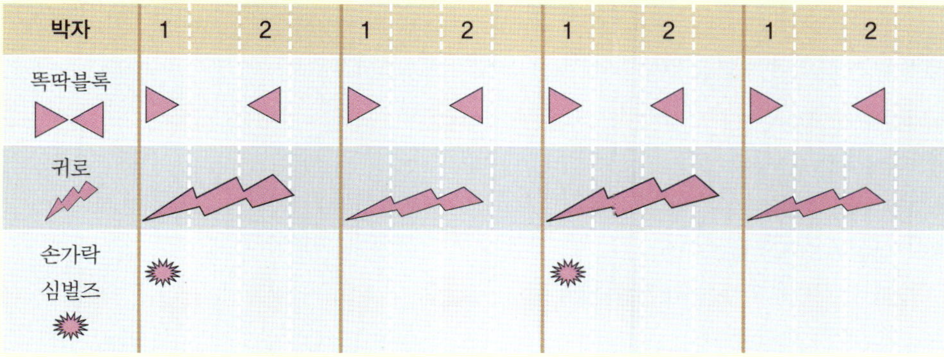

람'의 '일어나요'와 '알았어요' 부분은 두 개의 음이 반복된다(노래의 예 52). 그러므로 이야기를 들려주거나 노래극을 할 때, 유아들에게 음높이가 있는 악기를 사용하여 그 부분을 연주해 보도록 한다.

음높이가 있는 악기로 멜로디 패턴을 연주하는 또 다른 방법은 각각의 노랫말이 가진 다른 멜로디 패턴을 구분하고 연주해 보도록 하는 것이다. 예를 들어, '바닷가에서'라는 노래 안에는 '아빠', '엄마', '누나'라는 노랫말이 들어 있는데 각 단어는 다른 멜로디 패턴을 가지고 있다(노래의 예 53). 이를테면, 아빠는 올라가는 패턴(솔라), 엄마는 내려오는 패턴(솔파), 그리고 누나는 올라갔다 내려오는 패턴(미파미)이다. 유아들이 노래에 익숙해진 다음에, 이 부분만 따로 들려주고 어떻게 다른지 각 가족에 해당되는 멜로디를 불러보며 구분해 보도록 할 수 있다. 그리고, 멜로디 패턴을 들려주며 그림카드를 이용해 어떤 가족인지 맞춰보는 게임을 하고, 그 후에 그림카드를 보면서 유아들이 음높이가 있는 악기로 멜로디를 연주해 보는 활동을 한다.

반복되는 멜로디 패턴을 가진 노래

꽃샘 바람*

작사/곡 김진영

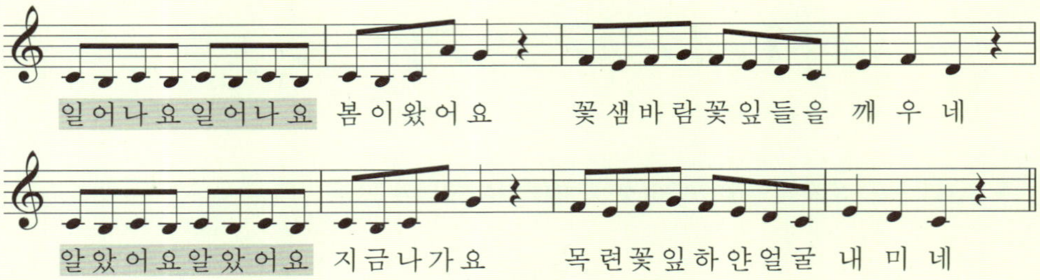

* 주 : 노래의 쉬운 이해를 돕기 위해 원곡을 다장조로 옮겨 그렸음

반복되는 멜로디 패턴을 연주할 수 있는 노래의 예

괜찮아('지웠어')
단 하나뿐('단 하나')
닭('콕코코코 콕콕')
무엇일까?('무엇일까?')
산타 할아버지 오시는 날('딸랑 딸랑')
우리 친구('라라라라라')
제자리에('제자리에', '잘하지요')

(2) 노래의 멜로디 연주하기

• 노래하며 멜로디 패턴을 연주하는 것과 더불어, 유아들은 자연스럽게 노래의 전체 멜로디를 연주하는 것에 관심을 갖게 된다. 간단한 노래는 유아들도 연주해볼 수 있다. 예를 들면, 노래 '할 수 있죠'는 '도-레-미-파'의 네 음만 가지고 연주할 수 있는 노래이다(노래의 예 54). 유아들이 노래를 외워서 충분히 연주할 수 있는 쉬운 노래이지만, 다른 색깔이나 간단한 모양을 이용해 악보를 만들고 같은 색깔이나 모양을 건반에 붙여주면 유아들도 악보를 보며 연주하는 경험을 하게 된다.

유아들을 위한 많은 노래들이 노래 '할 수 있죠'처럼 다장조의 음계로 이루어져 있다. 다시 말하면 올림(#)음이나 내림(b)음을 사용하지 않아서 피아노의 검은 건반 대신 하얀 건반으로만 연주할 수 있고 실로폰이나 핸드벨과 같이 여덟 개의 음높이만 가진 악기로도 연주가 가능하

♬ 노래의 예 53 ♬

다른 멜로디 패턴을 연주하는 노래

바닷가에서 (전반부)*

작사/곡 김진영

* 주 : 노래의 쉬운 이해를 돕기 위해 원곡의 첫 네 마디를 옮겨 그렸음

다른 멜로디 패턴을 연주할 수 있는 노래의 예

물에 뜰까?(물에 뜰까 ; 가라앉을까)
어린이날(무슨날일까? ; 어린이날)
위! 위! 위!(위위위 ; 아래아래아래 ; 앞뒤앞뒤 ; 옆옆옆)
팝콘(톡톡톡 ; 탁탁탁)

다. 만약 음감이 특별히 발달한 유아들이 있다면 노래 '할 수 있죠'를(악보에 의존하지 않고) 다른 조에서 쳐보는 것을 시도해 보도록 하면, 자연스럽게 조성과 검은 건반 사용에 대해 익히게 된다. 그림에서 보는 것처럼 '할수 있죠'는 '도(1도)–레(2도)–미(3도)–파(4도)'의 네 개의 음으로 이루어진 노래인데, 이 중 3도와 4도 사이에는 검은 건반이 없다. 다시 말하면 다른 음의 사이는 한 음(=검은 건반 또는 흰 건반 하나를 지나서 올라가는 음)의 차이가 있지만, 3도와 4도 사이에는 지나가는 건반이 없다. 그러므로 이러한 규칙은 다른 조로 연주할 때도 적용이 되지만, 건반 수를 계산하지 않더라도 '도레미파'의 음계를 귀를 통해 파악할 수 있기 때문에 적절한 소리가 나는 건반을 찾아보는 것이 가능하다.

(3) 화음으로 노래 반주하기

유아들이 노래를 화성에 맞추어 부르는 것은 쉽지 않다. 그러므로 유아가 화성을 듣는 것 외에 화성을 직접 만들면서 경험할 수 있는 방법은 음높이가 있는 악기를 사용하여 화음을 연주해 보도록 하는 것이다. 가장 간단하면서 쉬운 방법은 노래의 1도만 사용하여 연주해 보는 것이다. 예를 들어 '실로폰을 쳐보자'를 노래하면서 다장조인 이 노래의 1도인 '도(C)' 음으로만 박자를 맞추며 악기를 연주해 본다. 노래 안에 멜로디가 들어 있기 때문에 목소리로 내는 멜로디와

♬ 노래의 예 54 ♬

음계에 맞추어 연주하는 노래

할 수 있죠

작사/곡 김진영

음	도	도	도 도	(쉼)	레	레	레 레	(쉼)
박 자	1	2	1	2	1	2	1	2

음	미	미	파 파	(쉼)	미	레	도	(쉼)
박 자	1	2	1	2	1	2	1	2

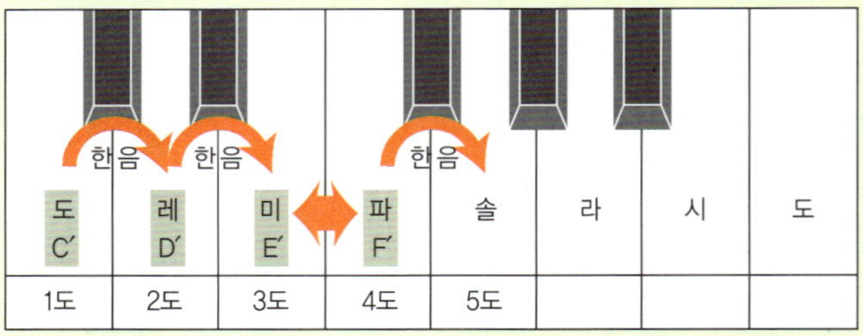

어우러지는 악기의 '도' 음에 의하여 자연스럽게 화음이 만들어 지므로, 음높이가 없는 타악기를 이용하여 박자를 맞추며 연주할 때와는 다른 느낌을 가져온다.

이렇게 박자를 맞추는 것에 익숙해진 후에는 1도와 5도 두 개의 음을 사용하여 연주해 본다. 1도와 5도의 음을 찾아서 연주하는 것은 조가 바뀌어도 그리 어렵지 않다. 예를 들어, 라장조의 음계는 '라(D)' 음에서 시작한다. 그러므로 D음에서 다섯 번째 음을 찾아서 연주하면 된다(♪ 2-3). 그러나 모든 노래가 1도와 5도만 가지고 연주해도 잘 어울리는 것은 아니기 때문에, 화음이 어울리는 노래들을 선별하여 사용한다(노래의 예 55).

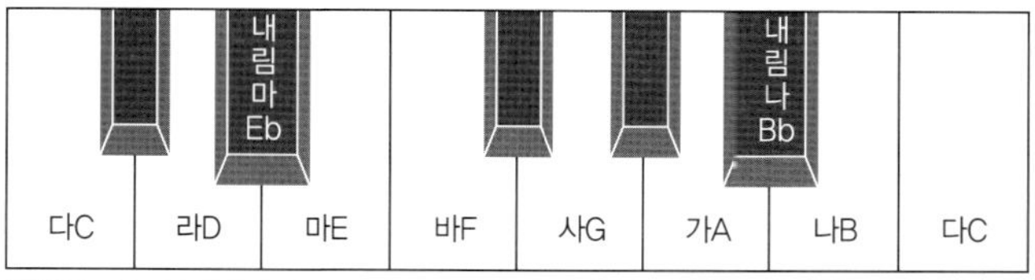

다장조 1도C	2도	3도	4도	5도G			
	라장조 1도D	2 E	3 F#	4 G	5도A		
			바장조 1도F	2 G	3 A	4 Bb	5도C

♪2-3 각 조의 1도와 5도 찾기

연주하는 방법은 간단하다. 실로폰을 연주할 때 노래를 부르면서 실로폰 채 두 개를 가지고 '도(C)'와 '솔(G)' 두 개의 음을 동시에 또는 번갈아 가며 쳐보는 것이다(노래의 예 55). 핸드벨이나 톤벨과 같이 각각의 음높이가 분리되어 있는 악기를 사용하거나, 목금(실로폰)과 같이 건반이 분리되는 경우에는 다른 건반들을 떼어내고 두 개의 음만 사용한다. 또한 피아노와 같은 건반 악기를 사용할 때는 두 개의 음에 따로 표시를 해서 사용하면 편리하다.

4/4박자의 경우 마디가 시작하는 첫 박에만 치는 방법(=온음표 길이), 한 박 건너 치는 방법(=2분 음표의 길이), 매 박을 치는 방법(=4분 음표의 길이), 매 박에 두 개의 음을 나누어 한 번씩 치는 방법(=8분 음표의 길이) 등과 같이 다양한 방법으로 연주해 본다. 이렇게 음표의 길이를 다르게 하여 '발바닥 밟기,' '동산 가는길,' '팝콘 만들기' 등과 같이 움직임이 있는 노래를 연주하게 되면, 연주하는 길이에 따라 느리게 걷기(온음표), 성큼 성큼 걷기(2분 음표), 행진하듯 걷기(4분 음표), 빨리 걷거나 뛰기(8분 음표) 등의 움직임이 느껴지게 된다.

1도와 5도 외에 다른 화음까지 연주하는 것은 어린 유아들에게 어려운 과업이다. 그러나 교사가 구성하는 것을 잘 도와 주면 만 4~5세 정도의 유아들은 다른 화음을 연주하는 느낌을 경험해 볼 수도 있다. 예를 들어 유아들을 두 그룹 또는 세 그룹으로 나누고 각 그룹이 1도(도미솔), 4도(파라도), 또는 5도(솔시레) 안에 있는 음만 맡는 것이다. 노래를 부르며 교사가 각 마디에 맞는 화성을 연주하는 유아들의 그룹을 가리키면, 유아들이 자기가 맡은 음높이만 연주하여

♬ 노래의 예 55 ♬

음높이가 있는 악기의 연주 패턴

실로폰을 쳐보자

작사/곡 김진영

연주 패턴의 예 1

연주 패턴의 예 2

1도와 5도 화성을 이용하여 연주할 수 있는 노래들의 예		
다장조(C와 G)	라장조 와 단조(D와 A)	바장조(F와 C)
• 기차 • 산타 할아버지 오시는 날 • 언제나 감사 • 우리 친구 • 우리 유치원 • 작은 집 창가에서 • 제 자리에 • 한몸 • 할 수 있죠	• 낙엽을 밟으며 • 발바닥 밟기 • 어린이 날 • 옛날 이야기 • 집에 갈 시간 • 튼튼해 지려면 • 팽이 • 팝콘	• 다시 살아나셨죠 • 동산 가는 길 • 운동회 • 닭(사장조 : G와 A 음 사용)

도 전체적으로 화음이 들리게 된다.

그러나 이러한 활동은 난이도가 비교적 높기 때문에 여러 가지 준비 과정이 필요하다. 우선 교사는, 화음을 연주하려고 하는 노래의 화성과 어느 부분에서 화음이 바뀌는지를 명확히 알고 외우고 있어야 한다. 또한 노래를 부르며 각 화음을 맡은 그룹을 가리킬 수 있는 기술이 준비되어야 한다. 왜냐하면, 유아들이 지휘에 맞추어 악기 연주를 하면서 동시에 노래를 부르는 것에 익숙하지 않아 노랫말이나 박자를 놓칠 수 있기 때문이다. 유아들의 경우에는, 다른 연주하기

♬ 노래의 예 56 ♬

화음을 연주하며 부르는 노래

할 수 있죠

작사/곡 김진영

관련 활동들을 통하여 악기를 박자에 맞추어 연주하는 것에 익숙해져 있어야 한다.

4. 노래 창작하기

유아들의 창작활동은 주로 그림 그리기나 만들기와 같은 조형활동을 통해 종종 이루어지곤 한다. 음률활동에서는 신체를 사용하여 자유롭게 표현해 보는 창작활동을 주로 많이 한다. 그렇다면 노래를 유아들이 창작해볼 수는 없을까? 유아들이 즉흥적으로 만들어 내는 찬트(chant)와 같은 노래를 들어보면 유아들은 노래를 만들 수 있는 창작 능력을 충분히 가지고 있다는 것을 알 수 있다. 노래가 노랫말과 곡조로 이루어진 것이라면, 유아들도 노랫말을 만드는 작사와 곡조를 만드는 작곡의 경험을 통해서 노래 창작의 기회를 갖게 될 것이다.

1) 노랫말 만들기

(1) 멜로디에 맞는 노랫말 만들기

이미 유아교육 현장에서 많이 하고 있는 가장 간단한 창작활동은 노랫말을 바꾸거나 만들어 부르는 것이다. 우선, 어린 유아들과는 노랫말의 낱말 하나를 바꿔보는 것과 같이 간단한 것부터 시작한다. '흔들흔들'과 같은 노래를 부른 후에 또 어떤 신체부위를 흔들 수 있는지 찾아보고 그에 맞추어 노래를 부르는 것이 그 예이다. 노랫말 중 낱말 바꾸기에 익숙해지면, 노래 '할 수 있죠'에서처럼 혼자 할 수 있는 일에는 또 어떤 일이 있을지 찾아서 노랫말의 문장을 만들어 보도록 한다(노래의 예 57).

- 교사 : 이번에는 혼자 할 수 있는 일이 또 어떤 것이 있는지 찾아서 노래로 해보자. 너희들은 어떤 일들을 혼자 할 수 있니?
- 유아 : 저는 혼자서 옷을 잘 입을 수 있어요.

유아들의 이야기가 노랫말로 쓰여지기 위해서는 노래의 리듬에 어느 정도 맞아야 하기 때문

♬ 노래의 예 57 ♬

노랫말을 만들어 부르는 노래

할 수 있죠

작사/곡 김진영

노랫말을 만들어 부를 수 있는 노래의 예

기다려줄게(친구를 기다려 줄 수 있는 경우)
꾹 참았네(화나게 한 경우)
나의 손으로(할 수 있는 일)
내 마음이 기쁘단다(마음을 기쁘게 하는 경우)
들짐승을 집에서 못 키우는 이유
무섭지 않아(무서워 하는 것)
무엇일까?(수수께끼)
숲 속 친구들(질문과 이유)
언제나 감사(감사하는 것)
유치원에서(좋아하는 놀이와 그 이유)
흔들흔들(신체 부위)

에, 유아들이 너무 길거나 짧게 이야기했을 경우에는 교사가 정리를 해줄 수 있다. 이때 유아들이 곡조에 맞춰 노랫말을 만들도록 어느 정도의 선까지 교사가 개입하거나 도움을 줄 것인지는 유아들의 연령이나 발달 정도를 고려하여 정한다.

- 반응의 예 1(교사) : 그래, 그러면 이번에는 '(노래의 처음 두 마디만 부르며) 옷을 입죠' 이렇게 노래해볼까?
- 반응의 예 2(교사) : OO이는 혼자서 옷을 잘 입을 수 있구나. 그러면 노래에 어떻게 넣어부르면 좋을까? (잠시 기다렸다가 유아들이 리듬 패턴에 맞추기 어려워 하는 경우에 노래의 처음 두 마디만 부르며) 그럼, 이렇게 불러보면 어떨까?
- 반응의 예 3(교사) : (유아가 말한 그대로 노래에 넣어서 불러본다) 이렇게 말한 것을 모두 넣어서 불러보니까 어떠니?, 왜 그럴까?, 그러면 어떻게 말을 바꾸면 다른 노랫말처럼 될 수 있을까?

(2) 유아들의 시로 노랫말 만들기

이미 있는 노래의 멜로디 패턴에 맞추어서 노랫말을 만들어 보는 것 이외에도 멜로디 없이 노랫말을 먼저 만들어 볼 수 있는데, 그것은 시를 쓰는 것과 비슷한 과정이다. '시' 라는 것을 들어본 적이 없는 유아들을 위해서는 이미 존재하는 시들 중에서 동화와는 구별된 짧고 운율이 있는 것을 골라서 들려준다. 또한 유아들도 직접 시를 만들어 보도록 하고, 교사가 받아 적어 준다. 때로는 유아들이 그림을 그리고 그림에 대한 설명을 시처럼 표현하면 교사가 받아 적어두었다가 사용할 수도 있다.

유아들이 함께 집단활동으로 시를 창작한 후에 노랫말로 바꾸어 사용한다. 이때에는 어떤 주제에 맞춰 유아들이 간단한 문장으로 이야기를 하고 그것을 교사가 받아 적는 것이다. 예를 들어, "들짐승을 집에서 못 키우는 이유에는 무엇이 있을까?"라는 질문에 대하여 유아들이 한 마디씩 생각나는 이유를 말하게 한 후에 이를 받아 적어서 시를 만들고, 그것을 노랫말로 적합하게 사용되도록 리듬에 맞게 조절한 후에 멜로디를 붙여준다(노래의 예 58). 교사가 유아들이 만든 시에 작곡을 하는 것이 쉽지 않은 경우에는, 이미 있는 노래의 멜로디에 유아들이 지은 시를 대입해서 부르도록 한다.

♬ 노래의 예 58 ♬

유아들의 시로 노랫말을 만드는 노래

들짐승을 집에서 못 키우는 이유 (전반부)*

작사/곡 김진영

* 개념의 이해를 돕기 위해 원곡의 첫 네 마디를 옮겨 그렸음

들짐승은
사나워서
몸집이 너무 커서
자리가 좁아서,
너무 힘이 세고
밥을 너무 많이 먹어서
우리를 잡아 먹기 때문에
집에서 기를 수 없습니다… (후략)

– 91학년도 무궁화반 어린이들 지음 –

유아들이 창작한 시를 노랫말로 만든 노래의 예

낙엽을 밟으며(소리나는 것을 유아들과 함께 만든 시)
바닷가에서(5세 유아가 그림을 그린 후 설명한 이야기를 노랫말로 만든것)
김장(5세 유아가 쓴 시를 노랫말로 만든 것)

(3) 유아들의 찬트로 노래 만들기

유아가 흥얼거리는 찬트처럼 이미 멜로디 패턴에 맞추어진 노랫말이 있는 경우에는, 그것을 발전시켜 노래로 만들 수 있다. 예를 들어 '게'와 같은 노래는 만 4세 유아가 역할놀이영역에서 게 모형의 자료를 가지고 놀면서 '따깍 따깍 따깍'하고 찬트로 노래하는 것을 듣고 활동으로 발전시켜 만든 노래이다(노래의 예 59). 유아들이 만드는 찬트의 특징은 제한된 음높이(주로 솔, 미, 라)를 사용하며, 반복되는 리듬과 멜로디 패턴이 있다는 것이다. 그러므로 이 찬트를 동기(motive)로 사용하여 같거나 비슷한 리듬 패턴에 멜로디를 조금 발전시켜 이어지는 노랫말을 만들면 노래로 완성된다.

표 2-5 찬트로 노래 만들기의 예 1

활동시간/영역	내 용
자유선택활동 중 역할놀이영역	유아 : (게 모형을 가지고 리듬에 맞추어) 따각 따각 따-각
대집단활동시간	교사 : 오늘 놀이시간 중에 OO가 이렇게 노래하는 것을 들었단다(노래의 앞 두 마디인 '따깍 따깍 따깍'을 부른다). 교사 : 이 소리가 너무 좋아서 함께 노래로 만들었으면 하는데 OO생각은 어떠니? 교사 : 그러면 '(노래로) 따깍따깍 따깍' 하고 노래한 다음에는 무엇을 넣으면 좋을까?(교사가 그 다음 부분을 제안할 수도 있다) 교사 : 그러면 다음에 다시 한 번 '(3~4마디를 노래로)따깍따깍 따깍' 이렇게 부르는 건 어떨까?

표 2-6 찬트로 노래 만들기의 예 2

활동시간/영역	내 용
자유선택활동시간	유아 : '(찬트로 노래함) 이것 좀(솔솔-미) 보세요(솔솔-미)' 교사 : '(찬트로 대답함) 어디 좀(솔솔-미) 볼-까(솔-미)
대집단활동시간	교사 : 오늘 놀이시간 중에 OO가 이렇게 노래하는 것을 들었단다. '(노래로) 이것 좀 보세요' 그래서 내가 '(노래로) 어디 좀 볼-까' 라고 했지. 그리고 가 보았더니 이런 그림을 보여주었단다. '(노래로) 이것 좀 보세요. 어디 좀 볼-까-' 교사 : 그림을 보면서 뭐라고 할 수 있을지, 누가 노래로 만들어서 불러 볼 수 있겠니?

♬ 노래의 예 59 ♬

유아의 찬트로 만든 노래

게 (전반부)*

작사/곡 김진영

* 주 : 노래의 쉬운 이해를 돕기 위해 원곡의 첫 여덟 마디를 다장조로 옮겨 그렸음

멜로디 패턴을 만들어 연주해 보는 노래

한 몸*

작사/곡 김진영

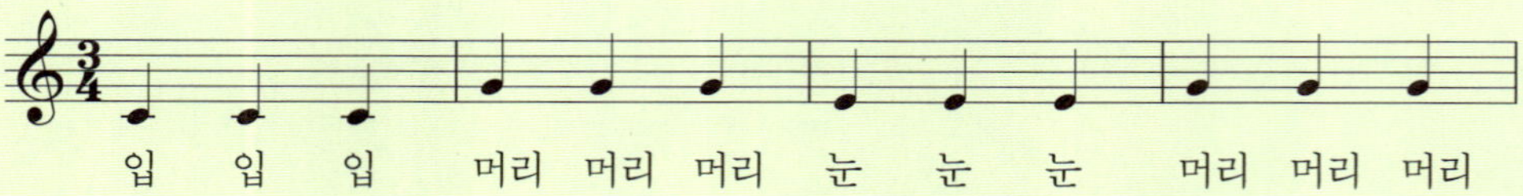

* 노래의 쉬운 이해를 돕기 위해 원곡의 첫 네 마디만 옮겨 그렸음

다른 음을 사용하여 만든 패턴의 예

	1	2	3	1	2	3	1	2	3
패턴 1	입 C	입 C	머리 G	입 C	입 C	머리 G	입 C	입 C	머리 G
패턴 2	눈 E	머리 G	입 C	눈 E	머리 G	입 C	눈 E	머리 G	입 C
패턴 3	입 C	눈 E	머리 G	입 C	눈 E	머리 G	입 C	눈 E	머리 G

노랫말의 정해진 음절과 음높이로 멜로디 패턴을 만들 수 있는 노래의 예

기차('칙C' 과 '폭G' 으로 패턴 만들기)
작은 집 창가에서('E', 'F', 'G' 음으로 '라라라' 부분에 다양한 멜로디 패턴으로 만들기)
집에 갈 시간('똑C' 과 '딱G' 으로 패턴 만들기)

유아들과 함께 노래를 만들 때에는 도, 레, 미, 파, 솔의 다섯 개 음만을 사용하여 간단한 멜로디를 만들 수 있는데, 이때 노래가 '도'로 끝나야 노래가 끝나는 느낌을 살린다. 유아들이 만든 곡조가 끝나지 않은 느낌이 될 때에는 유아들에게 물어보고 끝 부분을 교사가 수정하여 제시해 준다.

2) 노래의 곡조 만들기

(1) 간단한 노랫말로 멜로디 패턴 만들기

유아들과 함께 작곡을 해보는 활동은 간단한 멜로디 패턴을 만들어 보는 것부터 시작할 수 있다. 예를 들어 노래 '한 몸'의 경우 얼굴의 부위와 특정 음높이가 짝을 이루고 있다. 얼굴의 각 부위가 그려진 자료를 이용하여 패턴을 만들고 그것을 노래해 보도록 한다. 패턴이 되게 하기 위해서는 하나의 동기(motive)를 만든 후, 그것을 반복해야 한다. 여러 번 반복해야 만들어 놓은 멜로디에 익숙해지기 때문이다. 패턴을 만들 수 있는 표를 교사가 만들어 주고 그 안에 유아

♬ 노래의 예 61 ♬

노랫말의 멜로디 만들기

집에 갈 시간 (전반부)*

작사/곡 김진영

* 주 : 노래의 쉬운 이해를 돕기 위해 원곡의 첫 네 마디를 다장조로 옮겨 그렸음

박 자	1	2	1	2
노랫말 1	똑	딱	똑	딱
멜로디	도	솔	도	솔
노랫말 2	쿵	(쉬고)	쿵	(쉬고)
멜로디	도	–	도	–
노랫말 3	우	리	집	어디?
멜로디	도	도	도	솔솔

같은 노랫말로 다른 멜로디를 만들어 볼 수 있는 노래의 예

응애('응애' 부분에 다양한 멜로디 넣어보기)

요리하는 날(요리 재료 부분에 다양한 멜로디 넣어보기)

가 그림자료를 넣어 보도록 한다. 이때 처음에는 '입'과 '머리'와 같이 두 가지 음만 사용하여 다양한 패턴을 만들어 보고, 점차 개수를 늘려간다. 또한, 음높이가 있는 악기의 건반 등에 각 그림자료를 붙여주면 멜로디 패턴을 연주해 볼 수도 있다.

(2) 노랫말의 멜로디 만들기

정해진 음절과 음높이로 멜로디 패턴을 만드는 것에 익숙해지면, 노랫말을 바꿔가며 멜로디를 만들어 본다. 예를 들어, 노래 '집에 갈 시간'에서 '똑딱' 부분을 사용하거나 다른 노랫말에 '도'와 '솔'로 만든 멜로디를 넣어 본다(노래의 예 61).

(3) 노래 부르면서 즉흥 연주하기

음악을 만드는 것에는 두 가지 방법이 있는데, 한 가지는 즉흥 연주(improvise)를 하는 것이고 또 다른 하나는 작곡(compose)을 하는 것이다. 즉흥 연주는 미리 준비하지 않고 그 자리에서 나오는 느낌대로 표현하는 것이다. 그렇기 때문에 다듬어지지 않은 느낌일 수 있고, 한 번 표현된 것을 기억해서 똑같이 연주하기 어렵다. 그러나 유아들의 경우에는 형식에 구애되지 않고 즉

♬ 노래의 예 62 ♬

즉흥 연주와 함께 하는 노래

실로폰을 쳐보자

작사/곡 김진영

노랫말을 즉흥 멜로디에 맞추어 불러볼 수 있는 노래의 예

감사합니다 (마지막 '아버지 어머니 감사합니다' 부분에 멜로디 만들어 부르기)
봉숭아 ('내일 아침 어떻게 될까?', '손톱에 빨간 물이 들지'에 멜로디 지어 부르기)
작은 조각 종이 ('이건 너무 크잖아', '아직도 너무 크네'에 멜로디 지어 부르기)

흥적으로 노래를 만들 때 창의적인 표현이 나오기도 한다. 예를 들어, 노래 '실로폰을 쳐보자'를 이용하여 즉흥 연주를 해보자. 목금(실로폰)에서 F음과 B음의 건반을 분리하고 나머지 음을 사용하면서, 노래가 끝나면 남아있는 건반을 자유롭게 쳐보도록 하면 어떤 건반 순서로 연주하더라도(펜타토닉 음계의) 멋진 멜로디가 된다. 때로는 실로폰 연주를 하는 대신 '랄라라'와 같이 한 음절을 사용하여, 즉흥으로 멜로디를 만들어 불러보도록 한다(노래의 예 62). 또한 노래 '감사합니다'의 끝 부분처럼 '아버지 어머니 감사합니다'하고 말하는 것과 같은 형태를 가진 노래들은 이부분에 즉흥적으로 멜로디를 넣어서 노래하듯이 불러보기도 한다.

(4) 형식이 있는 노래 만들기

작곡(composition)은 즉흥 연주와는 달리 형식을 갖추어 미리 준비하는 것이다. 형식에 대한 이해를 돕기 위하여 한 마디 분량의 패턴을 가지고 유아들과 함께 간단한 노래를 만들어 본다. 예를 들면, '도-미-솔' 세 개의 음을 가지고 만든 두 개의 패턴을 다른 조합으로 연결하여 네 마디 정도 되는 노래를 만들어 본다(노래의 예 63). 먼저 노래의 예 63-1과 같이 패턴 a와 패턴 b를 반복해 보고, 그것을 또 다른 어떤 조합으로 연결할 수 있는지 찾아본다. 노래의 예 63-1과 같이 패턴 a와 b를 번갈아가며 배열해 볼 수도 있고, 노래의 예 63-3이나 63-4처럼 배열해 볼 수도 있다. 그러나 각 조합을 노래로 불러보면 63-3의 경우에는 노래가 끝난 느낌이 들지 않음을 발견하게 된다. 그 이유는 마지막 음이 '도'로 끝나지 않았기 때문이다. 이를 통해 패턴을 배열할 때 노래의 끝 음이 '도'로 끝나는 조합을 만들어야 적합하다는 것을 알 수 있다. 시작 음은 노래의 예 63-1~3처럼 '도'로 시작하는 것이 가장 무난하다. 그러나 노래의 예 63-4처럼 '솔'로 시작하기도 한다. 그리고 '도'나 '솔'만큼 많지는 않더라도 종종 '미'로 노래를 시작하는 경우도 있다.

패턴의 조합을 만들어 보는 것에 익숙해지면 여덟 마디의 노래를 만들어 본다. 우선 노래는 동기(motive)라고 불리는 두 마디의 아이디어로 시작한다. 노래의 예 64의 패턴의 예 안에 들어있는 패턴을 사용하여 다양한 조합을 만들어 본다. 예를 들어 a-1과 a-2를 합하여 두 마디로 이루어진 동기 A를 만들 수 있다. 만약 동기 A에 a-1과 a-3으로 만들어진 조합 하나를 더해본다면 이 조합은 동기 A와 앞부분이 비슷하므로 A′라고 부를 수 있다. 이렇게 한 가지 패턴은 거의 비슷하지만 조금 변형을 준 패턴 A′로 발전이 될 수도 있고, 아예 다른 멜로디 패턴 B를 만들어 전개될 수도 있다. 따라서 여덟 마디 노래의 경우에, 두 마디씩 묶음으로 생각해 보면 A-B-A-B, A-A-B-B′ 등과 같이 다양한 형식을 가진 노래가 만들어진다(노래의 예 64).

형식을 만들어 보는 노래

솔			가	–
미		라		
도	올			
	패턴 a			

내			
	려		
		와	–
패턴 b			

[예 63-1] 패턴 aabb

		가	–			가	–	내				내			
	라				라				려				려		
올				올						와	–			와	–
패턴 a				패턴 a				패턴 b				패턴 b			

[예 63-2] 패턴 abab

		가	–	내						가	–	내			
	라				려				라				려		
올						와	–	올						와	–
패턴 a				패턴 b				패턴 a				패턴 b			

[예 63-3] 패턴 abba

		가	–	내				내						가	–
	라				려				려				라		
올						와	–			와	–	올			
패턴 a				패턴 b				패턴 b				패턴 a			

[예 63-4] 패턴 baab

내						가	–			가	–	내			
	려				라				라				려		
		와	–	올				올						와	–
패턴 b				패턴 a				패턴 a				패턴 b			

다양한 패턴의 조합으로 형식을 만들어 보는 노래

패턴의 예

<table>
<tr><td></td><td></td><td></td><td></td><td></td><td></td><td>가</td><td></td><td></td><td></td><td>가</td><td>–</td><td>가</td><td>가</td><td>가</td><td>–</td></tr>
<tr><td></td><td>라</td><td></td><td>라</td><td></td><td>라</td><td></td><td>다</td><td></td><td>라</td><td></td><td></td><td></td><td></td><td></td><td></td></tr>
<tr><td>올</td><td></td><td>올</td><td></td><td>올</td><td></td><td></td><td></td><td>올</td><td></td><td></td><td></td><td></td><td></td><td></td><td></td></tr>
<tr><td colspan="4">패턴 a-1</td><td colspan="4">패턴 a-2</td><td colspan="4">패턴 a-3</td><td colspan="4">패턴 a-4</td></tr>
</table>

<table>
<tr><td>내</td><td></td><td>내</td><td></td><td>내</td><td></td><td></td><td></td><td>내</td><td></td><td></td><td></td><td></td><td></td><td></td><td></td></tr>
<tr><td></td><td>려</td><td></td><td>려</td><td></td><td>려</td><td></td><td>다</td><td></td><td>려</td><td></td><td></td><td></td><td></td><td></td><td></td></tr>
<tr><td></td><td></td><td></td><td></td><td></td><td></td><td>오</td><td></td><td></td><td></td><td>와</td><td>–</td><td>와</td><td>와</td><td>와</td><td>–</td></tr>
<tr><td colspan="4">패턴 b-1</td><td colspan="4">패턴 b-2</td><td colspan="4">패턴 b-3</td><td colspan="4">패턴 b-4</td></tr>
</table>

패턴 조합의 예

<table>
<tr><td></td><td></td><td></td><td></td><td>가</td><td>가</td><td>가</td><td>–</td><td>내</td><td></td><td>내</td><td></td><td></td><td></td><td></td><td></td></tr>
<tr><td></td><td>라</td><td></td><td>라</td><td></td><td></td><td></td><td></td><td></td><td>려</td><td></td><td>려</td><td></td><td></td><td></td><td></td></tr>
<tr><td>올</td><td></td><td>올</td><td></td><td></td><td></td><td></td><td></td><td></td><td></td><td></td><td></td><td>와</td><td>와</td><td>와</td><td>–</td></tr>
<tr><td colspan="4">패턴 a-1</td><td colspan="4">패턴 a-4</td><td colspan="4">패턴 b-1</td><td colspan="4">패턴 b-4</td></tr>
<tr><td colspan="8">A</td><td colspan="8">B</td></tr>
</table>

<table>
<tr><td></td><td></td><td></td><td></td><td></td><td></td><td>가</td><td>–</td><td>내</td><td></td><td>내</td><td></td><td>내</td><td></td><td></td><td></td></tr>
<tr><td></td><td>라</td><td></td><td>라</td><td></td><td>라</td><td></td><td></td><td></td><td>려</td><td></td><td>려</td><td></td><td>려</td><td></td><td></td></tr>
<tr><td>올</td><td></td><td>올</td><td></td><td>올</td><td></td><td></td><td></td><td></td><td></td><td></td><td></td><td></td><td></td><td>와</td><td>–</td></tr>
<tr><td colspan="4">패턴 a-1</td><td colspan="4">패턴 a-3</td><td colspan="4">패턴 b-1</td><td colspan="4">패턴 b-3</td></tr>
<tr><td colspan="8">A′</td><td colspan="8">B′</td></tr>
</table>

노래 형식의 예

예 1	A	B	A	B
예 2	A	B	A	B′
예 3	A	B	A′	B′
예 4	A	A′	B	B′

유아들의 노래로 형식을 살펴보자. 예를 들어, 노래 '들짐승을 집에서 못 키우는 이유'에서 처음 두 마디인 '왜 들짐승을 집에서 못 키울까?' 부분의 멜로디는 이 노래의 동기이다. 이 동

♬ 노래의 예 65 ♬

형식을 가진 노래

들짐승을 집에서 못 키우는 이유

작사/곡 김진영

다양한 형식을 가진 노래들의 예			
A-B-A-B A-B-A-B′ A-B-A′-B′	A-A-B-B A-A′-B-B′ A-A′-B-C	A-B-A-C A-B-A′-C	A-B-C-B A-B-C-B′ A-B-C-D
• 공작새 • 기다려줄게 • 김장 • 꼬마산타 • 꽃샘바람 • 나는 믿어요 • 달팽이 미끄럼 • 동산 가는 길 • 유치원에서 • 지구촌 한가족 • 친구와 헤어질때 • 팝콘 • 팽이 • 해바라기	• 괜찮아 • 기쁨을 주는 생일 • 물에 뜰까? • 실로폰을 쳐보자	• 게 • 꽃씨 심기 • 나의 손으로 • 내 마음이 기쁘단다 • 다시 살아나셨죠 • 시소 • 어린이날 • 작은 집 창가에서	• 들어주세요 • 소리나는 편지 • 우리 친구 • 잠깐 • 정글 • 집에 갈 시간

기를 조합 A라고 할 때, 그 다음 두 마디인 3~4마디의 '왜 못 키울까?' 부분은 앞부분의 조합 A와는 다른 멜로디이므로 조합 B라고 할 수 있다. 그 다음 5~6마디인 '몸이 너무 크고 너무 사나워서' 부분의 멜로디는 처음 1~2마디와 같으므로 조합 A이다. 마지막 7~8마디의 '집에서 못 키우지' 부분은 앞의 조합 A와도 다르고 B와도 다르므로 조합 C가 된다. 그러므로 이 노래의 형식은 A-B-A-C이다. 이렇게 유아들을 위한 노래는 멜로디 패턴을 사용하여 다양한 조합의 형식으로 이루어진다(노래의 예 65).

Chapter 3 노래 부르기의 통합적 접근

유아들이 노래를 부르기 위한 음성의 발달이나, 다양한 맥락 안에서 성취할 수 있는 노래 부르기 능력의 발달은 초기 교육제도 안에서 노래를 부르는 활동과 깊은 관련이 있다(Hornbach 외, 2005; Leighton외, 2006). 따라서 교육과정 안에 통합된 노래 부르기의 양상을 이해하기 위해 교육과정과 관련하여 고려해야 할 요소들을 중심으로 노래를 살펴볼 필요가 있다.

- 노래를 부르는 주체에 대한 이해(누가 노래를 부르는가?)
- 유아들이 부르는 노래에 대한 이해(어떤 노래를 부르는가?)
- 노래를 부르게 되는 맥락에 대한 이해(언제 노래를 부르는가?)
- 노래를 부르게 되는 환경에 대한 이해(어디에서 노래를 부르는가?)
- 노래 부르기를 돕는 교수 자료에 대한 이해(어떻게 노래 부르기를 돕는가?)
- 노래 부르기 활동의 목표에 대한 이해(왜 노래를 부르는가?)

1. 유아의 발달과 노래의 난이도

노래 부르기와 관련하여 고려해야 할 우선적인 과제는 노래를 부르는 주체인 유아의 발달에 대해 생각해 보는 것이다. 노래의 내용이나 노래 부르기 활동은 유아들의 사회 · 정서발달이나 언어발달, 그리고 인지발달을 고려하여 이루어져야 한다(♪3-1).

유아들이 노래를 부르기 위해서는 노래가 포함하는 두 가지 영역인 노랫말과 곡조를 소리낼 수 있는 발달이 이루어져야 한다. 이 두 가지 발달영역은, 노랫말에 들어 있는 단어나 문장 등을 표현할 수 있는 언어발달(language development)과 곡조가 가지고 있는 다른 높낮이의 길고 짧은 음에 맞추어 목소리를 조절할 수 있는 음성발달(vocal development)을 의미한다. 음성발달은 언어발달과 같은 뿌리에서 시작되어, 어린 유아의 시기에는 구분이 명확하지 않다가

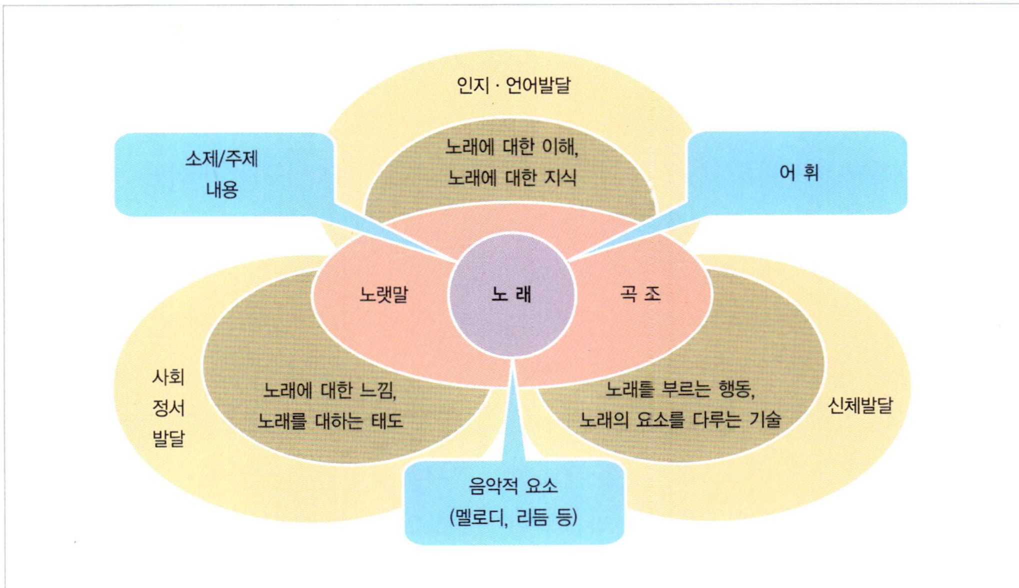

♪3-1 유아의 발달과 노래 부르기

성장하면서 '말하기'와 '노래 부르기'라는 다른 두 개의 영역으로 점차 분화되면서 발달한다(♪3-2).

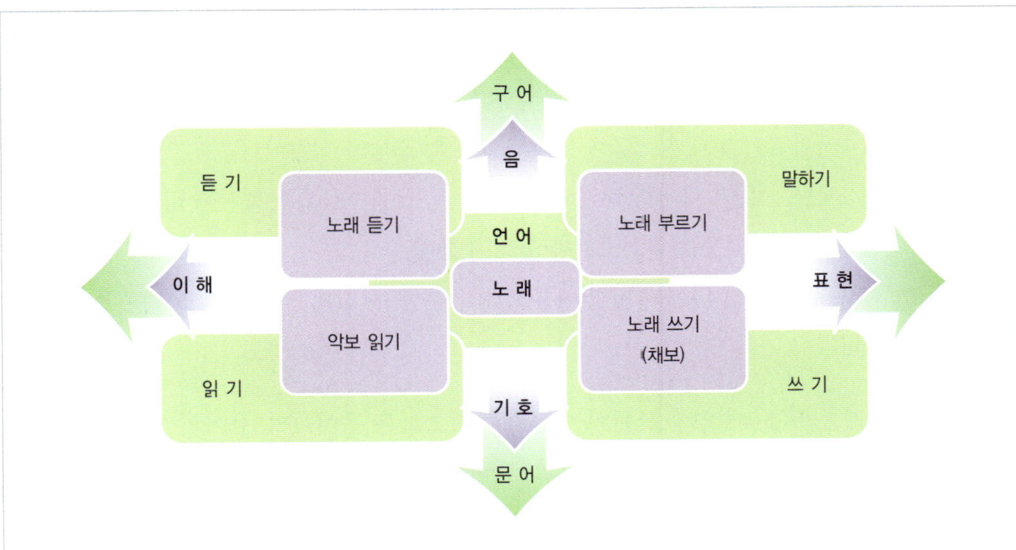

♪3-2 언어발달과 노래

말하기를 시작하기 전에 모태에서부터 언어를 듣는 것처럼 유아들은 노래를 부를 수 있는 발달이 이루어지기 전에 먼저 노래를 듣게 된다. 또한 말하기 능력이 발달하는 것 이상의 많은 양의 언어를 듣고 이해하게 되는 것처럼 비록 노래로 표현할 수 없을지라도 노래를 들으며 느낄 수 있게 된다. 이것은 비록 완전하게 부르지 못하는 노래일지라도 유아들이 어떤 노래들을 즐겨 듣는 이유이다. 유아의 표현적인 언어발달이 울음에서 옹알이, 한 단어 시기 등으로 점차 발전하는 동안 노래를 부를 수 있는 능력도 함께 발달한다. 쿠잉(cooing)이라고 불리우는 음높이를 가진 소리를 만드는 것에서 시작하여, 제한된 음역 안에서 짧은 멜로디 패턴을 가지고 부르는 찬트(chant)와 같은 노래들, 그리고 점차 확장된 음역으로 부르게 되는 노래들이 유아의 표현능력발달과 함께 이루어진다. 악보를 읽거나 그리는 것은 읽고 쓰는 언어와 마찬가지로 보다 복잡한 인지능력을 요구한다. 유아들은 악보 또는 그외의 상징 부호를 읽을 수 없더라도 노래를 부를 수 있다. 이를테면, 멜로디나 리듬 패턴을 읽고 노래로 부를 수는 없어도 같은 패턴을 소리로 듣고 부를 수는 있는 것이다. 그러므로 노래 부르기 활동을 할 때 교사는 유아가 이해할 수는 있으나 표현할 수는 없는 것, 소리로 이해하거나 표현할 수는 있으나 기호로는 할 수 없는 것 등을 잘 분별하여 계획하고 활동을 진행하여야 할 것이다.

유아들의 노래 부르기와 관련하여 일반적으로 알려진 발달에 관한 내용은 다음과 같다 (Greenberg, 1979, McDonald & Simons, 1989).

- 출생~만 1세 : 모음과 자음을 옹알이로 발성화하여 실험하고 소리를 모방한다.
- 만 1~2세 : 음악적 특성이 가미된 옹알이가 증가하면서 노래 부르기에 근접한 형태가 나타나고 노래를 들으며 한음절의 음정을 반복할 수 있다.
- 만 2~3세 : 자발적인 노래 부르기에서 배운 노래의 모방을 시작한다.
- 만 3~4세 : 제한된 음역 내에서 정확하게 노래를 부를 수 있고, 반복되는 리듬과 가락을 가진 단순한 형태의 노래를 자발적으로 만들어 부른다.
- 4세 이후 : 확장된 음역 내에서 정확하게 노래를 부를 수 있게 되며 함께 노래 부르는 것을 즐기게 된다.

유아들이 노래를 부를 때 영향을 미치는 음악적 요소들은 무엇이며, 유아의 연령에 따라 그 요소들을 노래 안에서 표현하는 능력이 어떻게 발달되는지 난이도 지수(Kim's DDICS, Degree of Difficulty Index for Children's Songs)를 통해 살펴 볼 것이다. 난이도 지수는 유아들이 부르는 노래의 적합성을 알아보기 위하여, 곡과 노랫말의 난이도를 판단하기 위한 준거를 세우고자

표 3-1 난이도 지수

난이도		I	II	III	IV	V
곡	음역	e′-a′	c′-a′	c′-b′	b-d″	a-e″
	음정	1, 2, 3도	반음	4, 5도	6도	7, 8도
	리듬	한 박 기본/혼합형	반박 기본/혼합형	부점 기본/혼합형	당김음 기본/혼합형	반박 미만 셋잇단혼합형
	형식(마디)	4~8	9~12	13~16	17~20	21 이상
곡의 난이도(평균 지수)						
노랫말	형식	반복	대구	문답 / 대화	열거 / 순서	서술
	어휘 수(개)	1~5	6~10	11~15	16~20	20 이상
노랫말의 난이도(평균 지수)						

쉬운 ↔ 어려운

유아교육과 음악교육 전문가들로 구성된 팀에 의해서 개발되고 유아 음악 전문가에 의해 검토된 프로젝트이다. 유아들의 노래 부르기와 관계된 발달에 관한 문헌과 선행 연구들을 토대로 분석 기준이 논의 되고 5차에 걸쳐 수정 보완된 후 예비연구와 본연구, 그리고 추가연구를 통해 분석되고 검증되었다.

난이도 지수영역은 크게 곡과 노랫말로 분류된 후 곡의 하위영역으로 음역 · 음정 · 리듬 그리고 형식으로 나누어 분석되었으며, 노랫말의 하위영역으로는 형식과 어휘 수가 분석되었다. 각 영역의 난이도 지수는 다섯 개의 기준이 되는 점수를 중심으로 분석되어 점수가 높아질수록 난이도가 높아지는 것으로 설정하였다(표 3-1).

1) 음 역

목소리의 음역(vocal range)은 한 사람이 소리를 낼 수 있는 가장 높은 음과 가장 낮은 음 사이의 거리를 의미한다(McDonald, 1989). 음역은 다양한 음높이를 가진 노래를 정확하게 부를 수 있는 능력과 상관관계가 있다(Buckton, 1977; Wassume, 1979). 즉, 유아는 자기가 가진 음역 안에 있는 음높이들을 소리낼 수 있기 때문에 음역은 유아가 정확하게 부를 수 있는 음의 한계점이라고 할 수 있다(Kim, 2000). 유아들의 음역발달에 관한 선행연구들은 다음과 같은 결과를 제시한다.

- 유아들은 노래에 근접한 형태가 나타나는 시기에 찬트 형태의 노래를 하게 되는데, 이때 e′-g′의 좁은 음역 안에서 노래를 부르기 시작한다.
- 이러한 좁은 음역은 시간이 지나면서 d′-a′, c′-b′ 등과 같이 점차적으로 더 높은음과 더 낮은음으로 넓혀지게 된다(Weltch, 1979).
- 유아들이 노래를 부르기 쉬운 d′-a′ 사이의 음역을 고려해볼 때, 노래를 시작할 때는 낮은 음을 사용하는 것이 좋다 (김영연, 2004; Greenberg, 1979; McDonald, 1989).
- 만 3세 유아는 c′-a′, 만 4~5세 유아는 c′-b′ 음역 안에서 노래를 하는 것이 적합하다(김성균, 1982).
- 유치원 시기 유아들은 대략 c′-c″ 정도의 음역을 갖게 된다(Flowers & Dunne-Sousa, 1990; Moore, 1991).
- 유아들의 음역발달은 연령과 관계가 있다(Ramsey, 1983; Sims, Moore, & Kuhn, 1982). 그러나, 유아들의 연령에 따라 저절로 음역이 넓어지는 것이라기 보다는 음악 교수법이 유아들의 연령에 따라 다르게 영향을 미친다고 보아야 할 것이다(Cooper, 1992; Geringer, 1983; Green, 1993; Kim, 2001).
- 유아들이 노래를 부를 수 있는 음역은 노래 부르지 않고 일반적으로 소리낼 수 있는 음역보다 더 제한된다(Flowers & Dunne-Sousa, 1990; Kim, 2001; Moore, 1994). 다시 말하면, 유아들이 어떤 높은 음을 따로 소리낼 수 있다고 하더라도 노래를 부르면서 언제나 그 높은 음에 이를 수 있는 것은 아니다.
- 노래 부르기 활동을 계획할 때 유아들의 제한된 음역을 고려하여야 하며, 이것이 적절하게 반영되지 않을 때 유아들은 음을 맞추어 노래하는 데 문제를 갖게 되거나 음성발달에 문제가 생길 수 있게된다(Greenberg, 1987; Wassume, 1979; Welch, 1979).
- 대부분의 노래 부르기 활동이 집단으로 이루어지므로, 유아들 사이에 개별적인 차이가 있을지라도 교사는 유아들이 음높이를 소리낼 수 있는 평균 음역을 고려하여 활동을 계획하는 것이 필요하다(Greenberg, 1979; Moore, 1991).

유아들이 노래를 부르기 위한 음역의 난이도는 여러 선행연구에서 제시된 음역발달에 대한 선행 연구들(김성균, 1990; 김순옥, 2001; 김영연, 임혜정, 2004; Kim, 2001; Moore 1991)을 토대로 다음과 같이 정해졌다(표3-2).

- 난이도 Ⅰ : 짧은 노래 패턴인 찬트에서 사용되는 세 음인 e′와 g′와 a를 포함하여 만 3세 유

표 3-2 음역의 난이도 지수

난이도	I		II		III		IV		V	
음역	e′–a′		c′–a′		c′–b′		b–d″		a–e″	
시작음	e′–g′	a′	c′–g′	a′	c′–g′	a′–b′	b–g′	a′–d″	a–g′	a′–e″
음역 난이도 지수	0.5	1	1.5	2	2.5	3	3.5	4	4.5	5

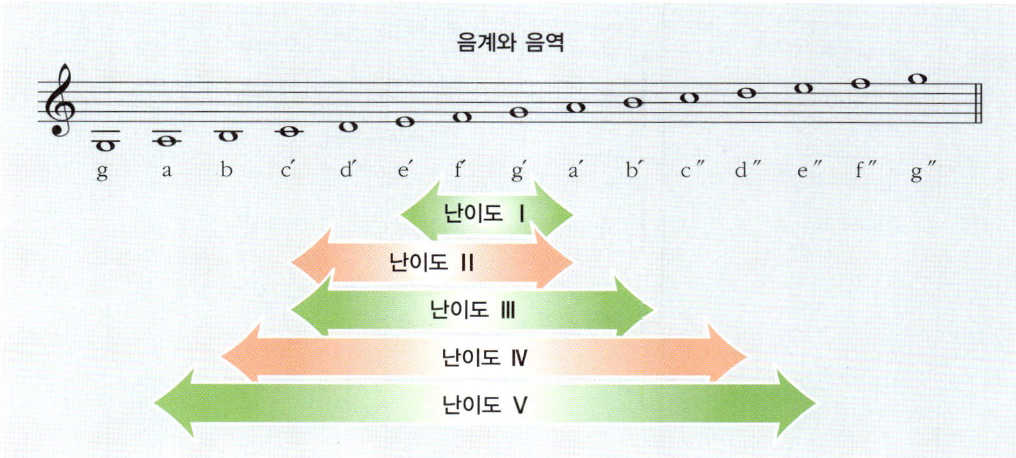

아가 쉽게 부를 수 있는 음역이다.

- 난이도 II : 유아들이 노래를 부르기 시작하면서 점차 확장하여 사용하게 되는 d′, c′를 포함한 5음계가 들어가는 c′–a′의 음역으로 만 3세가 보통으로 부르고 만 4세가 쉽게 부를 수 있는 음역이다.
- 난이도 III : 만 3세 유아의 최대 음역과 만 4~5세 유아가 부르기에 적합한 음역으로 알려진 c′– b′을 고려하여 정해진 것이다.
- 난이도 IV : 확장 음역인 b–d″로 만 4세 유아가 어렵게 소리낼 수 있는 음역이다.
- 난이도 V : 만 5세 유아의 최대 음역인 a–e″를 유아들이 노래 부를 수 있는 음역의 한계점으로 설정하였다.
- 기타 : 유아들이 노래를 부를 수 있는 음역 내에서라 할지라도, 노래의 시작음이 높은 음에 위치할 경우에는 유아가 첫음을 내는 것이 쉽지 않으므로 a′음을 기준으로 하여 중저음에서 시작하는 노래와 고음에서 시작하는 노래의 점수에 차별화를 둔다.

유아들이 부르는 노래의 음역 난이도는 다음과 같이 계산한다(노래의 예 66).

음역 난이도 지수 계산을 위한 노래의 예

들짐승을 집에서 못 키우는 이유

작사/곡 김진영

노래의 음역 난이도 지수 찾기

노래의 최저음과 최고음을 포함하는 음역

난이도	I		II		III		IV		V	
음역	e′–a′		c′–a′		c′–b′		b–d″		a–e″	
시작음	e′–g′	a′	c′–g′	a′	c′–g′	a′–b′	b–g′	a′–d″	a–g′	a′–e″
음역 난이도 지수	0.5	1	1.5	2	2.5	3	3.5	4	4.5	5

노래의 시작음이 속하는 영역

이 노래의 음역 난이도 지수

■ 음역 난이도 지수 계산법

- 1단계 : 노래의 가장 낮은 음과 높은 음을 찾는다. 예를 들어 노래 '들짐승을 집에서 못 키우는 이유'의 가장 낮은 음은 c′이고 가장 높은 음은 c″이다.
- 2단계 : 두 가지 음을 모두 포함하는 음역대를 난이도 지수표에서 찾는다. 난이도 지수표에서 c′–c″를 포함하는 영역은 난이도 IV에 속한다.

• 3단계 : 노래의 시작음을 찾아 점수를 준다. 이 노래의 시작음은 c′로 낮은 음에 속한다. 그러므로, 이 노래의 음역의 난이도 지수는 3.5이며 음역은 제 IV난이도에 해당한다.

유아들이 소리를 낼 수 있는 최대 음역이라는 것은 10% 이내의 소수 유아들만 이를 수 있는 음의 한계이다. 다시 말하면, 이 음높이에 이를 수 있는 유아들이 있을지라도 노래로 부르기에는 부담이 될 수 있는 음높이들을 포함하는 것이 최대 음역이다. 그러므로, 만 3세에게 난이도 III, 만 4세에게 음역 난이도 IV, 그리고 만 5세에게 음역 난이도 V에서 제시하는 최대 음역을 벗

♬ 노래의 예 67 ♬

음역의 난이도를 맞추기 위해 조옮김 한 노래의 예

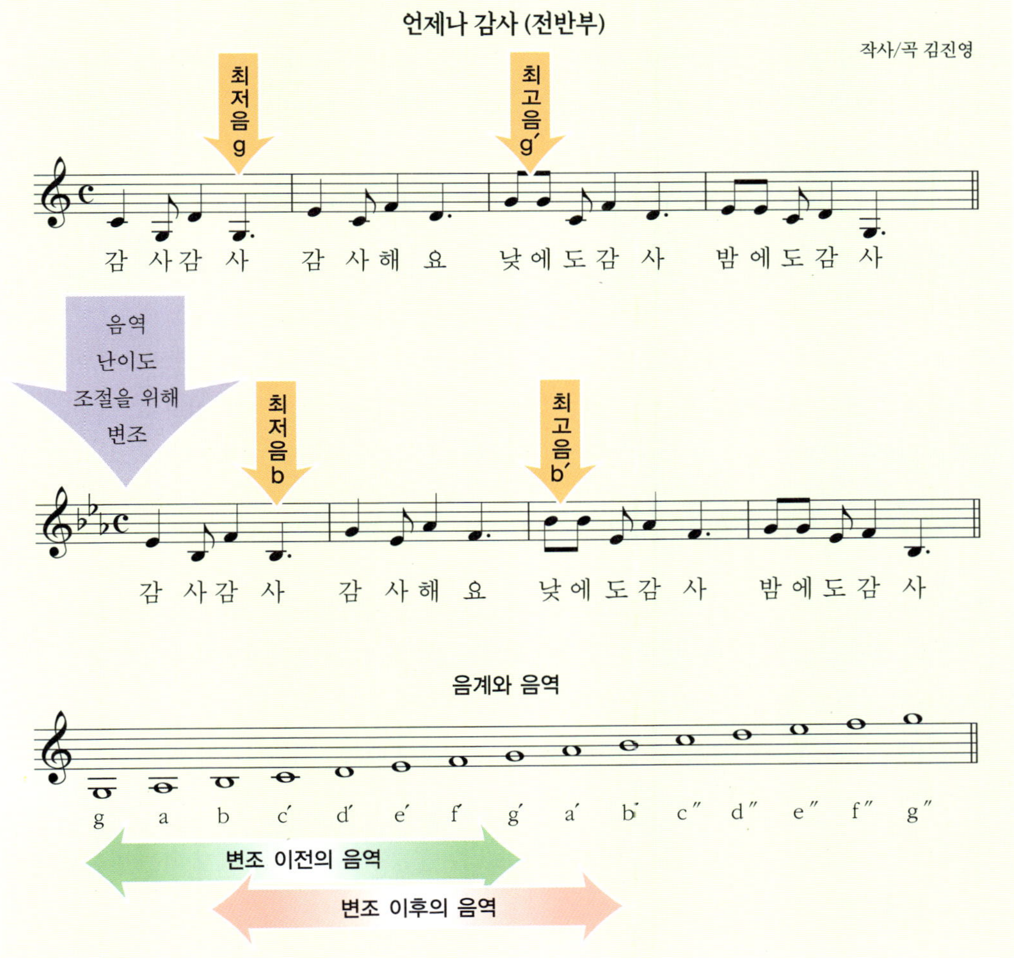

어난 음은 유아들의 성대에 무리가 생길 수 있으므로 부르지 않거나, 조를 옮겨서 음역안에 들어오도록 바꾸어 부르는 것이 좋다 (노래의 예 67).

2) 음 정

노래가 가지고 있는 가장 높은 음과 가장 낮은 음이 노래를 부르는 데 영향을 미치기도 하지만, 노래의 곡조가 가지고 있는 각각의 음들 사이의 높낮이 차이도 노래를 부르는 데 영향을 준다. 한 음과 다른 음 사이의 간격, 즉 음높이의 차이를 음정(interval)이라고 부르는데, 유아들이 노래할 수 있는 음정에 관하여 선행 연구들이 제시해 주는 결론들을 종합하면 다음과 같다(김영연, 2004; 임혜정, 2003; 주영은, 2000; Edmonson, 1972; Greenberg, 1979; Scott, 1993).

- 어린 연령의 유아일수록 순차적으로 진행하고 음정의 폭이 좁은 곡을 부르기 쉽다.
- 유아의 음감은 충분히 발달되지 않았으므로 반음계적 음정보다는 온음계적 음정이 좋다.
- 유아가 노래 부르기에 3도의 음정은 용이하다. 그러나 도약이 반복될 때에는 그렇지 않을 때보다 부르기 어렵다.
- 3도보다 도약의 폭이 넓은 음정을 노래 부를 때는 상행 도약이 하행의 도약보다 더 정확한 음정을 소리 내기에 용이하다.
- 유아의 연령이 높아지면서 6도의 음정까지 확대된다.
- 7도 음정은 음정 폭이 넓을 뿐 아니라 비선율적이어 유아들이 정확하게 부르기에 어렵다.
- 8도의 옥타브 진행은 음정폭이 너무 넓어서 대부분의 유아들에게는 용이하지 않다.
- 음정의 도약 폭이 클수록, 도약 횟수가 많을수록 유아들이 노래를 부르기가 더욱 어렵다.

음정에 관한 이론에 기초하여 정해진 음정의 난이도는 다음과 같다(표 3-3).

- **난이도 Ⅰ** : 어린 연령의 유아는 2도, 장 3도, 단 3도와 같은 좁은 간격의 음정을 구사할 수 있으므로 이는 가장 쉬운 난이도에 해당된다. 그러나 3도로 연속으로(두 번 이상) 도약이 진행되는 경우에는 가중치를 둔다.
- **난이도 Ⅱ** : 유아들은 온음계적인 음정보다 반음계적 음정을 부르는 데 어려움을 가진다. 그러므로, 반음계적 음정을 난이도 II에 넣되 장(조의) 음계에서 자연적으로 발생하는 3-4음과 7-8음의 반음을 제외하고 임시 기호표(♭, # 등)를 사용하여 생기게 되는 반음을 난이도에 계산한다.

표 3-3 음정의 난이도 지수

난이도	I		II	III		IV		V	
음 정	1, 2, 3도		반음	4, 5도		6도		7, 8도	
움직임		3도 연속도약		상행	하행	상행	하행	상행	하행
계산 점수(곱)	0	1	2	2.5	3	3.5	4	4.5	5
합산값	0~2		3~10	11~20		21~30		31이상	
음정 난이도 지수	1		2	3		4		5	

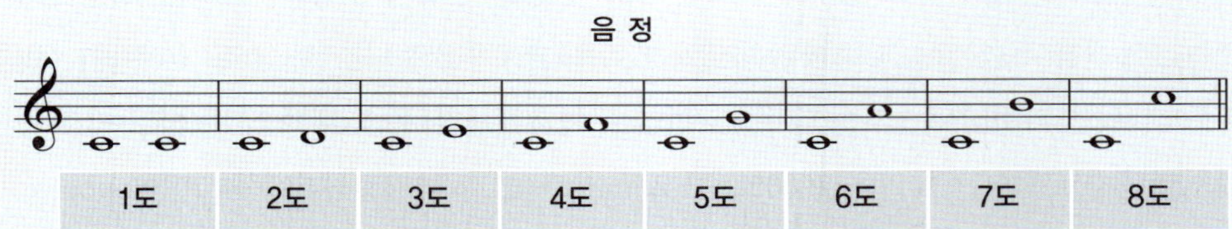

■ 난이도 Ⅲ : 유아들이 부르는 노래에 다음으로 많이 나타나는 4, 5도의 음정은 좁은 간격의 음정보다는 어렵지만 유아들이 부를 수 있는 음정이다.

■ 난이도 Ⅳ : 6도의 음정은 음정폭이 넓기는 하지만 유아들의 연령 증가와 함께 확대될 수 있는 범위이므로 만 3세 유아에게는 어렵지만 만 4~5세 유아가 불러볼 수 있는 음정으로 넣었다.

■ 난이도 Ⅴ : 음감이 발달하지 않은 유아들이 부르기 어려운 7, 8도의 음정은 가장 어려운 난이도이다.

■ 기타 : 같은 음정의 도약일지라도 하행의 도약적 움직임은 상행도약보다 정확하게 부르기 어렵기 때문에 유아들에게 쉽지 않은 4도 이상의 폭이 넓은 도약은 움직임의 방향에 따라 다른 가중치를 다르게 둔다.

그러나 유아들이 부르는 노래 한 곡 안에는 다른 음정들이 섞여 있기 때문에, 어떤 음정들이 모여서 노래를 구성하고 있는지가 음정의 난이도를 결정하는 근거가 된다. 노래 안에 들어 있는 음정들의 도약의 폭이 넓을수록, 그리고 도약의 횟수가 많을수록 유아들은 정확한 음정으로 노래 부르기가 어려워진다. 그러므로 노래에 어떤 도약폭을 가진 음정이 얼마나 많이 나오는가를 고려하여 음정의 난이도 지수를 다음과 같이 계산한다(노래의 예 68).

■ 음정의 난이도 지수 계산법

• 1단계 : 노래의 각 음과 다음에 따라오는 음 사이의 음정을 계산한다. 예를 들어 '들짐승을 집에서 못 키우는 이유' 라는 노래에서 '왜-들-짐-승'은 1도(또는 자연적으로 발생하는 $\frac{1}{2}$도)씩 움직이며 올라간다. '승-을' 사이는 4도로 상행하는 음정이며, '을-집'은 8도로 하행하는 음정이다.

• 2단계 : 노래의 음정 중 1도, 2도, 또는 비연속 3도(도약이 연속적으로 이루어지지 않고 한 번만 나온 경우)의 음정으로 이루어진 것은 계산 점수를 주지 않는다. 예를 들어, '왜-들-짐-승' 이나 '집-에-서-못-키' 부분 등은 순차적으로 진행하는 좁은 음정으로 노래를 부르는데 그리 어렵지 않으므로 합산하지 않는다(만약 노래의 전곡이 이렇게 1도나 2도와 비연속3 도의 음정으로만 이루어져있다면, 이 노래의 합산값은 0이 되어 음정 난이도 지수는 1이 될 것이다).

• 3단계 : 3도의 음정은 연속 도약인 경우에 부가점수 1점을 준다. 예를 들어 노래 '꾹 참았네'에서 첫 번째 나오는 '친-구-야'는 1도 다음에 연결되는 3도의 진행으로 도약이 그리 어렵지 않지만 두 번째 '친-구-야'는 4도 다음에 오는 3도의 도약으로 연속적인 도약이 이루어져서 앞에서 부른것보다 조금 어려우므로 가산점을 준다(노래의 예 68-2).

• 4단계 : 반음은 장음계에서 발생하는 3-4와 7-8음을 제외하고 임시표 의 사용 등으로 인해 생기는 반음만 포함시킨다. 예를 들어, 노래 '들짐승을 집에서 못 키우는 이유'에서 3~4마디에 나오는 '키-울'과 '울-까'의 음정은 임시표를 사용한 반음이므로 계산 점수 2를 곱한다.

• 5단계 : 4도와 5도의 음정은 상행하는 경우 2.5를, 하행하는 경우 3을 곱해 준다. 예를 들어 노래 '들짐승을 집에서 못키우는 이유'는 4도로 상행하는 음정이 다섯 번 나오므로 5(나온 횟수)에 2.5(난이도 계산점수)를 곱하고 5도로 하행하는 음정이 한 번 나오므로 3을 곱한다.

• 6단계 : 같은 방법으로 6도와 7, 8도를 계산한다. 예를 들어 '들짐승을 집에서 못 키우는 이유' 노래는 8도 하행음정이 두 번 나오므로 2(나온 횟수)×5(계산점수)로 계산한다.

• 7단계 : 최종 합산값에 따라 음정 난이도 점수를 준다. 각 음정이 나오는 횟수에 음정 지수표에서 정한 계산 점수를 곱하여 합산하면 노래 '들짐승을 집에서 못 키우는 이유'는 $(2\times1)+(2\times2)+(5\times2.5)+(1\times3)+(2\times5)=31.5$가 된다. 최종 합산값인 31.5를 음정 난이도 지수표에서 찾으면, 이 노래의 음정 난이도는 V가 되며 난이도 지수는 5점이 된다.

♬ 노래의 예 68-1 ♬

음정의 난이도 지수 계산을 위한 노래의 예

들짐승을 집에서 못 키우는 이유

작사/곡 김진영

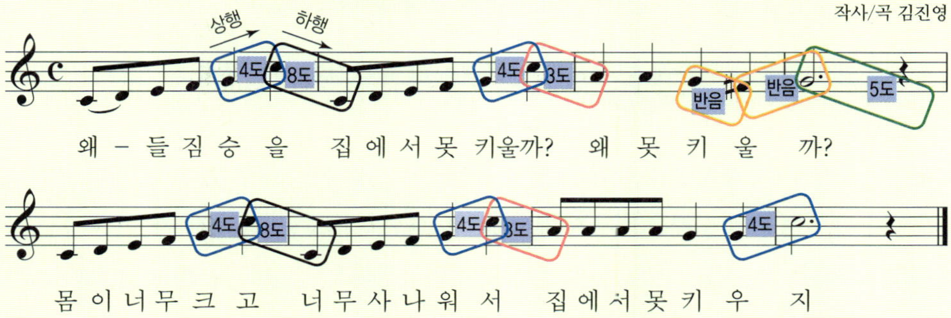

난이도	I		II	III		IV		V	
음정	1, 2, 3도		반음	4, 5도		6도		7, 8도	
움직임		연속 3도		상행	하행	상행	하행	상행	하행
나오는 횟수		2	2	5	1				2
계산 점수(곱)	0	×1	×2	×2.5	×3	3.5	4	4.5	×5
		2	4	12.5	3				10
합산	2+4+12.5+3+10=31.5								
합산값	0		1~10	11~20		21~30		31 이상	
음정 난이도 지수	1		2	3		4		5	

♬ 노래의 예 68-2 ♬

음정의 난이도에서 3도의 비연속과 연속 도약의 예

꾹 참았네 (중반부)*

작사/곡 김진영

* 주 : 개념의 이해를 돕기 위해 원곡의 중반 네 마디를 옮겨 그렸음

3) 리 듬

리듬(rhythm)은 길고 짧은 소리들의 다양한 묶음이다. 유아 음악에 관한 문헌이나 선행 연구들은 리듬에 대하여 다음과 같이 제시한다(김영연, 1995, 2004; Greenberg, 1979; McDonald, 1989).

- 유아들의 연령이 어릴수록 단순하고 반복적이며 규칙적인 박자감이 잘 느껴지는 리듬이 좋다.
- 부점이나 당김음, 셋잇단 음표 등은 어린 유아가 부르기 어려울 수 있다.
- 그러나 유아는 듣고 노래를 배우기 때문에 리듬의 난이도는 리듬 형태 자체보다 자연스러운 리듬 패턴이 반복되어 있는지의 여부에 따라 결정되기도 한다.
- 리듬 패턴이 일관성 있게 반복되면 노래 부르기에 수월하다.
- 같은 리듬형이라도 곡의 빠르기에 따라 난이도는 달라진다.

이에 준거하여 다음과 같이 리듬 난이도가 정해졌다(표3-4).

- **난이도 Ⅰ** : 어린 유아들이 부르기 쉬운 리듬 패턴은 박자감이 잘 느껴지도록 하는 한 박 길이 (또는 그 이상) 음표의 조합이다. 2/4, 3/4 또는 4/4박자의 노래에서 4분 음표, 2분 음표 그리고 점 2분 음표들의 혼합으로 만들어진 리듬패턴은 쉽고 박자감이 잘 느껴진다. 6/8박자나 9/8박자의 노래에서는 8분 음표가 한 박의 길이로 쓰이므로 8분 음표의 혼합으로 구성된 리듬 패턴도 난이도 I에 속한다.
- **난이도 Ⅱ** : 2/4, 3/4 또는 4/4박자의 노래에서 반박의 길이인 8분 음표의 조합은 유아들의 노래의 리듬 패턴에 다양성을 준다. 8분 음표와 함께 이루어진 2분 음표, 점 2분 음표, 또는 4분 음표 등의 조합은 단순하지만 속도감이 있어 경쾌하게 느껴진다. 마찬가지로, 6/8박자나 9/8박자의 노래에서 반박의 길이인 16분 음표로 구성된 리듬 패턴도 이에 속한다.
- **난이도 Ⅲ** : 8분 음표의 부점과 16분 음표의 조합으로 이루어진 리듬 패턴은 마치 스키핑(skipping) 으로 움직이듯이 노래에 생동감을 준다. 만 3세 유아들의 경우 부르기 쉽지 않은 리듬이지만, 의성어와 같은 쉬운 노랫말을 사용하거나 부점을 사용하여 만들어진 리듬 패턴이 반복적으로 진행되면 유아들이 따라부를 수 있다.
- **난이도 Ⅳ** : 한 박과 반 박으로 된 음의 길이의 조합일지라도 박자와 맞물려 진행되는 경우가 아닌 리듬 패턴이 있다. 예를 들어 당김음(syncopation) 같은 경우에는 강박의 위치에 짧은 음표나 쉼표가 옴으로써 상대적으로 그 다음에 와야하는 약박에 긴 음표가 놓여 강약이 바뀐듯 들리는 리듬 형태로 박자에 긴장감을 주어 노래로 부르기에 조금 어렵다.

표 3-4-1 리듬의 난이도 지수

난이도	I		II		III		IV		V	
사용된 리듬	한 박		반박		부점		당김음		반박 미만, 셋잇단	
리듬 형태	기본형	혼합형	기본형	혼합형	기본형	혼합형	기본형	혼합형	기본형	혼합형
계산 점수(곱)	0.5	1	1.5	2	2.5	3	3.5	4	4.5	5
평균 점수	0~1.3		1.4~2.0		2.1~2.7		2.8~3.4		3.5 이상	
리듬 난이도 지수	1		2		3		4		5	

표 3-4-2 난이도별 리듬 조합의 예

난이도	I	II	III	IV	V

리듬 조합 — 2/4, 3/4, 4/4: 기본형 / 혼합형

6/8, 9/8, 12/8: 각 마디에 들어 있는 음표들을 두 배로 늘려 위의 4분 음표 기준 리듬 조합에 대입
예 : 4분 음표 → 2분 음표

■ 난이도 V : 16분 음표가 네 개 이상 연속되거나, 그 외에 셋잇단 음표 등이 나오는 리듬 패턴은 속도가 빨라지거나 규칙적인 박자에 긴장감을 주기 때문에 유아들이 노래하기에 어려운 난이도이다.

■ 기 타

- 리듬의 난이도에 노래의 빠르기는 고려되지 않았다. 유아들과 함께 노래하면서 적절하게 빠르기를 조정하기도 하고 같은 노래라도 활동 중에서 다른 빠르기로 부르기도 하기 때문이다. 그러나 노래의 빠르기가 음표의 길이에 영향을 미칠 만큼 다른 경우에는 그에 따라 적절하게 난이도를 조정한다. 예를 들어 노래 '친구와 헤어질 때' 등과 같이 아주

느리게 부르는 곡의 경우에는 음표의 길이를 두 배로 늘여 계산하여, 8분 음표를 4분 음표에, 4분 음표를 2분 음표에 준하여 리듬 형태의 난이도를 계산한다.

- 리듬의 난이도는 노래의 마디 단위로 계산되기 때문에, 계산 점수를 곱한 총합을 마디 수로 나눈 평균에 의해 난이도 지수가 결정된다. 평균 점수의 분포는 노래의 70%가 가지고 있는 리듬 형태를 고려한 것이다.

■ 리듬 난이도 지수 계산법 : 한 노래가 가지고 있는 리듬의 난이도 지수는 다음과 같이 계산한다(노래의 예 69).

- 1단계 : 각 마디를 한 단위로 보고 한 마디 안에 들어있는 리듬의 조합에 따라 리듬의 형

♬ 노래의 예 69 ♬

리듬 난이도 지수 계산을 위한 노래의 예

들짐승을 집에서 못 키우는 이유

작사/곡 김진영

난이도	I		II		III		IV		V	
사용된 리듬	한 박		반박		부점		당김음		반박 미만, 셋잇단	
리듬 형태	기본형	혼합형	기본형	혼합형	기본형	혼합형	기본형	혼합형	기본형	혼합형
계산 점수(곱)	0.5	1	1.5	2	2.5	3	3.5	4	4.5	5
계산	{(3×0.5)+(5×2)}/8마디=1.4									
평균 점수	0~1.3		1.4~2.0		2.1~2.7		2.8~3.4		3.5 이상	
리듬 난이도 지수	1		2		3		4		5	

태를 분석한다. 예를 들어, 노래 '들짐승을 집에서 못 키우는 이유'는 한 박자 이상의 음표 조합으로 이루어진 난이도 I의 한 박 기본형 리듬 형태(세 마디, 네 마디, 여덟 마디)와 반박자 음표가 들어간 반박 혼합형으로 이루어진 난이도 II의 리듬 형태(한 마디, 두 마디, 다섯 마디, 여섯 마디, 일곱 마디)로 구성되어 있다.

- 2단계 : 각 마디의 리듬 형태에 해당하는 계산 점수를 모두 합한다. 한 박 기본형을 가지고 있는 세 마디에 계산 점수(0.5)를 곱하고, 반박 혼합형을 가지고 있는 리듬 형태에 해당하는 다섯 마디에 계산 점수(2)를 곱하여 더하면 11.5가 된다.
- 3단계 : 합산된 계산 점수를 총 마디 수로 나누어 평균값을 낸다. 이 노래는 총 여덟 마디이므로 합산 값 11.5를 8로 나눈다.
- 4단계 : 평균값에 해당하는 범위를 찾아 최종 점수를 준다. 나누어진 평균값인 1.4의 난이도 지수는 2이며, 리듬 난이도 II에 속한다.

4) 형 식

노래의 형식(form)이란 악곡을 구성하는 조직으로, 유아들이 부르는 노래는 곡의 길이와 그 구성에 따라 난이도가 달라질 수 있다. 노래의 최소 단위는 두 마디로 이루어진 동기(motive)이다. 이 동기가 두 개 모인 네 마디가 악구(Phrase) 또는 작은 악절이 되며, 작은 악절이 두 개 모인 8마디가 큰 악절이 된다. 큰 악절은 한 도막 형식이라고 불리는 가장 기본적인 형태이다. 유아의 노래는 주로 한 도막(여덟 마디), 두 도막(열여섯 마디), 작은 세 도막(열두 마디), 또는 세 도막(스물네 마디) 등과 같은 형식을 가진다. 유아 음악교육에 관한 문헌들과 선행연구들이 제시하는 유아들 노래의 형식에 관한 내용은 다음과 같이 정리해 볼 수 있다(김영연 외 2004; 김진영 외 2007; Greenberg, 1979; McDonald, 1989).

- 만 3~4세의 경우 8~16마디의 곡 길이가 적당하다.
- 만 5세의 경우에는 스물네 마디까지 확대 가능하지만 노랫말이나 노래의 구성에 따라 달라질 수 있다.
- 마디 수가 길어지면 유아들이 배우는 시간이 오래 걸리고 기억하는 것이 쉽지 않다.
- 그러나 선율이나 리듬이 반복되는 형식의 곡은 노래를 익히거나 부르기에 용이하다.

이상의 형식에 관한 이론을 토대로 정리된 형식 난이도 지수는 다음과 같다(표 3-5-1).

- **난이도 Ⅰ** : 만 3세 유아들이 쉽게 부를 수 있는 한 도막 형식(여덟 마디) 또는 그보다 짧은

표 3-5-1 형식의 난이도 지수

난이도		I		II		III		IV		V	
곡의 길이	3/4, 4/4, 6/8	4~8마디		9~12마디		13~16마디		17~20마디		21마디 이상	
	2/4, 3/8	4~16 마디		17~20마디		21~24마디		25~30마디		31마디 이상	
반복		유	무	유	무	유	무	유	무	유	무
형식 난이도 지수		0.5	1	1.5	2	2.5	3	3.5	4	4.5	5

표 3-5-2 형식에 따른 반복 형태

마 디	형식	반복	1~4마디	5~8마디	9~12마디	13~16마디
리듬/선율의 반복 형태로 구성되는 형식	한 도막	유	A	A 또는 A′		
	한 도막	무	A	B		
	작은 세 도막	유	A	A′ 또는 B	A, A′, B 또는 B′	
	작은 세 도막	무	A	B	C	
	두 도막	유	A	A′ 또는 B	A, B 또는 B′	A, A′, B, B′ 또는 C
	두 도막	뮤	A	B	C	D

노래들로 포함한다.

- 난이도 II : 한 도막 형식보다 조금 길거나 작은 세 도막 형식(열두 마디)의 노래를 포함한다.
- 난이도 III : 만 3세 유아들이 부를 수 있는 노래의 최대 길이로 알려져 있으며 다른 연령의 유아들이 흔히 부를 수 있는 노래의 길이인 두 도막 형식(열여섯 마디)를 난이도 III으로 한다.
- 난이도 IV : 두 도막과 세 도막 형식 사이의 길이인 17~20마디를 난이도 IV로 한다.
- 난이도 V : 만 5세 유아가 부를 수 있는 최대 길이로 알려진 스물네 마디를 포함하는 길이이다.
- 기 타
    - 2/4박자처럼 한 마디에 들어가는 음의 길이가 짧아지는 경우에는 마디의 수를 다르게 분배하여 계산한다.
    - 8, 12, 16, 24 등의 마디가 악곡의 일반적인 형식이지만, 난이도를 형식을 갖춘 마디의 수에만 국한 시키지 않은 이유는 유아들의 노래에는 때로 노래게임이나 대사를 전달하기

♬ 노래의 예 70 ♬

형식의 난이도를 계산해 보기 위한 노래의 예

들짐승을 집에서 못 키우는 이유

작사/곡 김진영

마디 수 : 총 여덟 마디

난이도		I		II		III		IV		V	
곡의 길이	3/4, 4/4, 6/8	4~8마디		9~12마디		13~16마디		17~20마디		21마디 이상	
	2/4, 3/8	4~16마디		17~20마디		21~24마디		25~30마디		31마디 이상	
반복		유	무	유	무	유	무	유	무	유	무
형식 난이도 지수		0.5	1	1.5	2	2.5	3	3.5	4	4.5	5

위하여 마디가 추가되는 경우가 있기 때문이다.

- 마디 수가 길어지더라도 반복되는 형식을 가진 곡들은 상대적으로 쉬워질 수 있기 때문에 형식의 반복 유무에 따라 비중을 다르게 두어 점수를 준다.

형식의 난이도는 다음과 같이 계산한다(노래의 예 70).

■ 형식 난이도 지수 계산법

- 1단계 : 곡의 마디 수를 센다. 예를 들어, 노래 '들짐승을 집에서 못 키우는 이유'는 여덟 마디의 길이로 이루어져 있다.
- 2단계 : 악절들의 반복 유무를 분석한다. 노래 '들짐승을 집에서 못 키우는 이유'의 처음

네 마디인 작은 악절은 두 번째 네 마디에서와 비슷한 형태로 반복된다.

• 3단계 : 해당하는 난이도를 찾아 점수를 준다. 여덟 마디의 한도막 형식은 난이도 I에 해당하며, 반복되는 형식(A-A′)을 가지고 있으므로 0.5의 점수를 준다.

5) 노랫말 형식

노랫말은 노래의 곡조와 더불어 노래에 담긴 마음과 생각을 전달하는 수단이다. 곡조와 적절하게 어우러진 노랫말은 노래의 분위기를 결정하거나, 흥미를 더해주기도 한다. 또한 같은 곡조의 노래라 할지라도, 노랫말과 함께 어떻게 조합되었는가에 따라 노래를 부르는 난이도에 영향을 준다(Chen-Hafteck 외, 1999; Kim, 2001). 그러므로 노랫말이 어떤 형태로 이루어졌는지를 살펴볼 필요가 있다(표 3-6) .

■ 난이도 Ⅰ : 유아들이 가장 쉽게 부를 수 있는 노랫말은 같은 말이 반복적으로 나오는 것이다. 반복형의 노래에서는 같은 단어가 반복 되거나 같은 문장이 반복된다(노래의 예 71). 반복되는 노랫말은 같거나 비슷한 리듬의 형태와 곡조를 가지게 되는 경우가 많아 유아들이 반복을 통해 쉽게 노래를 익히고 부를 수 있다. 예를 들면 다음과 같다.

• 노래 '게' 에서처럼 의성어가 반복적으로 사용된다.

• '한 몸' 이나 '할 수 있죠' 처럼 연이어 반복되는 같은 단어 또는 문장들로 노랫말이 구성된다.

• '나의 손으로' 나 '흔들흔들' 처럼 같은 단어 또는 문장들이 패턴처럼 같은 위치에 반복되어 있다.

■ 난이도 Ⅱ : 같은 노랫말이 반복되어 있는 것은 아닐지라도 같은 형태의 문장이 비슷한 자리에 놓여서 대구를 이루는 형태의 노랫말이 있다(손은주, 2006). 이러한 대구형의 노랫말은 하나의 문장이 그 다음에 나오는 어휘를 예측하기 쉽게 암시를 주거나, 대구되는 두 문장이 운율을 가지고 있어서 유아들이 쉽게 따라부를 수 있도록 한다(노래의 예 72).

표 3-6 노랫말 형식의 난이도 지수

난이도	Ⅰ	Ⅱ	Ⅲ	Ⅳ	Ⅴ
노랫말의 형식	반복형	대구형	대화/문답형	열거/순서형	서술형
노랫말 형식 난이도 지수	1	2	3	4	5

♬ 노래의 예 71 ♬

반복되는 노랫말을 가진 노래들

반복 형태의 예	노래의 예 (작사/곡 김진영)
의성어의 반복	**게** 따깍 따깍 따깍 따깍 따깍 따깍 게가 움직입니다 한 마리 두 마리 세마리 네 마리 다섯 마리 움직입니다
단어의 반복	**한몸** 입 입 입 머리 머리 머리 눈 눈 눈 머리 머리 머리 귀 귀 귀 코 코 코 모두다 한 몸
문장의 반복	**할 수 있죠** 할 수 있죠 할 수 있죠 나혼자서 잘해요
같은 말이 패턴처럼 같은 자리에 반복	**나의 손으로** 나의 손으로 음식을 먹고 나의 손으로 가위질하고 나의 손으로 피아노치죠 디리동동 디리 디리동
같은 단어가 연이어 반복되면서 패턴을 이룸	**흔들 흔들** 흔들 흔들 흔들 어깨 흔들어 흔들 흔들 흔들 팔을 흔들어 흔들 흔들 흔들 손을 흔들어 흔들 흔들 흔들 손가락 흔들어 흔들 흔들 흔들 모두 멈추고 귀기울여 봅시다

- 난이도 Ⅲ : 문답이나 대화를 하는듯한 노랫말은 반복되거나 비슷한 말이 나오지 않을지라도 먼저 나온 악절의 노랫말이 그 다음에 나온 악절의 노랫말을 상상해 보게 한다. 두 개의 악절을 나누어서 주고 받듯이 번갈아 부르는 과정을 통해서 유아들은 노래를 익힌다. 또한, 대답을 하는 부분의 노랫말은 유아들이 작사하여 바꾸어 불러볼 수도 있기 때문에 노래의 흥미를 더하게 된다(노래의 예 73).
- 난이도 Ⅳ : 노랫말에 단어가 열거되어 있거나 단어 또는 문장이 순차적으로 진행되는 경

♬ 노래의 예 72 ♬

대구형의 노랫말을 가진 노래들

꽃샘 바람

작사/곡 김진영

일어나요 일어나요 봄이 왔어요 꽃샘바람 꽃잎들을 깨우네

알았어요 알았어요 지금 나가요 목련꽃잎 하얀얼굴 내미네

해바라기

작사/곡 김진영

무얼 먹어 저렇게 컸나 까치발을 딛어도 닿지 않네

무얼 보며 저렇게 웃나 해를 바라보며 환히 웃네

♬ 노래의 예 73 ♬

문답/대화형의 노랫말을 가진 노래들

숲 속 친구들

작사/곡 김진영

기린에게 묻기를 너의 목은 왜 그렇게 기니?

기린 대답 하기를 먼 곳을 잘 보기 위해서 나의 목은 길단다
라라라 라라라 라라라

들짐승을 집에서 못 키우는 이유

왜 들짐승을 집에서 못 키울까 왜 못 키울까?

몸이 너무 크고 너무 사나워서 집에서 못 키우지

♬ 노래의 예 74 ♬

열거/순서형의 노랫말을 가진 노래

크고 큰 우주 작고 작은 우리

작사/곡 김진영

아주 크고 큰 우주에 무엇있을까? 아주 크고 큰 우주에 무엇 있을까?

1. 우주에 지구가 있지요 아주 크고 큰 우주에 지구가 있죠

↓

2. 지구에 한국이 있지요 아주 크고 큰 우주에 한국이 있죠

↓

3. 한국에 서울이 있지요 아주 크고 큰 우주에 서울이 있죠

↓

4. 서울에 유치원 있지요 아주 크고 큰 우주에 유치원 있죠

↓

5. 유치원에 토끼반 있지요 아주 크고 큰 우주에 토끼반 있죠

↓

6. 토끼반에 아이들 있지요 아주 크고 큰 우주에 아이들 있죠

우가 있다. 이러한 열거/순서형의 노랫말은 유아들이 생각을 하면서 노랫말을 점차적으로 유추해보는 데 도움을 준다(노래의 예 74)

■ 난이도 V : 이야기를 하듯이 산문적인 노랫말을 담은 노래들이 있다. 이러한 노래들은 어떤 장면을 묘사하거나, 주제가 있는 이야기를 전개하거나, 또는 어떤 일에 대하여 서술해 놓은 것이다(노래의 예 75).

■ 기 타

- 같은 형식의 노랫말일지라도 유아들에게 어느 정도 친숙한 내용인지와 유아들의 사고발달 정도에 따라 영향을 받기도 한다. 또한, 문장 안에 어떤 단어들을 얼마나 많이 담고 있는지와 전체 노래의 길이와도 상관이 있다. 그러나 길이와 단어의 양은 다른 영역의 난이도에서 다루고 있으므로, 노랫말의 형식 난이도는 길이보다는 형식에 초점을 맞추어 계산한다.
- 어떤 노래에는 위의 형식들이 혼합적으로 나타나는 것도 있다. 예를 들어, 노래 '나의 손으로' 의 경우에는 '나의 손으로' 라는 노랫말은 계속적으로 반복되면서 다른 부분은 서술식으로 열거되고 있다(노래의 예 71). 이러한 경우에는 반복형의 난이도 I과 서술형의 난이도 V의 점수를 더한 후 반으로 나눈 점수가 노랫말의 형식 난이도 지수가 된다.

서술형의 노랫말을 가진 노래

낙엽

작사/곡 김진영

노란옷 갈아입은 은행잎이
가을바람 불어오며는 후후~
와아아 리루루 와아아 리루루
춤을 추며 내려옵니다.

형님반에 간다네

작사/곡 김진영

내가 처음 토끼반에 들어왔을 때에는
나는 아직 어리고 모르는 것 많았네
이젠 한 살 더 먹어서 몸도 많이 자라고
생각들도 자라서 형님반에 간다네

6) 어 휘

노랫말에 반복이 많을수록 어휘를 예측하기 쉽기 때문에 노래 부르기에 용이하다(손은주, 2006). 또한 의성어가 사용되거나 단순한 낱말이 부드럽게 연결되는 노랫말들은 유아들이 노래를 쉽게 부를 수 있도록 한다. 그러나 아무리 곡조가 쉽더라도 유아가 발음하기에 어려운 단어가 있거나 노랫말에 들어가는 단어가 많아질수록 그 노래는 부르기 점점 어려워진다. 따라서 노랫말에 사용된 어휘의 수를 세어 난이도에 포함시켰다(표 3-7). 노랫말의 어휘 수는 노래를 부르는 데 영향을 미치는 선에서 고려된 것이기에 이해하기 쉬운 단어와 어려운 단어의 기준은 적용되지 않았다. 어떤 단어는 쉽지만 은유적으로 표현이 되어 있어서 더 깊은 의미를 가진 것도 있기 때문이다. 또한 의성어는 상대적으로 일반 낱말들보다 노래로 부르기에 쉽지만, 노랫말에 의성어가 들어가는 경우에는 대부분 반복적으로 쓰이거나 쉽고 간단한 리듬 및 음정과 합

표 3-7 노랫말 어휘 수의 난이도 지수

난이도	I	II	III	IV	V
어휘 수(개)	1~5	6~10	11~15	16~20	20 이상
어휘 난이도 지수	1	2	3	4	5

해져서 쓰여지기 때문에 다른 요소의 난이도에 반영이 되어 있으므로 따로 계산하지 않았다. 정리하면, 노랫말의 난이도는 유아들의 언어발달의 비중보다는 노래를 부르는 데 영향을 미치는 정도의 비중으로 고려하였다.

■ 노랫말의 어휘 수에 따른 난이도 계산법

- 1단계 : 한 노래에 나오는 전체 어휘를 적어본다. 예를 들어 노래 '내 마음이 기쁘단다' 에 나오는 어휘들을 열거해 보면, '친구야/나의/친구야/장난감을/내게/나눠주어서/친구야/나의/친구야/내/마음이/기쁘단다' 가 된다.
- 2단계 : 조사나 의미없는 어휘는 제외한다. 위에 적은 어휘들 중에서 '야', '의', '을' 등을 제외하고 명사, 형용사, 동사 형태의 어휘들을 남긴다.
- 3단계 : 반복되는 어휘는 하나로 계산한다. 같은 낱말을 제외하고 나면, '친구/나/장난감/나눠주다/마음/기쁘다' 가 남는다(노래의 예 76).
- 4단계 : 노랫말에 나온 어휘 수에 해당하는 난이도 점수를 찾는다. '내 마음이 기쁘단다' 노래의 경우 같은 낱말을 제외하고 남은 어휘 수는 여섯 개이므로 난이도 II에 해당한다.

이렇게 모든 영역의 난이도 지수를 계산하면, 유아들이 부르는 한 노래의 난이도를 알 수 있다(표 3-8). 노래의 난이도는 곡조의 난이도 지수와 노랫말 난이도 지수의 합산으로 정해지며, 곡조와 노랫말이 가진 요소들 각각의 난이도도 따로 살펴볼 수 있다. 그러므로 노래의 난이도 지수는 유아들에게 적절한 노래를 선정하거나 다른 개인의 발달적 차이에 따라 각 영역의 난이도를 고려한 노래 부르기의 활동을 계획하는 데 도움을 준다. 다음 장에서 난이도를 고려한 노래 선정의 구체적인 내용을 살펴본다.

♬ 노래의 예 76 ♬

노랫말 어휘 수 계산을 위한 노래

내 마음이 기쁘단다

작사/곡 김진영

친구야 나의 친구야
장난감을 내게 나눠주어서
친구야 나의 친구야
내 마음이 기쁘단다.

표 3-8 난이도 지수표

① 음역 난이도	I		II		III		IV		V	
음역	e′–a′		c′–a′		c′–b″		b–d″		a–e″	
시작음	e′–g′	a′	c′–g′	a′	c′–g′	a′–b′	b–g′	a′–d″	a–g′	a′–e″
음역 난이도 지수	0.5	1	1.5	2	2.5	3	3.5	4	4.5	5
② 음정 난이도	**I**		**II**		**III**		**IV**		**V**	
음정	1, 2, 3도		반음		4, 5도		6도		7, 8도	
움직임		3도 연속			상행	하행	상행	하행	상행	하행
계산 점수(곱)	0	1	2		2.5	3	3.5	4	4.5	5
합산값	0~2		3~10		11~20		21~30		31 이상	
음정 난이도 지수	1		2		3		4		5	
③ 리듬 난이도	**I**		**II**		**III**		**IV**		**V**	
리듬의 형태	한 박		반박		부점		당김음		반박 미만, 셋잇단	
반복	기본형	혼합형	기본형	혼합형	기본형	혼합형	기본형	혼합형	기본형	혼합형
계산 점수(곱)	0.5	1	1.5	2	2.5	3	3.5	4	4.5	5
평균 점수	0~1.3		1.4~2.0		2.1~2.7		2.8~3.4		3.5 이상	
리듬 난이도 지수	1		2		3		4		5	
④ 형식 난이도	**I**		**II**		**III**		**IV**		**V**	
곡의 길이 3/4, 4/4, 6/8	4~8마디		9~12마디		13~16마디		17~20마디		21마디 이상	
곡의 길이 2/4	4~16마디		17~20마디		21~24마디		25~30마디		31마디 이상	
반복	유	무	유	무	유	무	유	무	유	무
형식 난이도 지수	0.5	1	1.5	2	2.5	3	3.5	4	4.5	5
⑤ 노랫말 난이도	**I**		**II**		**III**		**IV**		**V**	
노랫말의 형식	반복형		대구형		대화/문답형		열거/순서형		서술형	
노랫말 형식 난이도 지수	1		2		3		4		5	
⑥ 어휘 난이도	**I**		**II**		**III**		**IV**		**V**	
어휘 수	1~5		6~10		11~15		16~20		21 이상	
어휘 난이도 지수	1		2		3		4		5	

2. 노래 선정

많은 교사들은 유아의 음악적 발달수준이나 음악적 개념을 고려하기보다는 생활 주제를 토대로 한 노래, 지난 해 교육 계획안에 포함된 노래, 유치원에서 보유하고 있는 관련 자료가 있는 노래, 자신이 선호하는 노래 등을 위주로 노래를 선정한다(엄정애 · 박미경, 2008; Kim 2000). 이렇게 교사의 입장에서 노래를 선정하게 되는 이유에는 여러 가지가 있겠지만, 음악적 개념에 대한 지식의 부족으로 인한 자신감의 결여가 그 이유 중 하나이다(Kim & Choy, 2005; Kim & Choy, 2008). 때로는 유아 교사들이 음악적 개념에 대한 지식을 가지고 있음에도 자신감이 약한 경우가 있는데, 유아 교사들이 음률활동을 전개하는 데 필요한 것은 단순히 음악적인 기초 지식이 아니라 유아교육 현장에서 적용하여 사용할 수 있는 교수 학습적 지식(Pedagogical Content Knowledge)이기 때문이다(황해익 외, 2002; Kim & Lee, 2009).

교사들의 교수 학습적 지식을 쌓는 데 도움이 될 수 있도록, 본 서의 앞부분에서는 유아들의 노래 안에 음악적 개념들이 어떻게 녹아있는지를 살펴보았으며, 노래 부르기를 통한 다양한 음악적 활동을 분류하여 제시하였다. 또한 장의 앞부분에서 유아들의 발달을 고려한 노래의 난이도를 살펴보았다. 앞서 다양하게 살펴 본 노래 부르기와 관계된 지식을 토대로 본 절에서는 교사가 노래 부르기 활동을 교육과정 안에 통합하는 데 필요한 구체적인 내용들을 제시할 것이다. 우선, 노래를 선정할 때 고려해야 하는 유아의 음악적 발달수준이나 개념은 무엇인지, 또한 생활 주제를 토대로 노래를 선곡할 때 어떤 점들을 고려해야 하는지를 살펴보고자 한다.

1) 난이도에 따른 노래 선곡

유아는 연령이 높아지면서 점차 음역이 확장되고 복잡한 노래를 정확하게 부를 수 있는 능력이 발달된다. 따라서 유아들의 음악적 발달단계를 고려한 범위 내에서 적절한 노래를 선정하여 부르는 것이 중요하다. 우선 음악적 개념과 유아들의 발달단계에 따라 앞 절에서 제시한 난이도 지수를 활용하여 노래를 선곡한다. 난이도 지수에 기초하여 노래를 선곡할 때 다음과 같은 사항들을 염두에 두어야 한다.

첫째, 난이도지수는 단계나 수준에 따라 명확한 구분을 하는 경계선을 제시한다기보다는 연속적인 스펙트럼처럼 유아가 노래 부르기에 적합하다고 설명되는 영역의 주변을 보여 주는 예이다. 예를 들면, 일반적으로 만 3세 유아가 난이도 I의 노래들을 쉽게, 난이도 2의 노래들을 보통으로, 난이도 3의 노래들을 어렵게 부를 수 있다면, 만 4세 유아는 난이도 I과 II의 노래들을 쉽게, 난이도 II와 III의 노래들을 보통으로, 난이도 IV의 노래들을 어렵게 부를 수 있다. 또한, 만 5세의 유아는 난이도 I과 II의 노래들을 쉽게, 난이도 III과 IV의 노래들을 보통으로, 그리고 난이도 V의 노래를 어렵게 부를 수 있다. 난이도 II~III 사이의 노래들은 난이도의 차이가 있지만, 만 3~5세 사이의 유아가 많이 부르게 되는 노래의 범위이다. 그러나 만 3세 유아의 경우에 난이도 III의 노래, 만 4세에게 난이도 IV의 노래, 그리고 만 5세에게 난이도 V의 노래는 음감이 발달한 유아들이 부르기에는 어려운 것이다(표 3-9).

둘째, 노래 부르기의 난이도는 두 가지 측면, 즉 노래의 요소들을 정확하게 부를 수 있는 것과 노래를 부를 수 있는 가능 범위를 고려하여 생각하게 되는데, 본 고에 제시된 난이도 지수는 유아들이 노래할 수 있는 가능범위를 제시해 주는 것이기 때문에 개별 유아에 따라, 그리고 노래 부르기의 경험과 훈련 정도에 따라 달라지기도 한다. 즉, 난이도 지수는 선행 연구물들을 기초로 작성되어 넓은 범위의 테두리를 제시해 주지만 각 영역 안에서의 정확도는 유아들의 발달과 교수학습과정이 어떻게 제시되었는가에 따라 달라진다(Kim, 2001; Welch 외, 1997). 예를 들면, 유아가 같은 노래를 부를지라도 교사가 유아와 함께 노래를 부르는 경우, 교사가 먼저 부르고 유아가 따라 부르는 경우, 또는 노래의 부분만 부르거나 전체를 모두 부르는 경우 등에 따라 음정의 정확도

표 3-9 난이도 지수의 영역

난이도		I	II	III	IV	V
곡	음역	e′-a′	c′-a′	c′-b′	b-d″	a-e″
	음정	1, 2, 3도	반음	4, 5도	6도	7, 8도
	리듬	한 박	반박	부점	당김음	반박 미만 셋잇단
	형식(마디)	4~8	9~12	13~16	17~20	21 이상
곡조의 난이도(평균 지수)		I	II	III	IV	V
노랫말	형식	반복	대구	문답/대화	열거/순서	서술
	어휘 수(개)	1~5	6~10	11~15	16~20	20 이상
노랫말의 난이도(평균 지수)		I	II	III	IV	V

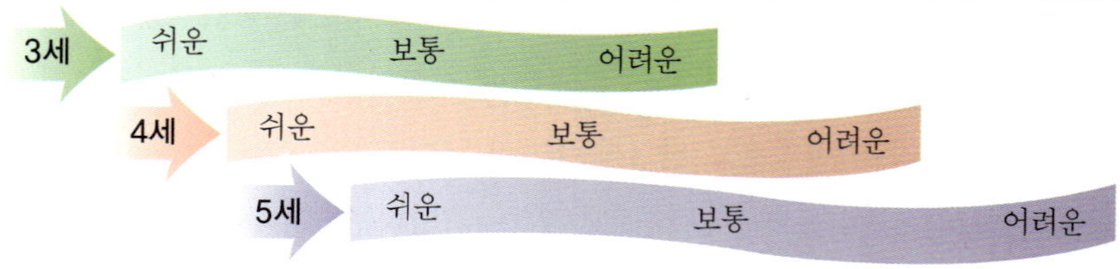

가 달라진다. 또한 노래를 부를 수 있는 가능 범위는 유아가 노래의 어떤 멜로디나 리듬 형태에 완전하게 맞추지는 못하더라도 비슷하게 맞추어 노래할 수 있을 경우에 교사나 다른 유아들과의 상호작용을 통해 개발될 수 있는 유아들의 근접발달영역(zone of proximal development)을 고려해서 결정되어야 할 것이다(Vygotsky, 1978).

셋째, 난이도 지수는 노래 자체의 난이도를 보여 주는 것이기 때문에 노래를 제시하는 방법이나 노래를 사용한 구체적인 음률활동은 유아들의 연령과 발달단계를 고려하여 교사가 적절하게 계획해야 한다. 이를테면, 가르치는 대상인 유아의 발달이나 연령에 준거하여 쉬운 난이도의 노래들은 노래 부르기를 위한 활동시간을 따로 마련하여 전개하지 않아도 주의집중이나 전이시간과 같이 짧은 시간을 이용해서 잠깐 불러보면서도 쉽게 배울 수 있다. 반면, 어려운 난이도의 노래들은 유아들이 노래를 익히는 데 도움을 주는 다양한 방법을 사용하고, 여러 번 반복해 봄으로써 노래를 습득하도록 한다. 또한 같은 난이도에 들어있는 노래일지라도 연령에 따라 다른 음악적인 요소들을 가미하여 다양하게 불러볼 수 있다. 예를 들어, '작은 집 창가에서' 라는 노래가 만 3세의 유아들이 쉽게 노래 부를 수 있는 난이도에 속한다면, 만 4세 유아들과는 노래를 부르며 간단한 리듬 패턴을 만들어 연주해 보고 만 5세 유아들과는 조금 더 복잡한 리듬 패턴을 만들어 본다던가 멜로디 개념까지 연결하여 활동을 전개해 볼 수 있다(노래의 예 77).

넷째, 같은 노래일지라도 곡의 요소나 노랫말의 요소의 난이도가 다른 경우가 있다. 이는 유아를 위한 노래를 작곡할 때 노랫말이 어렵거나 복잡한 경우에 곡조를 단순하게 만들어 유아들이 부르기에 적절하도록 하는 경향이 있기 때문이다. 비슷한 예로, 음정 도약폭이 크거나 도약 횟수가 많으면 유아가 노래를 부르기 어렵기 때문에 리듬을 단순하게 만든다거나, 음정이 단순하면 리듬으로 변화를 주는 경우도 있다. 그러므로 노래 전체의 난이도에 따라 노래를 선곡할 수도 있지만 유아의 발달에 따라 곡조나 노랫말의 세브적인 난이도를 고려할 수도 있다. 예를 들어 언어발달이 빠른 유아의 경우라면, 곡조의 난이도가 낮고 노랫말의 난이도가 높은 노래를 선택하여 불러보는 것도 가능하다. 만약 리듬감이나 음감처럼 어떤 음악적인 요소가 더 발달한 유아를 대상으로 노래를 선곡했다면 곡조의 각 요소 난이도를 살펴보고 발달에 적절한 노래를 찾아 본다(표 3-10). 예를 들어, 노랫말의 난이도가 다른 네 곡- 작은집 창가에서(I), 게(II), 들짐승을 집에서 못 키우는 이유(III), 낙엽(IV)의 곡조를 살펴보자.

- 노래 '게'는 노래 '작은 집 창가에서' 보다 어휘 수가 조금 많아 노랫말의 난이도가 높은 것처럼 곡조의 난이도도 조금 더 높다. 노래 '게'가 더 넓은 음역과 음정을 사용하며 부점이 사용되어 리듬도 조금 더 어렵다. 그러나 이 노래들은 모두 유아들이 쉽게 부를 수 있는 난

♬ 노래의 예 77 ♬

연령에 따라 다른 활동으로 발전시키는 노래의 예

작은 집 창가에서*

작사/곡 김진영

* 주 : 노래의 이해를 돕기 위해 원곡의 첫 네 마디만 옮겨 그렸음

연 령	난이도를 다르게 하는 활동의 예
만 3세	• 노래를 부른다. • 랄라라 대신 다른 음절 '아아아', '꿀꿀꿀' 등을 사용하여 불러본다. • 악기를 박자에 맞추어 두드리며 노래한다.
만 4세	• 2분 음표와 4분 음표를 사용하여 '랄라라'의 다양한 패턴을 만들어 노래로 불러본다. • 4분 음표와 8분 음표를 사용하여 다양한 리듬 패턴을 만들어 부른다. • 리듬 패턴을 타악기로 연주하며 노래한다.
만 5세	• 2, 4, 8분 음표와 쉼표를 사용하여 다양한 리듬 패턴을 만들어 노래를 부른다. • '솔', '파', '미' 세 개의 음으로 다양한 멜로디 패턴을 만들어 노래한다. • 노래를 전조하여 더 높은 음역대에서 불러본다. • 음높이가 있는 악기를 리듬에 맞추어 연주하며 노래한다.

표 3-10 노래의 난이도와 각 영역의 난이도

다른 난이도 / 같은 난이도

제 목	곡 조				곡조의 난이도 (평균 지수)	노랫말		노랫말 난이도 (평균 지수)
	음역	음정	리듬	형식		형식	어휘 수	
작은 집…	1.5	1	1	0.5	I (1)	1	1	I (1)
게	2	4	2	0.5	II (2.1)	1	2	II (1.5)
들짐승…	3.5	5	2	0.5	III (2.7)	3	2	III (2.5)
낙엽	3.5	1	1	3	II (2.1)	5	3	IV (4)

이도에 속한다.

- 노래 '낙엽'은 '게'보다 노랫말이 더 복잡하기 때문에 노랫말의 난이도가 더 높지만, 곡조의 난이도는 비슷하다. 왜냐하면, 노래 '낙엽'은 음역이 더 넓고 형식이 복잡한 반면에 '게'는 부점에 의한 리듬과 반음의 많은 사용으로 음정이 어려워졌기 때문이다.
- 노래 '들짐승을 집에서 못 키우는 이유'와 '낙엽'을 비교해 보면, 노래 '낙엽'이 노랫말의 난이도는 더 높지만, 곡조의 난이도는 더 낮다. 왜냐하면 '들짐승을 집에서 못 키우는 이유'는 곡조에 있어서 음정의 도약의 폭이 더 넓고 도약 횟수가 더 많기 때문이다.

다섯째, 노래의 난이도 지수는 '노래 부르기'와 관련된 난이도이므로 음악감상이나 동작활동을 위해 노래를 선정하는 것과는 구분되어야 한다. 예를 들어, 난이도 V의 노래들은 만 3세 유아가 노래로 부르기에 어려운 노래이다. 그러나 노래를 배경음악으로 듣는다거나, 신체표현활동에 사용하기에는 좋은 곡조를 가지고 있어서 유아들이 부를수는 없지만 들으며 몸으로 표현해 보다가 노래의 쉬운 부분을 자연스럽게 따라 부르게 될 수도 있다. 같은 맥락에서, 노래의 난이도 지수는 유아들이 노래를 부르기 위한 난이도이기 때문데 노래 악보를 읽고 연주하기 위한 난이도와는 구분된다. 그러므로 다른 문헌들에서 제시한 '조성'은 노래 부르기 난이도에서는 고려되지 않았다.

여섯째, 노래의 난이도 지수는 노래를 어떻게 부를것인가에 따라 달라질 수 있다. 이를테면, 노래를 1절만 부르는 경우보다 2절까지 부르는 경우에 난이도가 높아지고 노래의 일부분만 선택해서 부르는 경우에는 난이도가 낮아지게 된다. 그러므로 난이도가 높은 노래의 경우에 음역이나 음정의 난이도 지수는 낮으면서 노래의 길이 때문에 형식의 난이도 지수가 높아진 노래라면, 노래의 일부분만 어린 연령의 유아들이 불러 보는 것이 가능하다.

교사는 노래의 난이도와 난이도 지수의 활용에 관한 내용들을 고려하여 노래를 선곡하고, 선곡한 노래를 유아들에게 보다 흥미 있고 적절하며 생동감 있는 활동으로 응용할 수 있는 방법들을 계획해야 할 것이다(표 3-11).

표 3-11 난이도 지수에 따른 《김진영 동요집》의 노래 분석

노래 제목	곡조의 난이도 지수						노랫말 난이도 지수				전체 난이도	
	음 역	음 정	리 듬	형 식	평균 합계	난이도	노랫말	어 휘	합계 평균	난이도	평균 합계	난이도
감사합니다	1.5	1	3	1.5	1.7	II	2	3	2.5	III	2.1	II
게	2	4	2	0.5	2.1	II	1	2	1.5	II	1.8	II
공작새	3.5	2	2	2.5	2.5	III	5	4	4.5	V	3.5	IV
괜찮아	3.5	3	2	1	2.3	II	1+5/2	3	3.0	III	2.7	III
귀여운 삼보	3.5	4	2	2.5	3.0	III	3	5	4.0	IV	3.5	IV
기다려 줄게	5	5	2	0.5	3.1	III	1	2	1.5	II	2.3	II
기쁘게 기다려	1.5	2	3	0.5	1.7	II	1	3	2.0	II	1.9	II
기쁨을 주는 생일	3.5	3	1	3	2.6	III	5	3	4.0	IV	3.3	III
김장	3	3	3	0.5	2.3	II	5	2	3.5	IV	2.9	III
기차	1.5	1	2	2	1.6	II	1	2	1.5	II	1.6	II
꼬마 산타	3	5	2	0.5	2.6	III	1	2	1.5	II	2.1	II
꽃샘바람	2.5	2	2	0.5	1.7	II	2+3/2	3	2.8	III	2.3	II
꽃씨심기	2.5	1	2	1	1.6	II	5	2	3.5	IV	2.6	III
꾹 참았네	3.5	3	2	1.5	2.5	III	5	3	4.0	IV	3.3	III
나는 너에 대해…	3.5	5	2	2.5	3.2	III	5	4	4.5	V	3.9	IV
나는 믿어요	1.5	3	2	0.5	1.7	II	2	2	2.0	II	1.9	II
나는 친구가 좋아요	1.5	2	2	2.5	2.0	II	1	2	1.5	II	1.8	II
나의 손으로	2.5	4	2	0.5	2.2	II	1+4/2	2	2.3	II	2.3	II
나팔꽃	3.5	5	1	4.5	3.5	IV	1	3	2.0	II	2.8	III
낙엽	3.5	1	1	3	2.1	II	5	3	4.0	IV	2.6	III
낙엽을 밟으며	4	5	2	4.5	3.8	IV	1+3/2	4	3.0	III	3.4	III
내 마음이 기쁘단다	2.5	3	2	0.5	2.0	II	1.5	2	1.8	II	1.9	II
다시 살아나셨죠	3.5	4	2	1	2.6	III	5	3	4.0	IV	3.3	III
단 하나뿐	3.5	5	1	4.5	3.5	IV	5	4	4.5	V	4.0	IV
달팽이 미끄럼	3.5	1	2	0.5	1.7	II	5	3	4.0	IV	2.9	III
닭	2.5	5	1	2.5	2.7	III	1	3	2.0	II	2.4	II

(계속)

노래 제목	곡조의 난이도 지수						노랫말 난이도 지수				전체 난이도	
	음 역	음 정	리 듬	형 식	평균 합계	난이도	노랫말	어 휘	합계 평균	난이도	평균 합계	난이도
동네 견학	3.5	3	1	3	2.6	Ⅲ	3+4/2	3	3.3	Ⅲ	3.0	Ⅲ
동물들의 악기연주	3.5	4	1	3.5	3.0	Ⅲ	4	5	4.5	Ⅴ	3.8	Ⅳ
동산가는 길	3.5	3	2	0.5	2.2	Ⅱ	5	3	4.0	Ⅳ	3.1	Ⅲ
돛단배	3	3	1	3.5	2.6	Ⅲ	3	4	3.5	Ⅳ	3.1	Ⅲ
들어주세요	3.5	3	1	1	2.1	Ⅱ	5	2	3.5	Ⅳ	2.8	Ⅲ
들짐승을 집에서…	3.5	5	2	0.5	2.7	Ⅲ	3	2	2.5	Ⅲ	2.6	Ⅲ
딩딩딩	2.5	1	2	0.5	1.5	Ⅱ	3	3	3.0	Ⅲ	2.3	Ⅱ
따뜻한 장갑	3	4	3	2.5	3.1	Ⅲ	5	4	4.5	Ⅴ	3.8	Ⅳ
모두 함께 축하해	3.5	3	1	2.5	2.5	Ⅲ	4	4	4.0	Ⅳ	3.3	Ⅲ
무섭지 않아	3.5	3	1	2.5	2.5	Ⅲ	1+5/2	2	2.5	Ⅲ	2.8	Ⅲ
무엇일까?	3.5	5	4	0.5	3.2	Ⅲ	3	2	2.5	Ⅲ	2.9	Ⅲ
물놀이	4	2	2	0.5	2.1	Ⅱ	5	3	4.0	Ⅲ	3.1	Ⅲ
물에 뜰까?	4.5	3	2	1	2.6	Ⅲ	3	2	2.5	Ⅲ	2.6	Ⅲ
민속의 날	2.5	1	2	0.5	1.5	Ⅱ	2+5/2	2	2.8	Ⅲ	2.2	Ⅱ
바닷가에서	3.5	3	2	2.5	2.7	Ⅲ	5	4	4.5	Ⅴ	3.6	Ⅳ
봄(1절)	1.5	1	1	1	1.1	Ⅰ	5	1	3.0	Ⅲ	2.1	Ⅱ
봉숭아	1.5	2	1	0.5	1.2	Ⅰ	3+4/2	3	3.3	Ⅲ	2.3	Ⅱ
발바닥 밟기	1.5	2	2	1	1.6	Ⅰ	5	2	3.5	Ⅳ	2.6	Ⅲ
비행기	3.5	1	3	1	2.1	Ⅱ	5	3	4.0	Ⅳ	3.1	Ⅲ
산타할아버지…	3.5	4	2	2.5	3.0	Ⅲ	5	4	4.5	Ⅴ	3.8	Ⅳ
소리 나는 편지	3.5	2	2	1	2.1	Ⅱ	3	4	3.5	Ⅳ	2.8	Ⅲ
송편	1.5	2	4	2.5	2.5	Ⅲ	4	4	4.0	Ⅳ	3.3	Ⅲ
숲속 친구들	3.5	5	1	1.5	2.7	Ⅲ	3	3	3.0	Ⅲ	2.9	Ⅲ
시소	1.5	5	2	0.5	2.2	Ⅱ	5	3	4.0	Ⅳ	3.1	Ⅲ
신나는 캠프	3.5	3	2	4.5	3.2	Ⅲ	5	5	5.0	Ⅴ	4.1	Ⅳ
실로폰을 쳐보자	1.5	2	1	0.5	1.2	Ⅰ	1-3/2	2	2.0	Ⅱ	1.6	Ⅱ

(계속)

노래 제목	곡조의 난이도 지수						노랫말 난이도 지수				전체 난이도	
	음 역	음 정	리 듬	형 식	평균 합계	난이 도	노랫 말	어 휘	합계 평균	난이 도	평균 합계	난이 도
어디에서 왔나	3.5	4	2	2.5	3.0	Ⅲ	3	3	3.0	Ⅲ	3.0	Ⅲ
어린이날	1.5	2	1	0.5	1.2	Ⅰ	3	1	2.0	Ⅱ	1.6	Ⅱ
언제나 감사	4.5	5	5	0.5	3.7	Ⅳ	1	1	1.0	Ⅰ	2.4	Ⅱ
옛날 이야기	1.5	5	3	2.5	3.0	Ⅲ	5	3	4.0	Ⅳ	3.5	Ⅳ
요리하는 날	2.5	3	1	2.5	2.2	Ⅱ	4	4	4.0	Ⅳ	3.1	Ⅲ
우리들의 마음속엔	3	1	1	2.5	1.8	Ⅱ	2	3	2.5	Ⅲ	2.2	Ⅱ
용기 있는 아이	3.5	5	1	4.5	3.5	Ⅳ	2+3/2	3	2.8	Ⅲ	3.2	Ⅲ
우리 유치원	3.5	5	3	2.5	.5	Ⅳ	1+2/2	3	2.3	Ⅱ	2.9	Ⅲ
우리 친구	1.5	2	1	1	1.3	Ⅰ	3	2	2.5	Ⅲ	1.9	Ⅱ
운동회	3.5	4	2	0.5	2.5	Ⅲ	2	2	2.0	Ⅱ	2.3	Ⅱ
유치원에서	2.5	3	4	1	2.6	Ⅲ	5	2	3.5	Ⅳ	3.1	Ⅲ
위! 위! 위!	4	5	1	1.5	2.8	Ⅲ	1	2	1.5	Ⅱ	2.2	Ⅱ
응애	1.5	2	1	3	1.8	Ⅱ	2	2	2.0	Ⅱ	1.9	Ⅱ
작은 조각 종이	2.5	5	1	4.5	3.2	Ⅲ	3+5/2	4	3.8	Ⅳ	3.5	Ⅳ
작은 집 창가에서	1.5	1	1	0.5	1	Ⅰ	1	1	1	Ⅰ	1.0	Ⅰ
잠깐!	3.5	2	1	1	1.8	Ⅱ	5	2	3.5	Ⅳ	2.7	Ⅲ
정글	2.5	3	1	1	1.8	Ⅱ	3	3	3.0	Ⅲ	2.4	Ⅱ
제자리에	1.5	2	1	2.5	1.7	Ⅱ	1	2	1.5	Ⅱ	3.2	Ⅲ
줄다리기	3.5	4	1	0.5	2.2	Ⅱ	5	2	3.5	Ⅳ	2.9	Ⅲ
지구촌 한가족	1.5	2	1	0.5	1.2	Ⅰ	4	3	3.5	Ⅳ	2.4	Ⅱ
집에 갈 시간	1.5	1	1	1	1.1	Ⅰ	1+4/2	2	2.3	Ⅱ	1.7	Ⅱ
추수감사	1.5	2	1	2.5	1.7	Ⅱ	4	3	3.5	Ⅳ	2.6	Ⅲ
축하하세	3	2	1	2.5	2.1	Ⅱ	5	2	3.5	Ⅳ	2.8	Ⅲ
치우는 시간	3.5	3	2	1	2.3	Ⅱ	2+4/2	2	2.5	Ⅲ	2.4	Ⅱ
친구와 헤어질 때	2.5	1	3	0.5	1.7	Ⅱ	5	3	4.0	Ⅳ	2.9	Ⅲ
친구하고	3.5	3	2	4	3.1	Ⅲ	4	4	4.0	Ⅳ	3.6	Ⅳ

(계속)

노래 제목	곡조의 난이도 지수						노랫말 난이도 지수				전체 난이도	
	음 역	음 정	리 듬	형 식	평균 합계	난이도	노랫말	어 휘	평균 합계	난이도	합계 평균	난이도
크고 큰 우주…	1.5	2	1	4.5	2.2	II	3+4/2	3	3.3	III	2.8	III
토끼 보는 날	3.5	5	1	2.5	3.0	III	5	4	4.5	V	3.8	IV
튼튼한 집	2.5	3	3	2	2.6	III	5	2	3.5	IV	3.1	III
튼튼해지려면	1.5	3	4	1.5	2.5	III	1+4/2	2	2.5	II	2.4	II
팝콘 만들기	1.5	4	1	0.5	1.7	II	5	3	4.0	IV	2.9	III
팽이	3.5	3	4	2.5	3.2	III	5	3	4.0	IV	3.6	IV
한 몸	1.5	2	1	1	1.3	I	1	2	1.5	II	1.4	I
할 수 있죠	1.5	1	1	1	1.1	I	1	2	1.5	II	1.3	I
해바라기	3	2	2	0.5	1.8	II	2	3	2.5	III	2.2	II
형님반에 간다네	5	3	1	2.5	2.8	III	5	5	5.0	V	3.9	IV
흔들흔들	4	5	4	1.5	3.6	IV	1+4/2	2	2.3	II	3.0	III

2) 주제에 따른 노래 선곡

교육과정 안에서 생활 주제에 따른 활동으로 노래를 선곡하게 되는 경우에는 곡조보다는 노랫말의 주제와 내용에 의존하게 되는 경향이 있다. 노랫말에 의존하다 보면 노래의 심미감을 느낄 수 있는 다른 요소들이 배제될 가능성이 있기 때문에 다음과 같은 점에 유의하도록 한다.

첫째, 노래를 선곡하고 계획할 때 노래의 난이도를 함께 고려한다. 주제에 맞는 노래일지라도 곡조의 요소들이 유아들이 부를 수 있는 음역, 음정, 리듬, 형식 등에 비추어 적절한지 확인해 보아야 한다. 만약 노랫말은 주제에 맞지만, 곡조의 요소들이 유아의 발달에 맞지 않는다면 곡조의 요소를 난이도에 맞게 조정하거나 난이도가 적절한 곡조를 가진 다른 노래를 선택하여 노랫말을 바꾸어 부르는 것도 하나의 방법이다.

둘째, 주제에 따라 노래를 분류하게 될 때 어느 주제에도 속하지 않아 선정되지 못하는 노래들이 있는지 살펴본다. 예를 들어, '실로폰을 쳐보자'라는 노래는 제목이나 노랫말의 내용상 특정 생활 주제와 직접적인 연관이 없다. 이와 같이 유아들과 함께 음악적 개념을 탐색하거나 음악적인 심미감을 경험하기 위한 노래들은 생활 주제 때문에 선택에 제한을 받지 않도록 한다. 비슷한 맥락에서 유아들의 기분이나 정서, 성품 등을 다룬 노래들은 특정 생활 주제에 속하지는 않지만 주제와 상관없이 늘 부를 수 있는 노래들이다. 이러한 노래들은 생활 주제와 일치하지 않더라도 교육과정 속에서 적절하게 사용되도록 한다.

셋째, 주제에 따라 분류되어 특정 시기에만 어떤 노래들을 부르게 되는 경우가 있다. 그러나 그 주제를 다루는 시기가 지났을지라도 이미 배운 노래를 다양하게 불러볼 때 유아들은 노래 부르기를 즐길 수 있고, 이미 익숙해진 노래 안에 담긴 음악적 요소들을 더 깊이 경험할 수 있으므로 특정 시기에 국한하지 말고 다양한 노래 부르기 활동으로 발전시킬 수 있는 가능성을 열어둔다.

넷째, 같은 노래라도 노랫말에 따라 다른 생활 주제에도 부를 수 있는 노래들이 있다. 예를 들어, 노래 '무엇일까?'의 노랫말은 다양한 악기의 모양과 음색을 탐색하기 위한 것이지만 노래 게임처럼 사람이나 동물, 물건 등에 대한 노랫말로 바꾸어서 부를 수 있다. 이러한 노래들은 노랫말의 2절을 만드는 것처럼 원곡의 노래를 변형시키지 않으면서 다양하게 부를 수 있는 곡들이다. 물론 노랫말을 의도와 다르게 변형시켜서 노래가 만들어진 본래의 의미를 가리는 일은 없어야 할 것이다.

위의 사항들을 고려하여 생활 주제별로 노래들을 분류해 보면 표 3-12와 같다. 그리고 한 노래가 특정 주제에만 속하지 않는 경우나 같은 노래를 다양한 맥락에서 부르게 되는 경우를 생각하여 다음과 같이 분류하였다.

- A : 노랫말이 담고 있는 내용이 생활 주제와 직접 연관이 되는 경우이다. 예를 들어, 노래 '게'는 게의 움직임을 표현한 노래이므로 주제가 동물일 경우에 부를 수 있다.
- B : 노랫말이 직접적으로 제시하지는 않더라도 그 안에 내포된 내용이나 곡의 분위기에 따라 다른 주제에도 부를 수 있는 경우이다. 예를 들어, 노래 '게'는 여름에 바닷가에 가서 보게된 게를 연상시킬 수도 있으므로 주제가 계절인 경우에도 노래할 수 있다.
- C : 노래를 다양하게 불러보거나 노랫말을 바꾸어 부르면 다른 주제에도 어울릴 수 있는 경우이다. 예를 들어, 노래 '게'를 부르며 손동작을 만들어 보거나 몸을 사용하여 다르게 움직여 보도록 하면 신체를 탐색할 수 있는 기회가 된다. 또한, 전이시간에 이 노래를 이용하여 모두 게가 되어보기로 하고 '한 마리, 두 마리, 세 마리…' 대신 '진영이, 수연이, 지현이…'와 같이 노랫말을 바꾸어 부르면 유아가 다른 장소로 이동하는 것을 도울 수 있다.
- D : 특정 생활 주제와는 직접적인 관련이 없지만 주제와 상관없이 언제나 부를 수 있는 곡이다. 예를 들면, '기쁨을 주는 생일'처럼 일년 내내 생일이 있을 때마다 부르는 노래나 '꾹 참았네'처럼 생활 주제와 상관 없이 유아들의 생활이나 감정 등을 다룬 노래들이 여기에 속한다.

표 3-12 생활 주제별 노래 부르기

노래 (가나다순)	유치원과 친구	나와 가족	우리 동네	동식물과 자연	건강과 안전	생활 도구	교통 기관	우리 나라	세계 여러 나라	환경과 생활	계 절
감사합니다		A									B
게	C	C		A							B
공작새				A		B					B
괜찮아	A	B			B					B	
꼬마 산타	B		B		B			B	A	B	B
꽃샘바람	B	B	B	A				B		B	A
꽃씨심기	C	A		A	B	B				B	A
꾹 참았네	A	C	D	D	B	B	D	D	D	B	D
귀여운 삼보	B	B		B	B				A	B	
기다려 줄께	A	B	D	D	B	D	D	D	D	B	D
기쁘게 기다려	C				B	B		B		B	A
기쁨을 주는 생일	A	A	D	D	B	D	D	D	C	B	B
기차			B			B	A	B		B	B
김장				A	B	B		A		B	A
나는 너에 대해…	A	B	D	D	D	D	D	D	B	D	D
나는 믿어요	D	B	D	D	A	D	D	D	D	D	B
나는 친구가…	A	A	D	C	D	C	C	D	B	C	C
나의 손으로	A	A	D	D	A	B	D	D	D	B	D
나팔꽃			B	A				B		B	A
낙엽			B	A				B		B	A
낙엽을 밟으며			B	A	B	B				B	A
내 마음도 콩콩콩	A	B	D	D	B	D	D	B	B	B	C
내 마음이 기쁘…	A	B	D	D	B	B	D	D	B	B	C
다시 살아나셨죠				B					B	B	A
단 하나뿐	A	A	D	D	D	D	D	D	D	D	D
달팽이 미끄럼	B	D	B	D	A	A	D	D	D	D	D

(계속)

노래 (가나다순)	유치원과 친구	나와 가족	우리 동네	동식물과 자연	건강과 안전	생활 도구	교통 기관	우리 나라	세계 여러 나라	환경과 생활	계 절
닭				A	B						B
따뜻한 장갑	B	B			A	B				B	A
동네 견학			A	C	B	B		B		C	C
동물들의 악기…	B	D	D	B	D	A	D	D	D	B	B
동산 가는 길	A	D	B	B	B	D	D	D	D	A	A
돛단배					B	B	A		B	B	B
들어주세요	A	A	D	D	D	D	D	D	D	D	D
들짐승을 집에서…				A	A					B	
딩딩딩			B		A		A			B	
모두 함께 축하해						B			C		A
무섭지않아	B	A		B	B						
무엇일까?	C	C	C	C	C	A	C	C	C	C	C
물고기 두 마리…				B						B	A
물놀이					B					B	A
물에 뜰까?						A				B	B
민속의 날					B	B		A			B
바닷가에서		B			B						A
봄		B	B	A	B					B	A
봉숭아			B	A		B		B			A
발바닥 밟기	B	A	D	D	B	C	C	D	C	D	D
비행기			B	B			A		B		
산타 할아버지…						B	B		B	B	A
소리나는 편지			B	A		B					A
송편					B	B		A		B	B
숲 속 친구들	B	D	D	A	A	D	D	D	D	B	D
시소	A	D	B	D	B	A	D	D	D	B	D

(계속)

노래 (가나다순)	유치원과 친구	나와 가족	우리 동네	동식물과 자연	건강과 안전	생활 도구	교통 기관	우리 나라	세계 여러 나라	환경과 생활	계 절
신나는 캠프	A				B	B				B	B
실로폰을 쳐보자	A	B	D	D	B	B	D	D	B	B	D
어디에서 왔나	B						A		A		
어린이 날		A									B
언제나 감사	B	B	D	D	A	D	D	D	D	A	A
옛날 이야기		A									
요리하는 날	B	B	D	D	A	A	D	B	B	B	B
용기있는 아이	D	A	D	D	B	D	D	D	D	D	D
우리들의 마음…	B	B	D	D	B	D	D	A	A	B	B
우리 유치원	A	D	B	D	B	D	D	B	D	B	D
우리 친구	A	D	D	D	D	D	D	D	B	B	D
운동회	B	B			A	B		B		B	B
유치원에서	A		C	C	B	B		B		B	B
위! 위! 위!	B	B	A	B	B	B	B	B	B	B	B
응애		A			B						
잠깐	A	D	D	D	B	D	D	D	D	C	D
정글	B			A	B				B	B	B
제자리에	A	D	D	D	B	B	D	D	D	A	D
줄다리기	B	B		B	A	B		B		B	B
작은 조각 종이	B	D	D	B	B	A	D	B	D	B	B
작은 집 창가에서	B	B	B	B	B	B	C	B	B	B	B
지구촌 한가족	B	B							A		
집에 갈 시간	A	D	B	D	B	B	B	D	D	B	B
추수 감사			B	B	B	B			B	B	A
축하하세						B			B	B	A
치우는 시간	A	B	D	D	B	B	D	D	D	B	B

(계속)

노래 (가나다순)	유치원 과 친구	나와 가족	우리 동네	동식물 과 자연	건강과 안전	생활 도구	교통 기관	우리 나라	세계 여러 나라	환경과 생활	계 절
친구와 헤어질 때	A	D	D	D	B	D	D	D	B	D	B
친구하고	A	B	D	D	B	D	D	D	D	B	B
크고 큰 우주…	B		B	B				B	B	B	B
토끼 보는 날	B		B	A	B					B	B
튼튼한 집	B	B	B	B	A	A	D	D	D	B	B
튼튼해지려면	B	B	D	D	A	D	D	B	D	B	B
팝콘 만들기	B			B	B	B			B	B	B
팽이					B	B		A		B	B
한 몸	B	A			B			B	B	B	
한 번 다시 일어나	A	B	D	D	B	D	D	B	B	B	B
할 수 있죠	A	A	D	D	B	B	D	D	D	B	B
해바라기			B	A	B					B	A
형님반에 간다네	B										A
흔들흔들	A	A	B	B	B	D	D	D	D	B	B

3. 하루 일과 중 노래 부르기

하루 일과 중 유아가 노래를 부르는 것은 다양한 시간에 다양한 방법을 통해서 이루어진다. 새 노래를 배우기 위해 대집단으로 모이는 시간에 계획된 순서에 따라 진행되는 활동도 있지만, 자유선택활동시간에 음률영역에서 개인적으로 또는 몇 명의 유아들이 함께 노래를 부르기도 한다.

1) 자유선택활동시간의 노래 부르기

실내 자유선택활동시간이나 실외 놀이와 같이 대집단으로 모이지 않는 시간에 유아가 개인적으로 또는 친구들과 함께 노래를 부르는 경우가 있다. 친구가 부르는 노래를 따라하게 되기도 하고 배경음악으로 들리는 노래를 듣고 따라 부르는 경우도 있다. 배경음악은 유아들이 의식 또는 무의식적으로 반복해서 듣게 되어 노래를 자연스럽게 배울 수 있는 기회를 제공한다. 이처럼 유아들은 등원 시, 간식시간 또는 놀이시간 등 다양한 활동을 하고 있을 때 배경음악으로 들리는 노래에 익숙해지게 된다. 또한 다른 유아가 노래 부르는 것을 듣거나 교사가 일상생활 중에 자연스럽게 불러주는 노래는 유아들이 따로 노래를 배우는 시간을 갖지 않고도 노래를 배울 수 있는 통로가 된다.

> 노래지도를 할 때 배경음악을 사용하는 것이 정말 효과적이라는 것을 난 요즘 실감하고 있다. 3월 말 급식이 시작됨과 동시에 점심시간에 동요를 들려주었다. 처음에는 그냥 듣던 유아들이 조금씩 따라부르더니, 드디어 오늘 우리 반 최고 개구쟁이 J가 급식을 먹다가 날 부르는 것이 아닌가? 그래서 가봤더니 "선생님, 노래가 잘 안 들려요. 좀 크게 틀어주세요."라고 말하는 것이었다. 난 그 말에 괜히 감동받아서 얼른 좀 더 크게 틀어주었다. 또 우리 반에서 유난히 집중을 잘 못하는 E 옆에서 급식을 먹었는데, 다음 트랙으로 넘어가는 과정에서 잠깐 쉬는 그 순간에 E가 다음 트랙의 첫 마디를 부르는 것이 아닌가? 내가 너무 놀라워하며 칭찬하자, 본인이 더 놀란 듯 쑥스러워하였다. …
>
> -유치원 교사 H의 글-

실내 자유선택활동시간에 유아들이 시간을 보내는 쌓기 놀이영역이나 역할놀이영역 등과 같은 다양한 흥미영역에서도 노래 부르기가 이루어진다. 유아가 놀이를 하면서 놀이와 관련이 있거나 생각나는 노래를 부르기도 하고, 유아의 놀이를 보고 연상된 노래를 교사가 불러주기도 한다. 유아들이 혼자 노래를 부르는 것은 유아기의 노래 부르기 발달에 여러 가지 의미를 가져다 준다. 다른 유아와 함께 노래를 부를 때보다 혼자서 노래를 부를 때 유아가 더 정확한 음으로 노래를 부르는 경우가 있다(Goetze, 1989). 그러므로 자유선택활동시간 등의 여러 시간에 혼자 노래해 보는 충분한 기회를 가짐으로써 자신의 목소리로 만들어 내는 음정을 스스로 들어보는 경험을 해보는 것은 매우 중요하다. 때로는, 유아가 즉흥적으로 노래를 만들어 부르기도 하는데, 이때 교사가 그 노래에 반응해 주거나 노래를 발전시켜 주면 유아가 창의적인 노래를 만드는 데 격려가 된다.

2) 주의집중/전이활동시간을 이용한 노래 부르기

다른 활동을 위하여 모여 있을 때에도 노래 부르기는 유아들의 주의를 집중시키거나 다른 활동으로 전이되는 시간에 사용될 수 있는 좋은 활동이다.

■ **아는 노래 부르기** : 이미 배워서 알고 있는 노래를 다시 불러보는 것도 짧은 시간을 이용하여 할 수 있는 효과적인 활동이다. 전날 배웠던 노래를 다시 한 번 불러보거나, 노랫말을 바꿔서 불러보는 활동 등이 그 예이다.

■ **노래를 게임으로 해보기** : 노래 속에 담긴 노랫말이나 리듬 패턴을 사용하여 다른 점 찾아보기나 빠진 것 알아내기 등의 노래 게임은 약간의 긴장감을 더해주기 때문에 주의 집중의 역할도 하면서 노래에 대한 흥미도 증진시킬 수 있다. 또한 전이시간에 다른 곳으로 이동할 때 노랫말 중 적절한 부분에 유아의 이름을 넣어 주면, 유아가 노래에 귀를 기울이게 되고 다른 활동 또는 장소로 순조롭게 이동할 수 있게 된다. 예를 들어, 노래 '게'에 '한 마리…' 대신 유아의 이름을 넣어 부르면 이름을 들은 유아가 이동하는 게임 등이 이에 속한다(노래의 예 78).

■ **악기 탐색하며 노래하기** : 음률영역에 새로운 악기를 내주었을 때, 악기의 바른 사용법을 설명하면서 노래를 함께 부른다. 노래를 부르며 교사가 악기를 연주한 후에 악기의 이름과 다루는 법을 이야기 해주면 유아들이 음률영역에서 악기를 연주하면서 노래를 부르는 데 모델링이 된다.

■ **시간을 알리는 노래** : '주변을 정리하는 시간'이나 '집에 갈 시간'처럼 어떤 활동의 시작이나 끝을 알려주는 노래들은 유아들이 노래를 듣고 하던 활동을 정리하거나 다음 활동으로 이동하는 것을 수월하게 한다.

♬ 노래의 예 78 ♬

전이 시간에 부를 수 있는 노래

게

작사/곡 김진영

* 주 : 노래의 쉬운 이해를 돕기 위해 원곡을 다장조로 옮겨 그렸음

3) 대집단활동시간에 노래 부르기

노랫말이 담고 있는 이야기나 특정한 개념을 강조하기 위해 새노래를 배워보는 집단활동을 계획하기도 한다. 이러한 경우에는 유아들이 쉽게 알아볼 수 있는 시각자료를 이용하여 노랫말을 전하거나 노랫말이 담고 있는 의미를 이야기로 풀어나가기도 한다. 또한 노랫말만 따로 읊어본다거나 멜로디만 불러보는 등의 과정을 통해서 유아들이 노래에 익숙해질 수 있도록 돕는다. 유아의 집중시간과 흥미도를 고려하여, 노래를 배우고 부르는 활동을 다양하고 재미있게 계획해 볼 수 있다. 상대적으로 길이가 길거나 한 번에 배워서 부르기에 어려운 노래의 경우에는 노래의 일부만 먼저 배워 본다던가, 유아가 일부만 부르고 나머지는 교사가 불러주는 방식 등으로 노래 배우기를 시작하여, 여러 차례 반복해 봄으로써 노러 전체를 부를 수 있도록 계획해 보는 것도 좋다. 또한 대집단활동시간에 노래를 부르는 것이 언제나 '새노래 지도' 시간이나 일정한 패턴을 따르는 정해진 과정처럼 인식되지 않도록 유의하여야 한다.

> 아이들과 함께 지내면서 가장 빈번하게 하는 수업 중의 하나는 아마도 노래 부르기가 아닐까 하는 생각이 든다. 나 역시 일주일에 한 번씩은 대집단 수업에 꼭 빠지 않는 것이 노래 부르기였다. 노래 부르기는 익히 알고 있는 것처럼 다른 수업에 비하여 일정한 형식으로 진행방법이 정해져 있고, 그 방법의 순서대로만 진행하면 진행하는 과정에서 그리 큰 문제가 발생하지 않기 때문에 매우 쉬운 수업 중의 하나라고 여겼다. 하지만 한편으로는 가장 재미없는 수업이기도 하였다. 아이들 역시 처음에는 노래 부르기 수업에 흥미를 보였지만 거의 같은 방법으로 진행되는 수업에 점점 그리 큰 흥미를 보이는 일이 없었다. 뿐만 아니라 어떠한 경우에는 미리 교사가 다음은 무엇을 하자고 할 지 예측하여 "선생님 이제 '라'로 불러요.", "선생님, 우리가 처음 부를게요. 선생님이 나중에 부르세요."하고 말하며 자신들이 수업을 진행해 나가기도 하였다. 또한 내가 수업으로 선택한 노래들의 대부분은 생활 주제에 맞추어서 노랫말에 주제와 관련된 단어 하나만 들어 있어도 매우 적합한 노래라고 혼자 착각하며 선택하였기 때문에 그로 인한 실수도 많았다... 이번 노래 부르기 수업을 하며 계속해서 들었던 아쉬운 점은 노래의 종류에 따라 각각 다르게 지도할 수 있었는데 항상 같은 방법으로만 수업을 진행하였다는 것이다. ...
>
> -유치원 교사 P의 글-

교사 P의 글에서 읽을 수 있는 것처럼 정해진 패턴의 노래지도는 다양한 방법으로 활동을 진행해본 경험이 없는 교사에게 무난하게 여겨질지는 모르나 자칫하면 지루한 시간이 될 수 있다. 그러므로, 노래의 특성을 반영하거나 유아들의 흥미와 발달단계를 고려하여 다양하게 노래를 배우고 불러보는 방법을 모색해야 할 것이다.

> 초임 교사 시절에는 틀에 박힌 노래지도방법조차 쫓아가기 버거웠었고 다른 어떤 교수법에 대한 생각을 할 겨를이 별로 없었던 것 같다. 노랫말을 소개하는 것도 멜로디를 익혀 주는 것도 어려웠다. 또한 곡 선정도 옆반 선생님이 가르치는 노래를 그대로 따라하는 경우도 많이 있었던 것 같다… 하지만 이제는 다양한 동요에 관심을 가지려고 노력하고 있다. 그리고 노래지도 시 다른 방법을 적용해 보기도 한다. 예를 들어, 노래 전체를 무작정 들려주고 기억나는 노랫말을 맞추어 보게 하는 것이다. 또 다음에 들을 때는 자신이 바르게 들었는지를 생각해 보게 하고, 미처 듣지 못했던 노랫말을 다시 듣게 한다. 이렇게 몇 번만 하게 되면 노랫말을 좀 더 쉽게 익히고 여러 번 듣는 동안 멜로디가 귀에 익어 청음 훈련에도 도움이 되는 것 같았다. 그 다음 멜로디나 가사를 붙여서 부를 때 잘 모르는 유아는 허밍으로 따라하게 하면 좋아하였다. 또 다른 방법은 노래의 멜로디를 뺀 리듬을 따로 읽어보는 것이다. 그런 후에 노랫말을 그 리듬대로 읽어보고 노래를 부르면 정확한 음길이로 부르는 것을 볼 수 있었다. …
>
> -유치원 교사 K의 글-

노래를 부르며 함께 할 수 있는 다른 다양한 활동들도 생각해 볼 수 있다. 노래를 게임으로 만들어서 해보거나 동극에 노래를 섞어 노래극처럼 해보는 것도 노래 부르기를 즐겁고 흥미롭게 하는 활동이 된다. 노래 부르기는 음률활동의 다른 영역인 악기 연주, 듣기, 동작, 창작 등의 활동과 통합하여 이루어 질 수 있다. 이를 간략히 정리해 보면 노래 부르기는 음률활동의 다른 영역들과 다음과 같은 다양한 방법으로 통합된다.

■ 악기 연주

- 목소리나 타악기를 이용하여 노래의 리듬을 맞추기
- 노랫말로 연상되는 소리를 다양한 악기의 음색을 사용하여 연주하기
- 건반악기를 사용하여 노래의 쉬운 멜로디를 연주하거나 간단한 반주를 함께 하기

■ 듣 기

- 다양한 목소리(남성/여성, 솔로/듀엣/합창)로 부른 노래를 듣고 다른 점 찾기
- 멜로디 듣고 무슨 노래인지 맞추기
- 다른 악기의 반주로 된 노래를 듣고 느낌이 어떻게 달라지는지 이야기하기
- 노래 듣고 그림이나 언어로 느낌을 표현하기

■ 신체표현활동

- 노랫말을 표현하는 간단한 동작을 손과 손가락을 사용한 다양한 손동작의 형태로 표현하기

• 노래에 맞추어 걷기나 달리기와 같은 기본 동작 표현하기
• 노랫말에 맞추어 짝이나 원대형으로 움직이기
• 노래 속에 담긴 음악적인 요소들을 몸으로 느끼고 표현하기
• 스카프나 리본 등과 같은 도구를 사용하여 노래를 몸으로 표현하기

■ 창 작

• 노랫말 바꿔 부르기
• 간단한 노랫말을 만들어 보기
• 간단한 멜로디 패턴을 만들고 노랫말 붙여 보기

4) 다른 활동시간에 통합된 노래 부르기

노래 부르기는 음률활동시간뿐 아니라 다른 활동시간에 통합되기도 한다. 노랫말이 다른 영역의 활동 내용과 관련되어 있어 노래를 부르면 다른 활동에 대한 흥미를 증진시키는 역할을 하게 된다. 이 경우에 노래는 다른 활동을 위한 보조적인 수단처럼 쓰이게 되기 때문에 노래 중심의 활동이 되기보다는 다른 영역 중심으로 이루어지면서 자연스럽게 노래를 부르게 되는 경우가 많다.

때로는 다른 활동을 하면서 노래 속에 담긴 음악적인 요소들이 강화되기도 한다. 예를 들어, 뜨고 가라앉는 물체에 대한 과학 활동을 하면서 노래 '물에 뜰까?'를 부르면, 노래가 활동을 돕는 역할을 하기도 하지만 동시에 물에 뜨는 모습과 가라앉는 모습이 음높이의 높고 낮음을 시각적으로 표상해 주는 역할을 한다(노래의 예 79). 그러므로 물체를 들고 노래를 부르면서 '물에 뜰까?' 부분에서는 손을 높이 들었다가 '가라앉을까' 부분에서는 손을 아래로 내리면 음높이가 달라짐이 시각적으로 나타나게 된다. 이렇게 다른 영역의 활동과 통합하는 노래를 부르기 위한 자료는 따로 만드는 것보다 다른 활동에 사용된 자료들을 사용하면 된다. 예를 들어, 노래 '물에 뜰까?'를 부를 때에는 물이 담긴 투명한 용기와 뜨거나 가라앉는 다양한 물체들을 노래자료로 동시에 사용한다. 요리활동을 하면서 요리에 관한 노러를 부르는 경우에는 요리순서도를 노랫말을 전달하는 시각자료로 사용할 수 있다.

다른 활동과 통합하여 부르는 노래의 예

물에 뜰까? (전반부)*

작사/곡 김진영

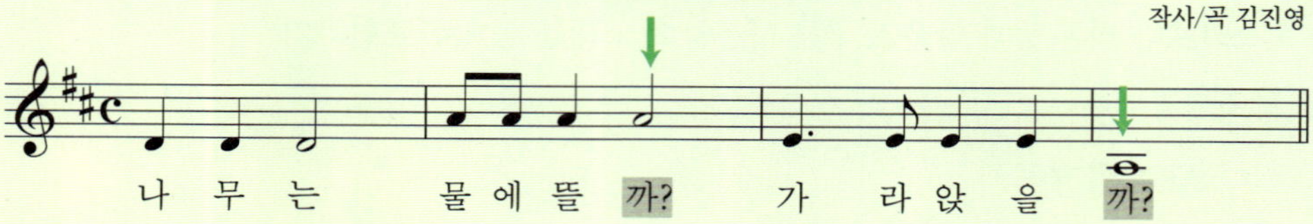

* 주 : 노래의 쉬운 이해를 돕기 위해 원곡의 첫 네 마디만 옮겨 그렸음

다른 활동과 관련하여 부르는 노래의 예

꽃씨 심기(꽃씨 심기 활동)
낙엽을 밟으며(낙엽을 밟아보는 활동)
무엇일까?(소리나 모양을 탐색해 보는 활동)
물에 뜰까?(물에 뜨거나 가라앉는 물체 탐색활동)
송편(송편 만들기 요리활동)
요리하는 날(요리활동)
팝콘(팝콘을 만들어 보는 활동)

4. 노래를 위한 환경

음악적인 환경이 유아들의 음악발달에 미치는 영향에 대해서는 많은 연구들에서 이미 밝혀진 바 있다(김인실, 1997; 신주현 외, 2004; 윤선희, 2001; 정혜선 외, 2008). 때로는 유아의 연령과 같은 내적 요소보다도 음악적인 훈련 등과 같은 환경적 요소가 유아들의 음악적인 기술의 발달에 더 큰 영향을 미치기도 한다(Miller, 1990). 노래를 위한 환경은 다음과 같은 물리적 환경과 사회적 환경을 포함한다.

1) 노래 부르기를 위한 물리적 환경

자유선택활동시간에 유아들이 자유롭게 노래 부르는 것을 돕기 위해서는, 음률영역이 적절하게 제공되어야 한다. 음률영역은 유아들이 자유롭게 노래를 부르고 몸을 움직이거나 악기 연주를 할 수 있도록 허락된 공간이다. 그러나 공간 자체가 유아들이 노래를 부르도록 격려하는 것은 아니다. 유아들이 자유선택활동으로 노래 부르기를 선택하려면, 그것을 가능하게 하는 공간 이상의 환경이 제공 되어야 한다. 노래 부르기를 포함한 다른 음률활동을 위해서 고려해야 할 음률영역의 물리적 환경구성은 다음과 같다.

- **건조하고 활동적인 위치** : 일반적인 흥미영역구성의 원리를 고려하여 배치한다면 음률영역은 악기를 사용하는 곳이므로 건조한 곳에 위치하여야 한다. 또한 유아들이 노래를 부르거나 악기를 연주할 때 발생하는 소음 정도를 고려하여 활동성이 보장되는 곳에 음률영역을 배치한다.
- **독립적이고 여유 있는 공간** : 다른 영역과 분리된 경계를 가진 공간을 제공하여 유아들이 노래 부르기를 원할 때 개인적으로 이용할 수 있도록 한다. 동시에 다른 유아들과 함께 노래를 부르면서 악기 연주를 하거나 몸을 움직일 수 있도록 여러 명의 유아들이 들어갈 수 있는 충분한 공간을 마련한다.
- **적절한 악기제공** : 유아들은 악기가 만들어내는 소리에 천성적으로 흥미를 보이며 자유로운 탐색을 통해 악기에 대해 많은 것을 배우게 된다. 또한 노래를 부르면서 악기를 연주하는 경험은 음색, 음높이, 멜로디, 리듬 등의 개념 이해와 발달을 돕게 되므로 아름다운 소리를 내는 악기들을 포함하는 환경이 제공되어야 한다(Moorhead & Pond, 1978; Shelley, 1981).
- **적절한 기자재 사용** : 유아들의 노래 부르는 활동을 도울 수 있는 도구들을 제시한다. 이를테면, 동요 음반을 들을 수 있는 플레이어, 음량을 조절할 수 있는 마이크, 바른 자세로 노래하는 모습을 스스로 체크해볼 수 있는 거울 등이 필요하다. 음반 플레이어는 유아들이 도움 없이도 스스로 사용할 수 있도록 색깔 스티커를 각 버튼에 붙여준다.

  [예] 틀기- 초록, 멈추기-빨강, 되감기-노랑
- **화보나 그림 제공** : 음률영역의 벽면에는 바른 자세로 노래하는 모습 등과 같은 그림이나 화보를 붙여준다.
- **교수자료 제공** : 새노래 지도에 사용되었던 시각자료를 음률영역에 제시해 주면, 유아들이 노랫말을 기억하여 노래를 부르는 데 도움을 준다. 또한 다른 색깔로 음높이를 표시한 악보나 노래의 리듬 패턴을 만들어 보는 자료 등도 유아가 노래를 부르며 악기 연주를 다양하게 해 볼 수 있는 통합적인 활동을 가능하게 한다.

2) 노래 부르기를 위한 사회적 환경

유아교육 현장에서 노래나 음악적인 활동을 해본 유아들이 그렇지 않은 유아들보다 노래를 흥얼거리거나 리듬을 만들어 내는 빈도가 더 높은 것으로 나타난다(Forrai, 1997). 이것은 물리적 환경뿐만 아니라 노래활동을 통한 학습의 기회활동 가운데 유아가 노래를 즐겨 부르도록 격려받을 수 있는 사회적 환경이 함께 조성되어야 함을 의미한다. 교사가 제공하는 사회적인 환경의 예는 다음과 같다.

- 음악적 환경을 만드는 교사의 자질 : 유아의 발달수준, 흥미, 요구 등을 파악하기 위한 시간과 노력을 투자하고 그것을 반영하여 음악적 경험을 계획하고 활동을 제공하는 것, 유아의 고유한 학습 방식과 속도를 인식하여 그에 맞는 다양한 기회를 제공하는 것 등은 유아들의 노래 부르기를 격려하는 교사의 자질이다(McDonald & Simons, 1989).

> 사람은 즐거울 때, 슬플 때, 기쁠 때, 허전할 때 노래를 듣거나 부른다. 그 이유를 여러 가지로 이야기하지만 노래 부르기나 듣기 또한 자신의 감정을 표현하며 정화, 승화시키는 일련의 자기 표현이기 때문이 아닐까? 그런 의미에서 초창기 유아교사로서 아이들에게 자신의 감정을 실어 부를 수 있는 노래지도를 제대로 하였었나 되돌아보게 된다. 노래지도를 위해 실행했던 형식적인 방법들이 모든 노래에 동일하게 적용하기에는 무리가 있음을 실제에서 경험해 보았다. 무표정하게 억지로 소리 내고 있는 아이들의 모습들에서 이것이 과연 일방적으로 노래라는 것을 주입시키기 위함인지, 정말 노래의 즐거움을 느끼게 하기 위함인지 교사 스스로도 회의가 들며 능력이 모자람을 아이들에게 미안해 하기도 하였다. 그러면서 언제 부턴가 한 음절만으로 노래 지도하는 방법을 중간생략하며, 정해진 방법대로의 지도, 즉 도입, 노랫말 소개, 멜로디 듣기, 함께 불러보기 등은 가능한 짧게 진행하게 되었다. 노래를 가르치는 시간을 줄이고 즐기는 시간을 늘려보는 방법을 생각하게 되었다. 아이들이 가장 즐거워하는 시간인 산책을 하거나 바깥놀이 시 나가서 함께 걸을 때 기존에 배운 노래 중 부르고 싶은 노래를 아이들과 의논하여 부르며 더불어 새로운 노래를 부르는 반복적인 활동을 통해 즐기면서 자연스럽게 익히게 하고 있다.
>
> -유치원 교사 L 의 글-

- 노래를 즐겨 부르는 태도 : 자신의 음악적인 적성이나 능력에 관계없이 유아들과 함께 노래 부르기를 즐기며 음악적 행동의 모델링을 제공하는 것은 유아들이 관찰적 학습을 통해 배우게 되는 노래에 대한 태도이다.

> 노래 부르는 것은 나에겐 정말 힘들고 괴로운 일이다. 유치원 교사를 하면서 가장 힘들었던 부분이기도 하다. 노래 부르는 것 자체가 자신 없고, 그러면서 자연스럽게 노래 부르는 것 자체를 좋아하지 않게 되었다. 전에 이런 이야기를 들은 적이 있다. "선생님 반 아이들은 노래를 많이 안 부르는 것 같아요!"… 난 아이들에게 너무나 미안하고 부끄러웠다. 내가 노래 부르는 것 자체를 좋아하지 않고, 그로 인해 노래 부르는 활동도 다른 반에 비해 많이 하지 않았다는 것을 알게 되었다. 그때부터 난 평소보다 더 많은 음악을 들려주고, 노래도 많이 부르며, 음악활동도 더 많이 계획해 활동하였다. 그러자 아이들도 점차 노래를 많이 부르게 되었고, 그 변화를 눈에 띄게 알 수 있었다. 그만큼 교사의 역할이 중요하다는 것을 실감했다.…

-유치원 교사 J의 글-

■ 노래를 격려하는 자세 : 유아가 노래를 부를 때, 언어로 격려해 주는 등 긍정적인 강화를 해 주는 것은 유아들이 다시 노래를 즐겨 부를 수 있게 하는 동기유발이 된다. 또한, 유아의 행동에 대하여 말로 이야기하는 대신에 노래를 사용하는 것도 또 다른 형태로 노래를 격려하는 것이다.

> 얼마 전 우리반 아이들이 주먹질을 하며 싸워 속상한 일이 있었다. 너무 속상한 마음에 반 전체를 불러놓고 왜 친구를 때리면 안되는가에 대하여 잔소리를 잔뜩 늘어놓고, 친구에게 화가 나는 일이 있으면 때리지 말고 어떻게 해야겠냐고 물어보았다. 여기 저기서 '다음부터 그러지 마라'라고 대답하였다. 몇몇은 '다음부터 그러지 마라'라고 노래를 불렀다. 나름 많이 속상해했던 나는 금세 웃음을 터뜨리며 화낸 것이 무색해졌다. 그동안 아이들에게 열심히 노래를 가르쳐도 생각만큼 잘 되는 것 같지 않았는데, 의외의 상황에서 노래 배우기 활동이 빛을 발했다 '꾹 참았네'는 교훈적인 노래의 목표를 실현시켜준 노래였다. '친구를 때리지 말고 말로 표현하자'라는 잔소리를 음악으로 표현할 수 있다는 것이 좋은 것 같다.

-유치원 교사 E의 글-

■ 적절한 모델링 : 직접 노래를 부르거나 아름다운 목소리로 녹음된 음반을 들려주는 것도 유아들이 아름답게 노래를 부르도록 격려하는 자극이 될 수 있다.

> 노래 부르기의 지도방법이 획일적이지 않고, 곡마다의 특성을 살려서 다양하게 적용할 수 있다는 것은 정말 맞는 말인 것 같다. 아이들에게 노래지도를 할 때마다 많은 시행착오를 겪기도 하는데, 그를 통해 많이 배우기도 한다. 처음에 노래를 소개할 때 교사가 불러주거나 녹음되어 있는 노래 CD를 들려주기도 하였다. 그런데, '우리들의 마음속에'를 소개하면서 너무 귀여운 유아들의 목소리를 처음

> 들려주었을 때 우리 반 아이들이 살짝 충격에 빠진 듯해 보였다. 너무 귀여웠던 것은 늘 소리를 크게 질러가며 노래를 불렀던 우리 반 아이들이 그 노래를 듣고 나서 갑자기 고운 목소리를 내려고 노래를 조심조심 부르는 모습을 보이는 것이다. 아름다운 노래를 아름다운 목소리로 부르는 우리 반 아이들 때문에 감동받았다고 칭찬을 많이 해주었다. 모두가 고운 목소리를 가지도록 할 수는 없지만, 고운 마음으로 노래를 들을 수 있는 귀를 가질 수 있도록 더욱 노력하는 교사가 되어야겠다.
>
> -유치원 교사의 H의 글-

■ **사회적 분위기 조성** : 교실 안에서 교사가 직접 사회적 환경의 도구가 되기도 하지만 때로는 주변의 다른 사회적 환경에도 영향을 미칠 수 있다. 이를테면 부모회 등을 통하여 유아들이 부르는 노래를 전달하면, 가정에서 유아들이 노래 부르는 경험을 더하게 된다.

> 왜 요새 유아들은 동요를 부르지 않고 그들이 이해할 수도 없는 노랫말을 가진 어른들의 노래를 따라 부르는 것일까? 그 중의 하나가 유아들이 집에서 동요를 부르기보다는 어른들이 보고 듣는 것을 따라하고 있기 때문이라는 생각이 들었다. 유아들이 유치원에서 부르는 동요들을 부모님들이 모르면 집에서 함께 불러주기가 어려울 것이다. 그래서 부모회 시간에 어머니들께 유치원에서 아이들이 부르는 동요 몇 곡을 가르쳐 드렸다. '할 수 있죠' 노래를 불러보고 유아들이 혼자 할 수 있는 일이 어떤 것이 있는가 부모님들께 가사를 바꿔서 불러보시도록 했다. 노래 '내 마음이 기쁘단다'를 부른 후에는 언제 아이들이 부모님 마음을 기쁘게 하는지를 생각하게 한 후 노랫말로 만들어 보도록 했다. 그리고 '친구야' 대신 아이 이름을 넣어 이렇게 함께 노래를 불러보자고 했다. '(아이)야, 나의 (아이)야, 건강하게 잘 자라주어서, (아이)야, 나의 (아이)야, 내 마음이 기쁘단다.
>
> -교사 K의 글-

5. 노래 부르기를 위한 자료

하루 일과의 다양한 활동 속에서 유아들은 노래를 부른다. 그러나 노래를 가르치는 사람이 꼭 교사가 되어야 하는 것은 아니다. 유아들이 노래를 배우게 되는 경로는 다양하기 때문이다. 배경음악으로 틀어 놓은 음반 속의 목소리, 먼저 노래를 알고 있던 다른 유아, 역할놀이 속의 인형들은 물론 유아 스스로도 노래를 가르치는 교사가 될 수 있다. 유아 교사는 기초적인 음악적 개념과 더불어 유아교육과정 속에서 다양하고 역동적인 교수학습적 지식을 습득함으로서 유아들이 노래를 자연스럽게 배우고 즐겁게 부를 수 있는 다양한 환경을 제공하고 활동을 계획해야 한다. 유아들과 함께 활동을 할 때 '어떤 노래를 부를것인가' 만큼 중요한 것은 '노래가 어떻게

♬ 노래의 예 80 ♬

교구를 활용한 자료를 가지고 부를 수 있는 노래

귀여운 삼보(우산, 신발, 저고리, 바지를 덧입힐 수 있는 인형과 호랑이 모형 사용)
비행기(움직임을 보여 주기 위해 비행기 모형 사용)
옛날 이야기(가족의 계보를 나타내 보여주기 위해 할아버지, 할머니, 아빠, 엄마, 나를 나타내는 인형 사용)
웅애(아기 인형 사용)
작은 조각 종이(미술영역의 종이와 크레파스 사용)
정글(노래를 전달하기 위해 동물 모형 사용)
팽이(전통 팽이 사용)

제시되는가'이다. 이를 위해 유아들의 발달을 고려하여 준비된 자료는 노래를 보다 효과적으로 제시하면서 활동을 돕는 역할을 하게 된다.

(1) 교구 활용

유아교육 현장에서 가장 쉽게 노래자료를 구하는 방법은 이미 있는 자료들을 활용하는 것이다. 노래 부르기 활동에 쓰도록 상업적으로 만들어진 자료도 있겠지만, 교실의 다른 영역에서 쓰는 교구들을 노래 부르기 자료로 적절하게 이용할 수 있다. 이를테면, 노랫말의 내용을 전달하기 위해 노랫말에 나오는 구체적인 소재들에 맞는 교구를 사용한다. 역할놀이영역에 있는 가족 인형들을 가져다가 '옛날 이야기' 노랫말에 나오는 가족을 나타내기 위해 사용하거나 노래 '정글'을 부르기 위해 노랫말에 나오는 동물 모형을 가져다가 제시하는 것 등이 그 예이다(노래의 예 80).

(2) 시각자료

노래를 부를 때 사용되는 시각 자료는 주로 노랫말을 전달하기 위해서 사용되는 경우가 많지만, 노래 안에 담긴 음악적인 개념을 표상하기 위해 사용되기도 한다. 그러므로 노래 부르기를 돕는 가장 효과적인 형태가 어떤 것인지 생각하여 이에 적절한 시각자료를 만들어 사용하는 것이 좋다(노래의 예 81) .

- 판을 이용한 자료 : 융판이나 자석판 등과 같은 판에 자료들을 붙이는 것은, 새로운 것이 하나씩 더해지면서 증가되는 느낌을 주고, 전에 붙인 것과 비교해 보게 하거나 다음에 붙일

시각자료를 사용하면 효과적인 노래

공작새(손가락 장갑 이용 : 손등에 공작새 몸통을 만들고 손가락 부분을 꼬리깃털로 만들면 노랫말의 움직임을 표현하기 좋음)
귀여운 삼보(융판/자석판 : 삼보의 옷, 우산, 신발 들을 붙였다 떼었다 할 수 있음)
꾹 참았네(그림 : 노랫말에서 일어난 상황과 표정을 전달할 수 있음)
내 마음이 기쁘단다(그림 : 노랫말에서 일어난 상황과 표정을 전달할 수 있음)
닭(마리오넷트 : 줄을 매달아 만들어 다리, 날개, 목 등을 움직이게 하면, 노랫말에 나오는 닭의 움직임을 표현하기 좋음)
들짐승을 집에서 못 키우는 이유(그림 : 유아들이 그려놓은 그림으로 활용할 수 있음)
숲 속 친구들(손 인형 : 동물의 대화를 두 개의 인형으로 표현할 수 있음)
요리하는 날(융판/자석판 : 노랫말의 요리 재료들을 붙임)
작은 집 창가에서(융판 : 멜로디 패턴을 떼었다 붙였다 할 수 있음)
추수감사(융판 : 노랫말에 따라 과일, 채소, 곡식들을 하나씩 더해감)
축하하세(유아들의 작품 : 성탄목, 별 꾸미기 등의 활동으로 만든 미술 작품을 활용할 수 있음)

것을 예측해 보게 할 수 있다. 그러므로 점점 증가(또는 감소)하는 단어나 내용들로 이루어지는 노래에 사용하면 효과적이다. 노래 '요리하는 날'에서 요리 재료들을 하나씩 붙여 보거나 노래 '귀여운 삼보'에서 삼보가 호랑이에게 빼앗긴 의복을 하나씩 떼어보는 것 등이 그 예이다. 또한, '작은 집 창가에서'와 같이 리듬 패턴이나 멜로디 패턴을 바꾸어가며 다양하게 불러볼 수 있는 노래에도 판을 이용한 자료는 효과적이다.

■ **손인형을 이용한 자료** : 손인형은 입을 열고 닫거나 고개를 끄덕이는 등의 간단한 움직임이 가능하기 때문에 대화형식의 노래에 사용하면 효과적이다. 예를 들어, 노래 '숲속 친구들'를 부르면서 두 개의 동물인형을 양손에 끼고 동물들이 서로 묻고 대답하는 것처럼 제시한다. 마치 인형이 말하는 것처럼 입을 움직이게 만들면 노래에 맞춰 입을 열고 닫는 것이 가능하다. 인형이 걸어가는 것처럼 다리를 움직이게 만들면 노래와 관련된 움직임을 보다 생동감 있게 표현할 수 있다.

■ **그림을 이용한 자료** : 그림동화처럼 종이에 그려진 그림은 노랫말에 나오는 상황이나 표정을 보다 자세히 표현한다. 예를 들어, '꾹 참았네'나 '내 마음이 기쁘단다'의 노랫말과 같이 유아가 놀이하는 상황에서 발생하는 다양한 일을 그림으로 표현해 볼 수 있다. 그림을

보면서 유아들에게 어떤 일이 일어난것 같은지, 왜 그렇게 생각했는지 물어보며, 그림 속의 상황이나 표정을 읽어보도록 격려하면 이야기를 나누는 동안 자연스럽게 노랫말을 전달하게 된다.

위와 같은 형태의 자료를 기본으로 하여, 다양한 시각자료들을 계발해 사용해 보도록 한다. 예를 들어 그림을 이용한 자료라고 할지라도, 그림의 한 부분을 입체적으로 만들거나, 가려놓거나, 칼집을 내고 따로 만든 그림자료를 집어넣어 움직이는 효과를 주는 등 노랫말을 전달하기에 적절한 방법들을 생각해 볼 수 있다. 또한 유아들이 조형활동을 통해 직접 만든 인형이나 그림 등을 활용하면 다양한 시각자료가 되기도 하지만 동시에 유아들의 흥미를 좀 더 증가시키는 효과가 있다.

(3) 동작자료

노래를 동작과 함께 표현하는 경우에 신체 움직임을 돕는 자료를 사용하면 노래의 느낌을 전달하는 데 도움이 된다. 예를 들어, 노래 '낙엽'에서 낙엽이 춤을 추며 내려오는 부분을 표현하기 위해, 하늘거리는 스카프나 리본막대 등과 같이 나풀거리며 내려오는 느낌을 주는 자료들을 찾아서 사용해 본다. 또한, '나팔꽃'의 움직임을 표현하기 위하여 나팔꽃이 펴지는 것과 같은 효과를 내는 자료들을 생각해 볼 수 있다.

신체의 움직임은 귀에 들리는 소리를 눈으로 보는 모습으로 변환시켜주는 역할을 한다. 이때에 동작의 시각적인 움직임과 청각적 소리를 연결시켜 주는 자료를 만들어 사용해 보는 것도 좋다. 예를 들면, 노래 '게'에 맞춰 움직이기 위해 게의 집게 다리모형에 캐스터네츠를 달아서

♬ 노래의 예 82 ♬

신체 움직임을 돕는 자료를 사용하는 노래

게(게 다리 모양의 딱딱한 장갑)
공작새(펼쳐지는 부채 모양의 꼬리)
나팔꽃(펼치면 꽃 모양이 되는 장갑이나 우산)
낙엽(낙엽의 떨어지는 모습을 표현하는 스카프 또는 리본)
닭(팔에 낄 수 있는 닭 날개 모형과 허리에 두르는 꼬리 모양 등)
팝콘(손에 매달아 손바닥에 놓고 위로 던지거나 흔들면 팝콘 튀는 느낌을 살릴 수 있는 자료)
흔들흔들(몸에 달아 놓고 움직일 수 있는 방울띠)

자료를 만들면 집게를 움직일 때마다 캐스터네츠의 딱딱 거리는 소리가 함께 들리기 때문에 노래의 박자에 반응하는 동작과 악기 연주가 동시에 이루어지게 된다(노래의 예 82).

(4) 청각자료

노래 부르기를 돕는 자료로 시각자료만 사용해야 하는 것은 아니다. 노래에 따라 청각자료도 효과적으로 사용될 수 있다(노래의 예 83). 비오는 날 창문을 열어 빗소리를 듣다가 생각나는 비에 관한 노래를 부르게 된다면, 빗소리는 훌륭한 노래 부르기 자료로 쓰여진 것이다. 녹음된 소리를 듣고 그것에 관한 노래를 부르는 것도 마찬가지이다. 또한 노래를 부르며 함께 연주하는 악기들도 노래 부르기 활동을 위한 청각자료 중 하나이다. 청각자료는 노래 부르기 활동 안에서 다음과 같은 역할을 한다.

- **노래를 연상 시키는 동기 부여** : 빗소리나 녹음된 소리를 듣고 그것으로부터 연상되는 노래를 찾아보았던 것처럼, 악기를 연주하여 생각나는 노래를 찾아보도록 하는 것도 가능하다. 예를 들면, 노래에 나오는 멜로디나 리듬 패턴을 악기로 짧게 연주한 후에 어떤 노래인지 알아맞추기 게임을 해보는 것이다.
- **노랫말의 이미지 표상** : 노랫말에 나오는 단어나 이미지를 악기로 표현해 본다. 귀로(개구리), 오션드럼(파도소리), 똑딱블럭(시계, 딱따구리), 모래종이 악기(기차소리)와 같이 직접적으로 연상되는 소리를 담은 악기들을 사용하여 노랫말을 대신할 수도 있지만, 상상력을 발휘하여 다른 소리를 찾아볼 수도 있다. 예를 들어 노래 '낙엽을 밟으며'를 부르며 낙엽 밟을 때 나는 소리와 비슷한 소리를 내는 악기 또는 물건을 직접 찾아보아 사용해 보도록 한다.

♬ 노래의 예 83 ♬

청각자료를 사용하면 효과적인 노래

게(다양한 타악기나 물건으로 리듬을 만들어 연주)
꾹 참았네(노래를 부르며 악기로 강약을 표현)
낙엽을 밟으며(의성어를 다양한 악기나 물건으로 표현)
동물들의 악기 연주(노랫말에 나온 악기의 종류 이용)
동산 가는 길(노래를 반복하며 악기의 수 더해가기)
바닷가에서(노래의 효과 음으로 오션 드럼을 연주)

■ **노래에 맞추어 박자나 리듬을 만드는 도구** : 노래를 부르며 박자에 맞추어 유아들이 악기를 연주하는 것은 유아교육 현장에서 흔히 볼 수 있는 장면이다. 악기로 박자를 맞추며 노래를 부르는 것뿐만 아니라 노래에 따라 다양한 리듬 패턴을 만들어 연주를 해볼 수도 있다. 합창단 옆에서 오케스트라가 연주 하듯이, 노래 부르는 유아들과 그 옆에서 악기를 연주하는 유아들로 집단을 나누어보는 것도 좋다.

■ **노래의 악상을 살려주는 도구** : 악기는 박자나 리듬 연주뿐만 아니라 목소리로 모두 표현할 수 없는 다양한 악상을 표현하는 도움이 되기도 한다. 노래 '꾹 참았네'를 부르며 '쿵'하는 부분에 북이나 심벌즈 등을 한 번 쳐서 악센트를 주고 '친구야 친구야' 부분을 점점 크게(crescendo) 부르면서 긴장감을 더하기 위해 악기를 점점 크게 연주해 보는 것이 그 예이다.

(5) 컴퓨터

컴퓨터 기술을 이용하면 자료를 만들면서 화면에서 완성된 분량을 볼 수 있고 고치는 과정이 쉽기 때문에, 노래자료들을 쉽고 간편하게 만들수 있는 장점이 있다. 간단하게는 글씨 쓰기와 그림 그리기 등의 프로그램을 사용하는 것으로도 노래 부르기를 돕는 자료를 만들어 볼 수 있다. 그러나 실물을 직접 접하는 것이 더 좋은 유아들의 발달단계를 고려한다면, 컴퓨터의 특별한 기능을 사용하여 만드는 자료가 다른 시각자료로 대치할 수 없는 효과를 줄 수 있을 때에 이용하는 것이 좋다. 예를 들면, 움직임의 기능을 이용하거나 유아들의 사진이나 동영상을 저장하여 사용하는 것 등의 특별한 기능을 이용하고자 할 때 컴퓨터는 효과적이다(노래의 예 84).

■ **유아들의 사진이나 작품 등을 사용하여 노래자료 만들기** : 노래자료를 만들 때, 글씨와 함께 그림이나 모양을 이용한 시각자료를 만들어 본다. 이때 유아들이 그린 그림이나 유아들이 노랫말에 맞게 설정된 행동을 하는 것을 찍어놓은 사진을 이용하면 유아들의 흥미를 불러일으킬 수 있다(노래의 예 85).

■ **움직이는 효과를 이용하여 노래자료 만들기** : 파워포인트의 기능을 이용하여 노래자료를 만들면 여러 가지 효과를 사용할 수 있다. 노랫말이나 그림을 노래에 맞춰서 움직일 수 있도록 움직임의 효과를 주는 것 이외에도 그림이 적절하게 들어가고 나가거나 커지고 줄어드는 효과 등을 이용해 본다.

■ **슬라이드 쇼를 이용하여 노래자료 만들기** : 유아들이 만든 작품을 사용하여 슬라이드를 만든 후 노랫말과 함께 노래자료로 사용한다.

■ **동영상을 이용하여 노래자료 만들기** : 유아들이 노래를 부르거나 노래에 맞추어 움직이는 모

♬ 노래의 예 84 ♬

컴퓨터를 사용하여 자료를 만들면 효과적인 노래

게(게가 노랫말에서 나오는 순서대로 등장해서 움직이는 에니메이션으로 표현)
낙엽을 밟으며(유아들이 낙엽 밟는 모습 동영상)
동물들의 악기 연주(악기 소리 음향 효과 녹음)
들짐승(노랫말에 따라 동물들을 크게 확장시키거나 움직이는 효과)
옛날 이야기(가족 사진 슬라이드)
응애(아기의 우는 소리 녹음 효과)
정글(노랫말에 나오는 동물들이 차례로 등장)
팽이(팽이의 돌아가는 모습 효과)

♬ 노래의 예 85 ♬

파워포인트로 자료를 만들어 본 노래의 예

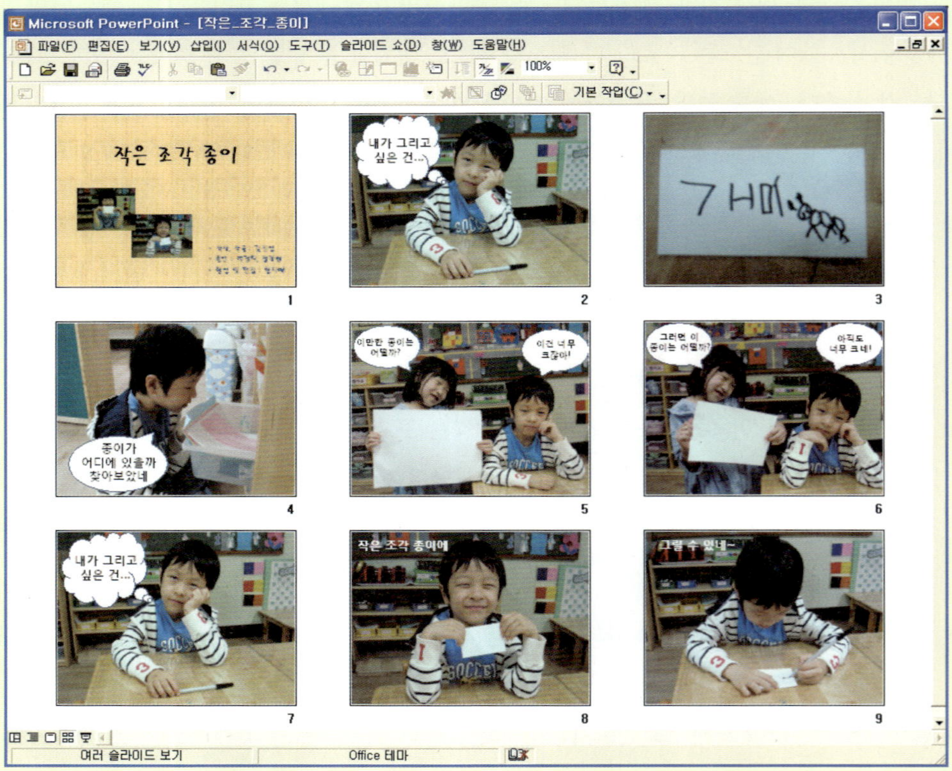

습들을 동영상으로 담아서 저장해 놓았다가 함께 본다.

- **녹음기 이용하여 노래자료 만들기** : 컴퓨터를 사용하여 유아들과 노래를 녹음해 보면 유아들이 자신의 목소리로 녹음된 노래를 들으면서 노래 부르기에 대한 관심이 높아지게 된다.

6. 노래의 통합

1) 통합의 필요성과 한계

통합이라는 단어는 둘 이상의 조직이나 요소들이 하나로 합쳐져 전체를 이루는 것을 뜻하는 것으로 교육에서는 학습자의 생활 경험을 중심으로 학습을 종합하고 통일하는 의미로 쓰인다. 통합교육과정은 정보를 종합하고 주제, 논제, 교과영역 간에 관련성을 찾아 발전시키는 과정으로 유아들에게 다음과 같은 도움을 준다. 첫째, 실생활에서 문제 해결력을 높이기 위해 여러 교과영역에 걸쳐 정보를 종합하고 지식을 전달한다(Nielsen, 1989). 둘째, 다양한 종류의 지능을 가졌거나 다양한 학습 유형(learning style)을 가진 유아들의 다양한 필요와 요구를 골고루 충족시켜 준다(Gardner, 1993).

노래 부르기 또한 통합적인 접근법으로 유아들에게 다가갈 때 다음과 같은 다양한 의미를 가지게 된다.

첫째, 노래와 통합된 다른 활동들을 통해 유아들은 더 풍부한 경험을 하게 된다. 단순히 노래를 부르는 것으로 그치지 않고, 노랫말과 관련된 이야기를 나누거나 다른 영역으로 확장된 활동을 하면서 유아들은 노랫말에 담긴 의미를 더 깊이 생각하게 되고 넓은 지식을 얻게 된다.

둘째, 노래 부르기는 다른 영역의 활동에 즐거움을 더해준다. 다른 영역이 가지고 있지 않은 음악적인 요소들이나 심미감은 다른 활동들을 보다 즐겁게 하고 쉽게 받아들이도록 도와주는 역할을 한다. 다른 교과영역에서 전달하고자 하는 학습 지식을 간단한 멜로디에 넣어 불러 유아들이 쉽게 습득하도록 돕는 것도 그 이유에서이다.

셋째, 통합적인 접근법은 음악 지능을 가지거나 가지지 않은 유아들 모두에게 음악적 효과를 가져온다. 노래를 좋아하거나 잘하는 유아들은 통합적인 활동을 하면서 음악적인 요소들을 즐기며 배우게 될 것이고 그렇지 않은 유아 역시 다른 영역의 요소들과 통합된 노래의 요소들을 보다 쉽게 경험하게 된다.

넷째, 통합적인 접근법은 분리되었던 각 요소들을 다시 하나 되게 하는 역할을 한다. 앞 장에서 나누어 보았던 것처럼, 노래 안에는 박자나 리듬 등과 같이 다양한 음악적 요소들이 들어있다. 유아들의 이해를 돕기 위해 때로는 각 요소들을 분리해서 특정 개념을 강조하여 전달하기도 한다. 그러나 인체에서 각 부분이 분리되어 그 기능을 할 수 없는 것처럼 음악적인 개념들도 분리되어 하나의 음악이 완성될 수는 없다. 따라서 통합된 활동을 통해 유아들은 노래나 음악을 총체적으로 경험하게 된다.

통합적인 활동 안에서 접근하는 경우, 각 교과영역의 내용 지식이나 기술들이 자연스럽게 어우러져 유아들이 흥미 있는 교과영역이나 그렇지 않은 영역에 대한 구분없이 즐거운 활동으로 참여할 수 있다. 반면, 통합적인 접근법을 활용할 때 다음과 같은 사항에 유의하여야 할 것이다.

첫째, 통합을 위한 통합이써 되지 않도록 한다. 앞에서 다룬 것처럼 통합하지 않았을 경우 생기는 단점들을 보완하고 통합함으로 생기는 장점들을 얻기 위해 통합적인 접근이 이루어져야 통합의 진정한 의미가 있다. 그러나 만약 통합하지 않아도 자연스럽게 학습될 수 있는 내용지식이나 기술을 일부러 어울리지 않는 다른 영역과 통합할 필요는 없다. 예를 들어, 유아들과 노래를 부르면서 충분히 노래 안에 담긴 음악적 심미감을 경험하는 노래를 불러보는 자체만으로도 훌륭한 활동이 될 수 있다는 것이다.

둘째, 각 교과영역의 고유적인 기능이나 목표가 가리워지지 않도록 유의한다. 각 교과영역이 주제를 중심으로 연결되어 있다면, 한 영역에서의 중요한 목표를 달성하는 데에는 기여할 수 있으나 다른 과목에는 도움이 되지 않는 경우가 있다(Brophy, 1991). 때로는 제대로 되지 않은 통합이 유아들에게 부적절한 활동을 유도하기도 한다. 예를 들면 발달수준에 적합하지 않은데도 불구하고 주제와 관련된 단어가 포함되었다는 이유로 특정한 노래를 부르도록 강요받는 경우이다(Kim, 2007).

셋째, 통합을 하려는 각 교과 지식에 대한 이해의 부족으로, 무의미한 활동의 반복이 되지 않도록 유의하여야 한다. 각 교과영역의 내용 지식에 대한 충분한 이해가 없이 통합된 활동의 경우에는 다양한 교과영역이 통합된 것처럼 보일 수는 있지만, 그 안에서 잘못된 내용지식이 전달될 가능성이 있다. 예를 들어, 생활 주제가 바뀔 때마다 그 주제와 연관된 노랫말을 가진 노래들을 바꾸어 부르면 음악이 다른 활동들에 통합된 느낌을 주기는 하지만, 노랫말에 초점이 맞추어진 활동의 진행은 곡조에서 경험할 수 있는 다양한 음악적인 탐색을 제한하기도 한다.

2) 통합의 영역

통합에는 두 개 이상의 영역이 다양한 형태로 연결되는데, '노래 부르기' 활동의 통합적 접근을

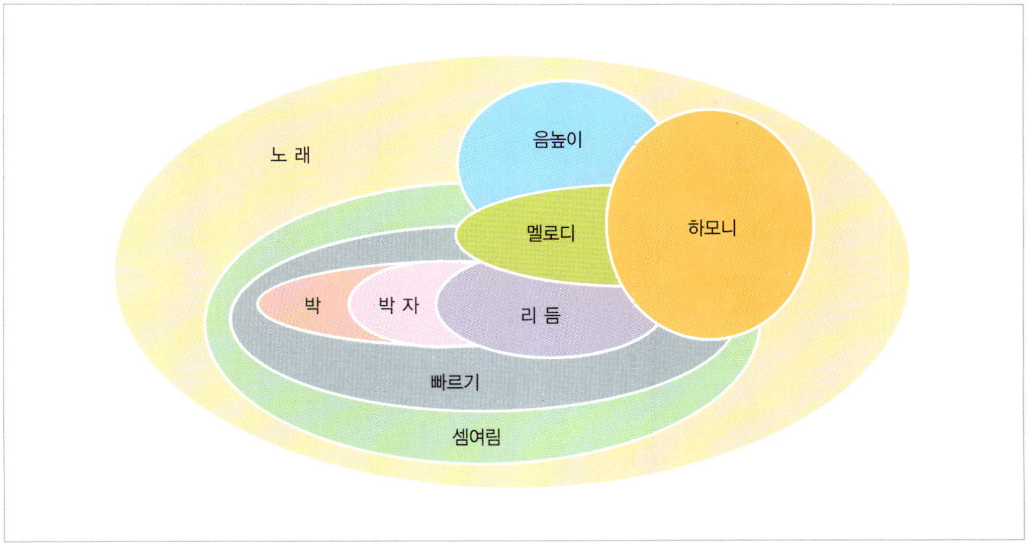

♪3-3 노래 안에 통합된 음악적 개념들

위해서 어떤 요소나 영역 등이 연관되는지 다음에서 살펴보고자 한다.

(1) 음악적 개념들

본 서의 앞 부분에서 반부에 살펴본 것처럼, 노래 안에는 다양한 음악적 개념들이 들어 있다(♪3-3). 노래는 이 음악적 개념들이 분리됨이 없이 이미 통합된 형태로 존재하는 것이다. 단지 개념들이 다른 모양과 무게를 가지고 섞여 있어 각 노래의 특별한 분위기를 만든다. 유아들은 노래를 부를 때 이미 통합된 음악적 개념들이 만들어 내는 특성들을 맛보게 된다. 때로는 노래 부르기와 관련하여 개별적인 개념을 강조한 활동을 하게 되는 경우도 있지만, 궁극적으로 유아들은 노래 부르기를 통해 통합된 개념들의 총체적인 느낌을 경험하게 된다.

(2) 음악활동영역

노래 부르기는 음악적인 활동의 하나이다. 이외에도 음악적 활동에는 감상하기, 창작하기, 연주하기 등이 있다. 이 활동들 안에는 노래 안에 들어 있는 것과 마찬가지로 다양한 음악적 요소들이 통합되어 들어 있다(♪3-4). 단지 그러한 요소들을 어떻게 경험하게 되는가는 음악을 이해하거나, 표현하거나, 만들어 내는 등의 다양성을 가지게 된다. 감상하기가 음악을 듣고 이해하기 위한 활동이라면, 노래 부르기나 악기연주는 악기로 음악을 표현하는 활동이다. 그리고 창작은 음악을 만들어내는 활동이다. 교육과정 안에서 이 네 가지의 음악적 활동은 다양하게

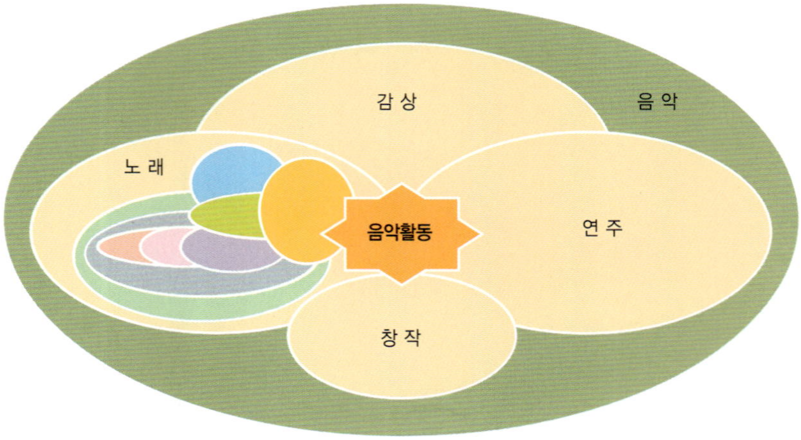

♪3-4 음악활동으로 통합된 노래 부르기

통합되어 계획 · 진행된다.

음악활동 내에서의 통합은 본 서의 앞부분에서 이미 다루어졌기 때문에 다음에서는 간략한 예만 제시하고자 한다. 노래는 두 개 또는 그 이상의 음악적인 활동과 함께 통합될 수 있다.

■ 노래와 감상

- 음반에서 나오는, 또는 다른 어른이나 유아가 부르는 노래 듣기
- 들은 노래를 따라 불러보기

■ 노래와 연주

- 다른 유아가 부르는 노래에 맞추어 악기 연주하기
- 교사 또는 다른 유아의 연주에 맞추어 노래하기
- 노래 부르며 악기 연주하기

■ 노래와 창작

- 창작 동요 부르기
- 다른 유아가 만든 노래 부르기
- 노래를 부르며 노랫말이나 곡조 등 만들기

(3) 예술영역

노래 부르기가 음악적 활동의 하나라면, 음악은 조형, 춤(신체 표현), 연극 등과 더불어 예술영역에 속한다. 이러한 예술영역들은 음악 내의 영역들처럼 다양한 형태로 표현을 하기도 하고 창작해내기도 하며 표현된 것을 감상하는 활동들로 경험될 수 있다. 노래는 이러한 예술영역 안에서 다양한 형태로 통합된다(♪3-5).

- **노래와 조형** : 노래를 포함한 음악이 청각예술이라면 조형은 시각예술이다. 그러므로 통합 활동은 시각적인 경험과 청각적인 경험의 상호 교류를 통하여 이루어진다.
  - 그림이나 조형물을 보고 생각나는 노래를 부르거나 노래 만들기
  - 노래를 들으며 연상되는 것을 그림으로 그리기
- **노래와 신체 표현** : 내면의 감정을 목소리로 표현하는 것이 노래라면 신체로 표현하는 것은 춤이다. 따라서 노래와 춤은 청각과 신체 감각을 통합하는 활동이다.

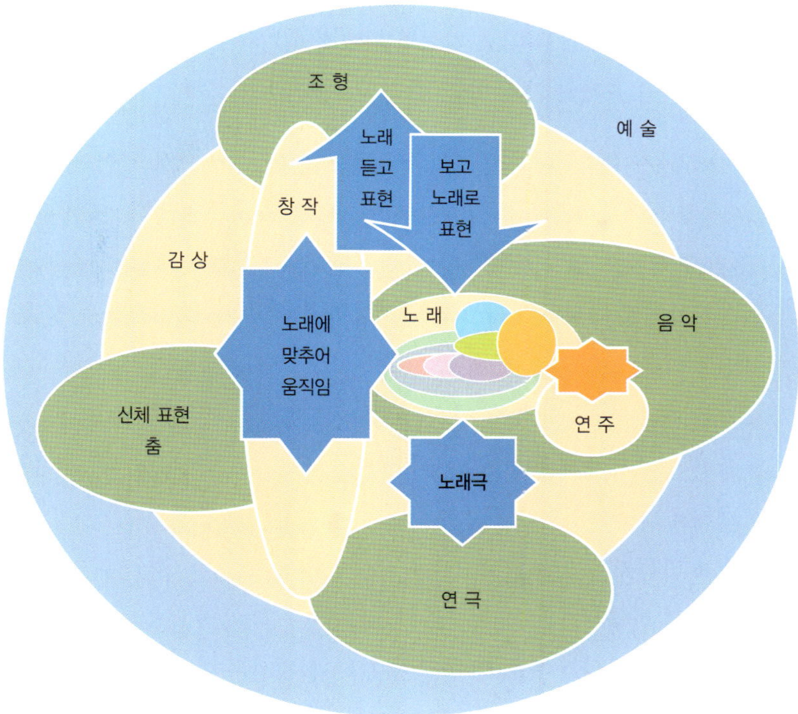

♪3-5 예술영역 안에서 통합된 노러 부르기

- 노래에 맞는 손동작 만들기
- 노래를 들으며 신체로 그 느낌을 표현하기
- 신체로 표현된 동작을 보고 그에 어울리는 노래 부르기 또는 만들기

■ 노래와 연극 : 유아의 음성 발달과 언어의 발달은 같은 근원에서 시작되었으나 곡조를 담아서 표현하는 것이 노래가 되었다면 연극은 곡조가 없는 언어로 표현하는 것이다. 이 두 가지가 통합될 때 노래극(musical)이라는 새로운 형태의 표현 예술을 낳는다. 이러한 노래극 형태를 이용하여 유아들과 다양한 활동을 할 수 있다.

- 문답형의 노래를 부를때 인형을 사용하여 대화를 주고받듯 노래하기
- 동극을 할 때 노래를 넣어 노래극처럼 해보기
- 이미 알고 있는 쉬운 이야기를 이용하여 노래극 만들기

(4) 교과영역

노래 부르기가 포함된 음악은 예술이라는 교과영역으로 다른 교과영역들과 함께 존재한다. 다른 교과영역은 각 영역이 가진 목표 아래 학습자들이 습득해야 할 교과 내용 지식이나 기술을 가지고 있다. 노래가 가지는 음악적 내용 지식과 기술적 심미감이 다른 교과 내용과 통합될 때 유아들에게 효과적인 학습 효과를 가져다 줄 수 있다(♪3-6).

■ 노래와 언어 : 노래는 이미 언어와 곡조가 통합된 것이다. 그러므로 언어와 곡조는 노래 안에서 상호 작용하면서 유아들의 음악발달과 언어발달에 도움을 준다. 또한 음악을 사용한 교수법은 읽기 능력에도 영향을 미친다(Chen-Hafteck 외, 1999; Diamantes 외, 2002). 그러므로, 곡조와 언어의 특성을 살려서 다양한 통합적 활동을 계획해 볼 수 있다.

- 같은 멜로디에 다른 노랫말 넣어 부르기
- 같은 노랫말을 다른 멜로디에 맞추어 부르기
- 노랫말에 담긴 의미에 대해 이야기 나누기
- 이야기를 노래로 만들기
- 이야기 노래책 만들기
- 동시 짓고 노래로 만들기

■ 노래와 수 : 유아들의 음악과 수학의 발달에 관한 연계성은 이미 여러 연구물과 문헌들을 통해 알려져 있다(김은정 외, 2005; 이인원 외, 2006; Bamberger 외, 2003; Garland 외, 1995). 박자, 리듬 또는 마디 등과 같은 음악적 개념이 패턴, 수/분수 등과 같은 수학적 개

♪3-6 교과영역 안에서 통합된 노래 부르기

념을 내포하는 공통분모를 가지고 있기 때문이다. 그러므로, 노래 안에 담긴 리듬을 가지고 게임을 해보는 것과 같은 활동을 통해서 수학적 개념도 함께 탐색할 수 있다.

- 리듬 패턴 만들고 소리내 보기
- 노래 안에 담긴 특정 단어나 음절 세어보기
- 노래의 강약을 그림이나 블럭의 크기로 표현해 보기
- 노래를 다양한 빠르기의 박자에 맞추어 부르며 도장을 찍어 보고 빈도수 비교하기
- 노래의 음높이와 멜로디를 그래프나 연속선을 이용해 표시하기

■ **노래와 과학** : 음악과 과학을 통합한 활동도 학자들의 관심 대상이 되고 있다(안경숙 외, 2003). 노래의 기본이 되는 소리의 파장을 과학적으로 탐색할 수 있는 것처럼 노래 속에 담겨 있는 여러 가지 음악적 개념들은 과학적인 활동과 통합하여 탐색해 볼 수 있다.

- 노래를 부르며 파장 탐색하기

• 컵에 구멍을 뚫어 실을 달아 만든 전화를 이용해 노래 전달하기
• 메트로놈이나 추의 길이와 움직임에 따라 달라지는 빠르기에 맞추어 노래 부르기
• 노랫말 내용에 담긴 자연이나 동 · 식물 관찰하기

■ **노래와 사회** : 생활 주제에 맞추어 부르는 노래들 속에서 유아들은 다양한 사회를 경험한다. 노랫말과 연결된 다양한 주제들과 관련해 노래와 사회의 통합활동을 계획해 본다.
• 생활 주제와 관련된 이야기 나누기와 그것에 관련된 노래 부르기
• 야외학습을 통해 노랫말 속에 담긴 내용을 실제로 체험하기
• 다양한 마음을 표현하는 노래 부르기

(5) 교육과정의 근원 안에서 통합된 노래 부르기

교육 과정에는 세 가지 요소, 즉 사회와 학습자 그리고 교과영역이 포함된다(Tanner, 1995). 교육과정은 그것이 속해 있는 사회적인 맥락과 사회의 필요, 또는 사회의 요구 등을 고려해서 정

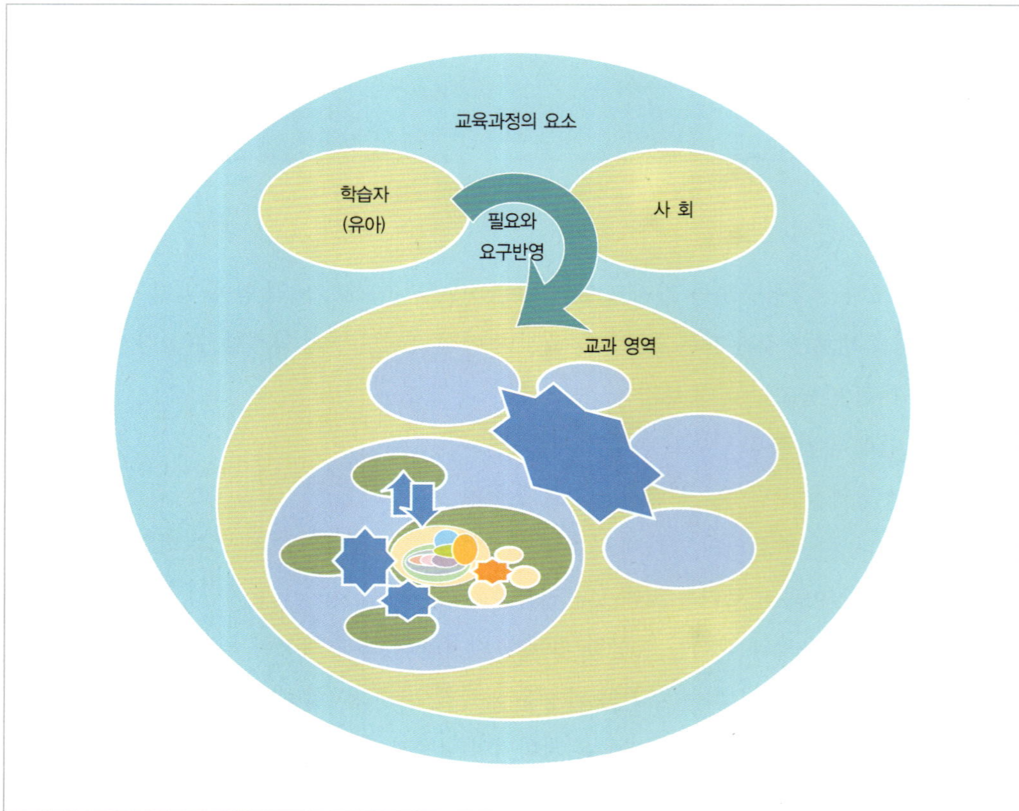

♪3-7 교육과정의 근원 안에서 통합된 노래 부르기

해진다. 또한 학습자의 발달, 흥미도에 기초한 필요와 요구들이 교육과정에 반영된다 (♪3-7). 교과영역은 내용지식, 기술, 그리고 태도가 포함된 교과의 성취 목표를 반영한다. 또한 교사의 지식과 기술과 태도를 반영한 교수법도 영향을 미치게 된다. 그러므로 노래 부르기 활동을 계획할 때도 사회적인 필요와 요구, 학습자의 필요와 요구, 교과영역과 관련된 내용을 비롯한 교사의 전문성을 통합하게 된다.

3) 통합의 방법

지금까지 노래 부르기를 통합한다는 것이 무엇이며 어떤 영역 안에서 통합될 수 있는지 살펴보았다. 그렇다면, 노래 부르기를 통합하는 방법에는 어떤 것들이 있을까? 포가티(Forgarty)는 통합의 방법으로 열 가지를 제시하였다(Forgarty, 1991). 포가티가 제시한 다양한 방법들 중에서 다섯 가지 특징적인 통합 방법을 중심으로 노래 부르기 활동이 교육과정 안에서 어떻게 통합될 수 있는지를 살펴보고자 한다.

(1) 조각형

조각형(fragmented) 통합은 잠망경처럼 한 방향을 바라보는 방법이다(♪3-8). 한 번에 한 방향밖에 바라볼 수 없기 때문에 좁은 영역에 초점이 맞춰지고 하나의 시각을 갖게 된다. 이것은 전

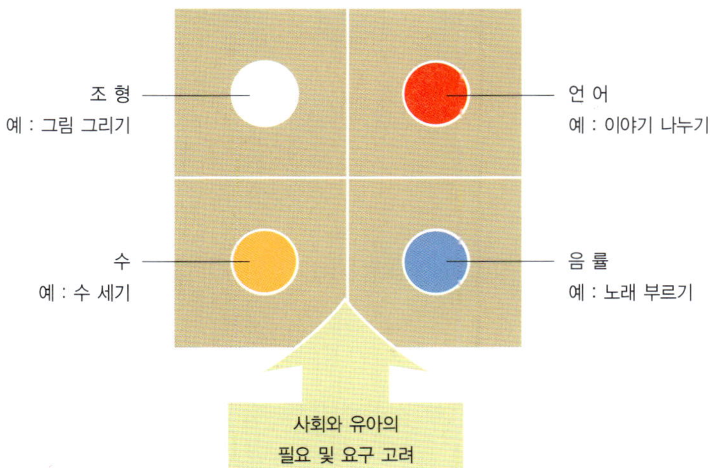

♪3-8 조각형 통합의 노래 부르기

통적인 교육과정방법에서 교과영역들을 분리하여 제시하는 것과 같다(Forgarty, 1991). 유아교육 현장에서 다른 시간에 각각 노래 부르기나 요리하기 등과 같이 특정 교과영역 중심의 활동들을 하는 것이 이에 속한다. 그러나 활동들이 조각조각 나누어진 것 같이 보일지라도, 사회적 맥락 안에서 유아의 발달영역들이 통합되어 있기에 교육과정 내에서의 통합으로 볼 수 있다.

(2) 둥지형

둥지형(nested) 통합 모델은 입체 안경을 쓰고 보는 것처럼 한 주제나 교과 영역 안에 있는 다양한 면을 보는 것이다(♪3-9). 이를테면 한 교과영역 안에서 다양한 기술을 표적으로 삼는 것과 같다(Forgarty, 1991). 노래 부르기 활동을 하면서 초점을 맞출 수 있는 다양한 면의 예는 다음과 같다.

- 음악의 다양한 개념 이해하기
- 노래 부르기와 관계된 기술들–음정이나 박자에 맞추어 노래 부르기
- 다양한 장르의 노래 경험하기

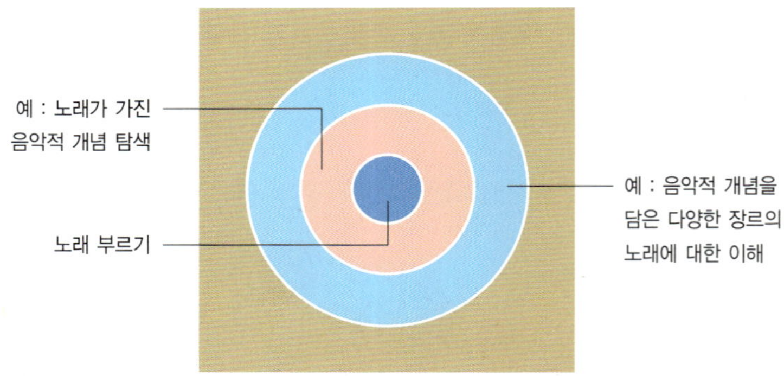

♪3-9 둥지형 통합의 노래 부르기

(3) 공유형

공유형(shared) 통합은 쌍안경으로 보는 것처럼 두 교과 영역의 겹치는 개념이나 기술을 공유하여 계획하는 것이다 (♪3-10). 예를 들면, 노래의 박자를 세거나 다양한 리듬의 길이에 따라 다르게 노래해보는 과정을 통해서 수 개념의 이해도 함께 돕는 경우가 이에 속한다. 반대로 패

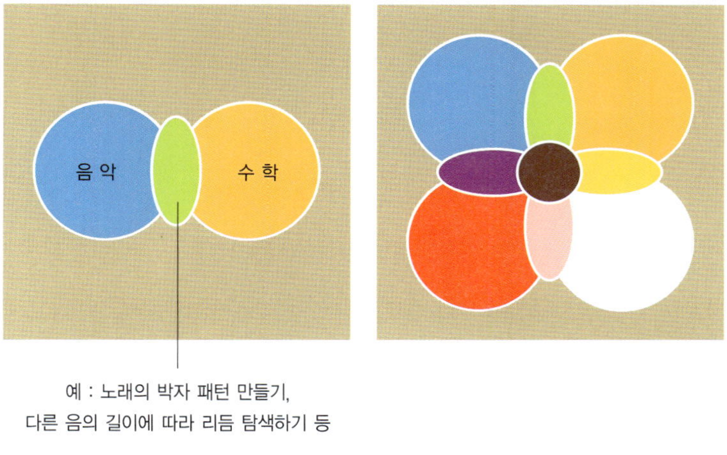

♪3-10 공유형 통합의 노래 부르기

턴과 같은 수학적 개념을 음악적으로 표현하는 활동들로 발전시켜 볼 수 있다(Bemberger, 2003). 이런 방법의 통합을 함에 있어서 유의할 점은 자칫하면 각 교과영역의 내용들을 피상적인 수준에서 결합시킬 수 있다는 것이다(Rogers, 2004). 숫자에 대한 노래를 부른다거나 노래를 부르면서 수를 세면, 수와 노래의 통합이 이루어진 것이라고 생각하게 되기 쉬운 것처럼 말이다. 수나 음악은 각기 고유 기능이 있어 언제나 공통 분모 안에서 이해될 수는 없다. 예를 들어, 박자나 리듬의 수와 관계된 개념을 숫자로 표현하고 셀 수는 있으나, 한 박에서 다음 박으로 이어지는 사이에 존재하는 음악적 흐름에 의한 심미감은 수량화할 수 없는 것과 같다. 그러므로 공유형 통합을 사용한 활동을 계획할 때에는 각 영역이 공통적으로 가지고 있는 개념이나 기술이 피상적으로 결합되지 않도록 하고 공통분모 안에서 이해될 수 없는 각 교과영역의 고유 내용을 존중하도록 유의하여야 한다.

(4) 거미줄형

거미줄형(webbed) 통합은 망원경처럼 하나의 주제를 사용하여 넓은 시각으로 펼쳐보는 것이다 (Forgarty, 1991). 한 가지 주제를 중심으로 다른 교과영역으로 뻗어나가 각 영역 속에서 교과의 특성을 살려 주제를 다루는 것이다(♪3-11). 유아교육에서 흔히 사용하는 주제 중심의 접근법(thematic approach)도 이에 속한다. 이와 같은 통합방법을 사용하게 될 때에는 노랫말의 주제에 따라 노래를 선곡하고 활동을 계획하게 되는 경우가 많다. 그러므로 노래에 담긴 다른

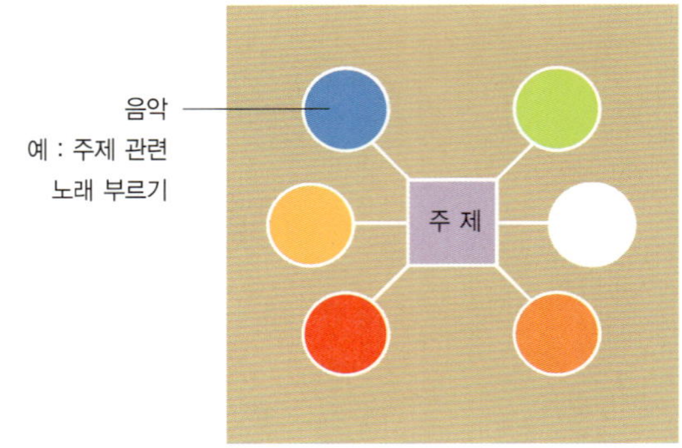

♪3-11 거미줄형 통합의 노래 부르기

음악적 요소나 유아의 발달단계를 함께 고려하도록 유의하여야 한다.

(5) 선 형

선형(threaded) 통합은 확대경처럼 모든 교과영역을 확장시켜 볼 수 있게 해주는 큰 개념을 중심으로 바느질 하듯이 교과영역을 꿰어가며 접근한다(Forgarty, 1991). 즉, 창의성이나 문제 해결능력 등과 같은 광범위한 기술을 중심으로 교과영역을 연결하는 것이다(♪3-12). 예를 들어, 문제해결 능력을 중심으로 한다면, 문제해결을 위한 질문이 담긴 노래의 노랫말을 바꿔서 불러

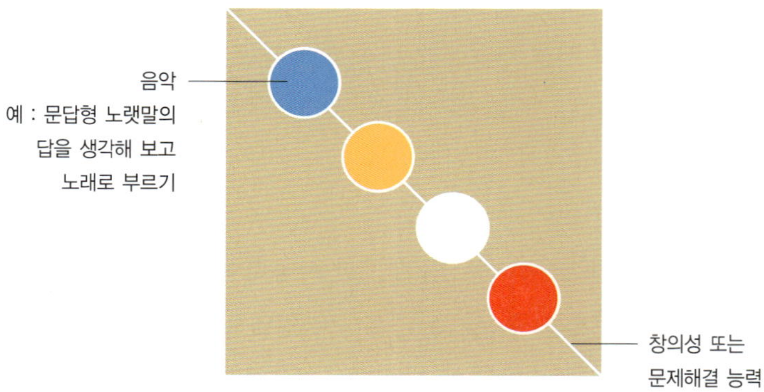

♪3-12 선형 통합의 노래 부르기

보는 과정이나, 완성되지 않은 멜로디 및 리듬 패턴을 만들어 가는 과정을 통해 문제해결 능력을 기를 수 있다.

7. 노래 부르기 활동의 목표

노래를 왜 좋아하는가?, 노래를 왜 부르는가?, 노래를 왜 만드는가?, 노래를 왜 듣는가?와 같이 노래와 관련된 이유를 묻는 질문은 사실상 본 서의 제일 앞 장에서 묻고 지나왔어야 할 질문인지도 모른다. 그러나 어쩌면 '왜?'라는 질문에 대한 답을 하려는 것이 오히려 진정한 답을 찾는 것을 어렵게 하기도 한다. 이유가 없어서가 아니라 애써 이유를 머리로 생각하기 전에 마음이 먼저 반응하게 되기 때문이다.

필자는 필자의 수업을 듣는 유아교사들을 대상으로 간단한 설문조사를 통해 노래에 대한 질문을 하였다. 우선 첫 번째 질문으로, 어떤 노래를 좋아하는지와 그 이유를 물어보았다. 이에 대한 응답은 ① 감동을 받았기 때문에, ② 노래가 가지고 있는 어떤 요소가 좋아서, 그리고 ③ 노래가 주는 영향력 때문에의 순으로 나타났다. 반면 어떤 노래를 잘 부르는지의 질문에는 ① 부르기 쉬워서, ② 노래가 가진 요소가 좋아서, ③ 노래가 주는 영향력 때문의 순으로 나타났다.

표 3-13 유아 교사가 좋아하는 노래와 잘 부르는 노래의 이유

어떤 노래를 좋아하는 이유	어떤 노래를 잘 부르는 이유
1. 감동 받았기 때문에(59%) • 아름답다고 느껴졌다. • 처음 들었을때 감성 자극했다. • 가사가 감동이었다. **2. 노래가 가진 요소가 좋아서(21%)** • 가수의 음색을 좋아한다. • 노래 분위기가 좋다. • 노래가 가진 리듬이 좋다. **3. 노래가 주는 영향력 때문(20%)** • 아이들과 공유할 수 있다. • 힘이 된다.	**1. 부르기 쉬워 자주 부르게 된다(56%)** • 내 음역과 비슷해 부르기 쉽다. • 자주들어서 흥얼거리게 된다. • 템포가 적절하다. • 음색이 내 목소리와 어울린다. • 아기에게 자주 불러준다. **2. 노래가 가진 요소가 좋아서(22%)** • 가사가 좋다. • 가수의 목소리가 좋다. • 멜로디가 좋다. **3. 노래가 주는 영향력 때문(22%)** • 기분이 좋아진다. • 감정 이입이 된다.

다시 말하면, 노래가 가지고 있는 요소들이나 노래가 주는 영향력은 어떤 노래를 좋아하게 되기도 하고 잘 부르게 되는 공통적인 이유가 된다. 그러나 어떤 노래를 좋아하게 되는 가장 큰 이유는 그 노래가 마음에 가져다 주는 감동 때문인 반면, 어떤 노래를 잘 부르는 이유는 그 노래가 내가 가지고 있는 목소리로 부르기에 적합하기 때문이다(표 3-13).

이처럼 유아가 노래를 좋아하는 것에도 여러 가지 이유가 있을 것이다. 노래가 가지고 있는 음악적 요소, 이를테면 리듬이나 빠르기가 주는 경쾌함 때문일수도 있고 노래에서 전해지는 마음의 감동 때문일 수도 있다.

> 교사는 주제에 맞추어 억지로 노래를 찾아 그것을 가르치는 경향이 있는데 아이들은 과연 그 내용을 생각하며 노래를 들을까? 노래 '내 마음이 기쁘단다'는 작년 우리반 아이들이 가장 좋아했던 노래로 1년 동안 시시때때로 불러도 좋아했었다. '왜 이노래가 좋니?'하고 물어보았을 때 아이들은 '노래가 예뻐요.'라고 대답했었다. 아이들도 어른들처럼 음악의 아름다움이나 분위기를 느낄 수 있었던 것이다.
>
> -유치원 교사 E의 글-

유아들이 노래를 좋아하는 어떤 이유들이 노래 부르기 활동에 즐거움으로 참여하게 되는 동기가 된다면, 유아 교사는 유아들의 노래를 좋아하는 이유에 더하여 노래 부르기 활동이 가져다 주는 성취목표를 고려해야 한다. 유아교육 현장에서 노래 부르기를 활동으로 계획하려는 교사라면 순간순간 "왜?"라는 질문을 스스로에게 하게 될 것이다. 왜 이 노래를 선택하는가, 왜 이 방법을 사용하려고 하는가 등의 질문은 목표를 확인시켜 주며, 활동의 의미를 분명하게 해준다. 같은 노래라도 의도에 따라, 아이들의 흥미와 발달단계에 따라, 그리고 노래를 부르려는 교육과정의 맥락에 따라, 마지막으로 통합방법에 따라 다르게 표현될 수 있기 때문이다. 무엇보다도 유아들의 음악발달에 초점을 맞추어 유아들의 음악에 대한 지식의 이해, 기술의 향상, 그리고 음악적인 태도발달을 돕게 된다.

1) 지 식

노래 부르기 활동을 통해 이룰 수 있는 성취 목표 중 하나는 지식을 쌓는 것이다. 즉, 유아는 노래가 가진 노랫말이나 곡조를 통해 주제나 음악과 관련된 특정 지식과 개념들을 이해하고 습득하게 된다.

(1) 노랫말이 전하는 개념 이해

유아는 노래를 부르면서 노랫말의 주제나 내용이 전하는 교훈이나 개념에 대한 지식을 얻게 되고, 노랫말에 사용된 어휘를 통해 새로운 단어를 배우기도 한다. 예를 들면, 노래 '작은 조각 종이'를 부르면서 종이를 아껴 사용해야 한다는 교훈을 얻게 되거나, 노래 '나팔꽃'을 부르며 나팔꽃이 어떻게 자라며 어떻게 꽃이 피는지에 대한 지식을 얻게 되는 것이다. 간단한 곡조가 더해진 노랫말은 일반적으로 사용하는 언어보다 더 쉽게 받아들여지고 기억하게 되기 때문에, 학습의 효과를 위해 노래를 사용하는 경우도 많다. 생활주제에 따라 분류되어 활동으로 계획된 노래들은 각 주제에 따라 다양한 개념들을 이해하는 데 도움을 준다.

(2) 노래의 곡조에 담긴 음악적 개념 이해

노래가 노랫말과 곡조로 이루어진 것처럼, 노래 부르기의 활동 목표 또한 노랫말에서 전해지는 지식의 습득과 더불어 음악적인 개념을 이해하는 것의 균형을 이루어야 할 것이다. 특정 주제를 가지고 쓰여진 노랫말과 달리, 노래의 곡조는 모든 음악적 요소를 담고 있다. 따라서 노래 부르기 활동을 진행하면서 어떤 요소를 강조하느냐에 따라 유아들이 좀 더 잘 이해하는 개념들이 달라진다. 본 서의 첫장에서 다룬 음악적 개념들에 대한 설명이 노래 부르기 활동을 하면서 특정 요소에 대한 탐색을 어떻게 도와줄 수 있는지를 알려준다. 노래가 담고 있는 음악적 요소들과 관련하여 유아들이 습득하고 이해하게 되는 음악적인 개념과 그에 따른 활동의 성취목표에는 다음과 같은 예가 있다.

- 음색 : 노래를 연주하는 목소리와 악기는 저마다 다른 특별한 소리를 가지고 있다. 그러므로 유아들은 노래 부르기 활동을 통해, 다음과 같은 효과를 얻는다.
  - 노래와 함께 연주되는 다양한 악기들의 특성(모양, 이름, 연주법 등)과 소리를 찾는다.
  - 노래를 연주하는 악기가 내는 소리가 어떻게 다른지 이해하고 말로 설명한다.
- 박, 박자 : 노래의 바탕에는 맥동과 같이 규칙적인 소리의 움직임이 있으며, 이 규칙적인 소리는 강하고 약한 소리의 패턴으로 묶여져 있다. 그러므로 유아들은 노래 부르기 활동을 통해, 다음과 같은 효과를 얻는다.
  - 노래 안에 담긴 박자의 패턴을 시각자료를 이용하여 표상한다.
  - 2/4 또는 3/4 박자와 같이 다른 박자의 노래를 부를 때 어떻게 느낌이 달라지는지 말로 표현한다.
- 리듬과 마디 : 노래의 곡조는 길고 짧은 소리들이 일정한 길이 안에서 다양하게 묶여져 만

들어진다. 그래서 이 길고 짧은 소리에 맞추어 노랫말(음절)도 길거나 짧게 소리내게 된다. 그러므로 유아들은 노래 부르기 활동을 통해, 다음과 같은 효과를 얻는다.

- 음의 다른 길이를 표시하는 시각 표상(음표 또는 다른 종류의 시각자료)을 구분한다.
  [예] 2분 음표의 시각 표상은 4분 음표 시각 표상보다 긴 소리를 표시함
- 다른 종류의 리듬 조합에 따라 달라지는 소리를 분별한다.
  [예] 다른 리듬패턴에 따라 그에 맞는 소리 찾기
- 노래의 한 마디 안에 들어가는 음 길이의 합을 이해한다.
  [예] '작은 집 창가에서' 노래의 '랄라라' 부분에서 다양한 길이의 음표 시각 표상을 합해서 4박자의 길이 채우기

■ 셈여림과 빠르기 : 노래는 어떤 빠르기로 부르며 어느 부분을 강하거나 약하게 부르냐에 따라 분위기가 달라진다. 그러므로 유아들은 노래 부르기 활동을 통해, 다음과 같은 효과를 얻는다.

- 빠르기를 다르게 해서 부르는 노래들이 어떤 다른 느낌을 주는지 이해한다.
- 노래자료 안에 시각 표상으로 사용된 셈여림과 빠르기에 관한 부호를 습득한다.

■ 음높이와 멜로디 : 노래의 곡조는 높이가 있는 소리가 리듬과 함께 같은 음높이 또는 다른 음높이로 움직이면서 만들어진다. 그러므로 유아들은 노래 부르기 활동을 통해, 다음과 같은 효과를 얻는다.

- 노랫말과 연결된 다른 음높이들을 구분한다.
- 노래의 특정 부분의 멜로디가 어떻게 흘러가는지 시각 표상을 통해 표시한다

■ 화성 : 노래는 목소리 또는 악기의 반주를 사용하여 더 아름다운 화음을 이루게 된다. 유아가 화음에 맞추어 노래하기는 어렵지만 노래 부르기 활동을 통해, 다음과 같은 효과를 얻는다.

- 화음을 만들 수 있는 악기로 반주할 때와 그렇지 않을 때 노래의 느낌이 어떻게 달라지는지 인식한다.
- 노래의 반주에 사용된 Ⅰ도, Ⅳ도, 그리고 Ⅴ도 움직임(chord progression)의 차이를 발견한다.

2) 기 술

노래 부르기와 통합된 활동을 통해 유아들은 음악적인 기술을 향상시키게 된다. 유아들은 노래

를 부르면서 음악적 요소들을 구사하는 능력이 점차 발달하게 된다. 또한, 노래를 부르며 음성(vocal)을 사용하는 기술뿐만 아니라, 노래를 악기로 연주하거나 신체로 표현하거나 창작해 보는 과정에서 음악과 관계된 다른 기술들도 익히게 된다.

(1) 음성을 사용하는 기술

노래를 부르는 활동을 통해 성취하게 되는 가장 큰 목표는 노래에 맞는 목소리를 사용하는 능력을 신장시키는 것이다. 그러므로 유아들은 노래 부르기 활동을 통해, 다음과 같은 효과를 얻는다.

- 바른 자세를 가지고 정확한 발음을 사용함으로써, 자신의 목소리를 잘 사용하여 성대를 발달 시킨다.
- 성대의 발달을 통해 음역이 넓어지고, 점차 정확한 음정으로 노래한다.
- 혼자 노래 부를 때와 다르게 모두 함께 노래를 부를 때 조화를 이룰 수 있도록 목소리의 크기를 조절한다.

(2) 노래의 음악적인 요소에 반응하는 기술

유아들은 노래를 부르면서, 노래 안에 담겨 있는 음악적인 요소에 반응하고 점차 정확하게 소리낼 수 있는 능력을 발달시킨다.

- 다양한 조(장/단조, 음계, 조성), 박자(2/4, 3/4, 4/4, 6/8 박자 등)에 맞추어 노래한다.
- 노랫말에 연결된 다양한 리듬 패턴에 맞추어 목소리를 낸다.
- 셈여림이나 빠르기에 맞추어 노래한다.

(3) 노래를 표현하는 기술

유아들은 노래와 통합된 활동들을 통해서, 목소리뿐만 아니라 신체나 악기를 이용하여 음악적인 느낌을 표현하는 기술이 발달한다.

- 노랫말이나 곡조에 맞추어 손동작이나 신체 동작으로 표현한다(만 3세 이상).
- 노래의 박자에 맞추어 몸을 움직이거나 다양한 악기를 연주한다(만 3세 이상).
- 노래에 어울리는 음색을 가진 악기를 찾아보고 연주한다(만 4세 이상).
- 다른 친구가 부르는 노래에 맞추어 악기를 연주한다(만 4세 이상).

- 노래에 들어있는 간단한 멜로디를 음높이가 있는 악기로 연주한다(만 4세 이상).
- 노래의 셈여림이나 빠르기를 목소리나 신체 또는 악기로 표현한다(만 4세 이상).
- 노래에 맞추어 다양한 리듬이나 멜로디 패턴(오스티나토)을 반복해서 연주한다(만 5세 이상).
- 노래에 맞추어 간단한 화음(1~5도 정도)을 연주한다(만 5세 이상).
- 노래와 연주에 맞게 지휘한다(만 5세 이상).

(4) 노래를 창작하는 기술

유아들은 활동을 통해 노래나 노래의 부분을 만들어내는 능력을 발달시키기도 한다.

- 즉흥 노래를 만들어 부른다(만 3세 이상).
- 노래 일부분의 노랫말을 바꾸어 2절을 만들어 본다(만 3세 이상).
- 노랫말이 될 수 있는 간단한 동시를 짓는다(만 4세 이상).
- 노랫말이나 시 또는 간단한 이야기에 맞추어 간단한 리듬 패턴이나 멜로디 패턴을 만든다(만 4세 이상).
- 노래 안에 담긴 셈여림이나 빠르기를 시각 표상으로 만들어 사용한다(만 4세 이상).
- 노래의 리듬 패턴을 시각 표상으로 나타낸다(만 5세 이상)
- 안내에 따라 형식이 있는 짧은 노래를 만든다(만 5세 이상).

3) 태 도

유아들이 노래를 부르며 성취하게 되는 또 하나의 가장 중요한 목표는 노래를 통해 음악적인 심미감이 발달하고 음악에 대한 긍정적인 태도가 신장된다는 것이다. 그러므로 유아들에게 제시되는 노래 부르기 활동은 노래를 부르며 음악의 아름다움을 발견하게 되고 즐기게 되도록 세심하게 계획되어야 한다.

(1) 노래의 아름다움에 대한 태도

- 노래를 듣고 어떤 느낌이 들었는지 말이나 그림으로 표현한다.
- 같은 노래를 다양한 방법으로(솔로, 합창 등) 불렀을 때 느낌이 어떻게 다른지 어떤것이 더 아름답게 들리는지 말로 표현한다.
- 노래를 연주하는 악기가 달라짐에 따라 노래의 느낌이 어떻게 바뀌는지, 어떤 악기로 연주

할 때 가장 노래에 어울리고 아름답게 들렸는지 이야기한다.

- 노래의 느낌에 따라 어떤 셈여림이나 빠르기가 어울리는지 생각해 보고 반응한다.
- 화음으로 반주를 했을 때가 그렇지 않을때 보다 어떤 다른 느낌이 들었는지 이야기한다.

(2) 노래의 즐거움에 대한 태도

- 대집단활동시간뿐 아니라 자유선택활동시간에도 노래를 즐겨 부른다.
- 혼자 노래를 부를뿐만 아니라 친구들과 함께 노래하는 것을 즐거워 한다.
- 자기가 좋아하는 노래가 어떤 노래인지 왜 그런지 말한다.
- 좋아하는 노래를 배경음악으로 듣는 것을 즐긴다.

지금까지 제시된 노래부르기와 관련된 지식, 기술, 태도에 대한 활동 목표는 교육과정 내에서 필요와 요구에 따라 통합되어 사용된다. 그러나 목표에 맞추기 위하여 노래를 조절하는 것이 아니라 유아와 노래에 대한 이해를 통해서 목표를 설정하는 것도 필요하다. 예를 들어, 노랫말과 연결된 멜로디가 아름다운 노래가 있다면, 리듬 패턴을 만들어 타악기를 연주하는 것보다는 멜로디의 선율에 맞추어 손이나 몸을 움직이는 것이 더 어울리는 활동이 될 것이다. 본 서의 2부에서는 지금까지 제시되었던 내용들이 노래 부르기 활동 안에서 어떻게 통합될 수 있는지의 실예를 제시해 볼 것이다.

Part 2

노래 부르기 활동

Music Activity 1

감사합니다

작사/곡 김진영

노래 이야기

완전한 사람은 없기 때문에
완전한 사랑도 존재할 수 없겠지만,
그래도 가장 완전함에 가까운 사랑이
부모의 자녀에 대한 사랑이라고 합니다.

해산의 고통을 기꺼이 감수하는 사랑,
기르기 위한 수고를 아끼지 않는 사랑…

그 사랑이 마음에 심어져서
또 다른 사랑을 할 수 있는 씨앗이 되겠죠.

그 사랑을 모두 알 수도 갚을 수도 없겠지만,
노래를 부르는 동안은 작은 마음에 담긴 사랑을
표현하는 시간이 되었으면 합니다.

활동을 위한 제안

사전활동

■ 노랫말과 관련하여 다양한 이야기를 나누어 본다.

- 부모님의 사랑에 관한 이야기를 들려준다(위험에 처한 아기를 구하기 위해 뛰어드는 부모에 대한 이야기 등).
- 부모님은 어떤 분인지에 대해 이야기를 나눈다(낳아 주신 분, 길러 주시는 분에 대한 이야기 등).
- 어버이 날은 어떤 날인지 이야기를 나눈다(부모님께 감사한 마음을 전하는 날).
- 부모님을 기쁘게 해드리는 방법에 대한 이야기를 나눈다.

■ 어버이날 부모님들께 노래를 불러드리면서 함께 드릴 선물을 만들어 본다.

- 가슴에 달아드릴 꽃을 만든다.
- 사랑을 전하는 그림을 그린다.

노래 부르기

■ 이 노래는 부모님께 감사하는 마음을 표현하기 위한 노래로, 어버이날이나 부모님 참여일을 위해 미리 배우고 익혀 두었다가 부모님께 불러드린다.

■ 노랫말의 마지막인 '아버지 어머니 감사합니다' 부분에 어떤 다른 말을 넣어 부를 수 있는지 이야기를 나누고 노래로 불러본다.

- '엄마 아빠 사랑해요.' 라고 말하며 사랑을 표현한다.

통합활동

■ 노랫말 마지막에 부모님께 드리고 싶은 말을 두 마디 정도의 노래로 만들어 본다.

- 하고 싶은 말을 짧게 만들어 본다.
- 말에 리듬을 넣어 불러본다.
- 멜로디를 만들어 부른다. 이때 음높이를 가진 악기를 가지고 두 개(솔-미), 세 개(도-미-솔) 또는 다섯 개(도-레-미-파-솔)의 음만 사용하여 만들면 간단한 멜로디 패턴을 만들 수 있다.

[예] 노랫말에 멜로디 만들기

아	버	지	어	머	니	감사	합	니	다	-	-
솔	솔	솔	솔	솔	솔	솔파	미	레	도	-	-

Music Activity 2

게

작사/곡 김진영

노래 이야기

이 노래는 만 4세 유아가
유치원의 인형극 코너에서 게 모형을 가지고
'따깍 따깍' 소리를 내며 흥얼거리는 것을 듣고
유아들과 함께 노래의 동기(motive)를 소개하고 확장킨 뒤
교사가 곡을 붙여 노래로 만든 것입니다.

활동을 위한 제안

사전활동

■ 노랫말과 관련된 다양한 활동을 할 수 있다.

• 게의 수와 관련하여 수 놀이를 한다.

[예] 게가 몇 마리인지 맞춰보기

• 게의 모형을 손가락 인형으로 만들어 양 손가락에 다양하게 끼우고 게의 위치를 바꾼 뒤 어떤 점이 달라졌는지 찾아본다.

노래 부르기

■ 손유희와 함께 불러본다.

• '따깍따깍' : 손을 양쪽으로 세워 게의 집게처럼 움직인다.

• '게가 움직입니다' : 게가 움직이는 것처럼 옆으로 걷는 모양을 흉내 낸다.

• '한 마리, 두 마리…' : 손가락을 숫자만큼 올리며 수를 센다.

통합활동

■ 타악기를 사용하여 연주하기 활동과 함께 할 수 있다.

• 우드블록, 캐스터네츠, 귀로, 트라이앵글 등 노래에 어울리는 악기를 찾아본다.

• 각 악기의 분위기에 맞는 리듬 패턴을 만들어 본다.

• 순서를 정하여 한 사람씩, 또는 같이 노래에 맞추어 연주한다.

• 지휘자를 정하고 지휘자가 가리키는 사람이 연주한다. 이때 노래를 함께 틀어놓고 연주하면 노래의 느낌을 살리면서 멋진 연주가 될 수 있다.

■ 음악에 맞추어 움직이는 동작활동과 연계할 수 있다.

• 음악을 들으며 게처럼 옆으로 걸어본다.

• 바닥에 색 테이프 등으로 다양한 선을 그어놓고 선을 따라 옆으로 걸어본다.

• 벽과 벽 사이에 다른 높이의 줄을 매달아 놓고 그 아래로 지나갈 수 있을 만큼 몸을 낮추어 옆으로 걷는다.

• 블록 등을 이용하여 게가 나오는 구멍을 만들고, 몸을 낮추고 있다가 구멍에서 나오는 게들을 표현해 본다.

■ 전이활동 중에 사용할 수 있다.

• 다른 곳으로 이동할 때 노랫말에 맞추어 움직인다.

[예] 이제 간식 먹기 전에 손을 씻으러 갈건데 누가 먼저 가는지 노래를 잘 들어보자. 자기 이름이 나오면 일어나서 가는거야. '(노래로) 따깍 따깍 따깍 따깍 따깍 따깍 게가 움직입니다. 영희게, 철이게, 진영게, 보람게, 선재게가 움직입니다.'

Music Activity 3

공작새

작사/곡 김진영

노래 이야기

공작새의 화려하면서도 우아한 모습을 표현하기 위한 노래입니다.

동물은 물론 다른 주변환경이나 사람들을 볼 때
그들의 다양한 모습 속에서 아름다움을 발견할 수 있는
아름다운 눈과 마음을 갖게 되기를 소망합니다.

활동을 위한 제안

사전활동

■ 공작새를 관찰하며 이야기를 나누어 본다.

- 공작새의 모습에 대해 이야기를 나눈다.
- 공작새의 움직임에 대해 이야기를 나눈다.

■ 미술활동으로 공작새를 다양한 방법으로 만들어 본다.

- '종이 부채 만들기'와 같은 방법으로 공작새의 꼬리를 만든다.
- 손가락 부분에는 장갑을 이용하여 공작새의 꼬리를 만들고 손등 부분에는 공작새의 몸통을 붙인다.
- 다섯 개의 손가락 중 엄지에는 공작새의 얼굴을 만들고 나머지 네 개의 손가락을 이용하여 꼬리 만든다.

노래 부르기

■ 동물을 관찰하는 활동과 연관하여 노래를 배우고 불러본다.

- 노랫말 속에서 표현된 공작새의 모습을 살펴본다.

■ 미술활동으로 만든 공작새를 사용하며 노래를 부른다.

- '펄럭펄럭 하다가' : 만든 공작새의 꼬리를 노래에 맞춰 흔든다.
- '쫙하고 펼치니' : 꼬리를 펼친다.
- '무슨 색이 들었나?' : 꼬리에 있는 다양한 색깔들을 가리킨다.

통합활동

■ 공작새처럼 몸을 움직여 보는 동작활동과 함께 할 수 있다.

- 노랫말에 어떤 말이 들어 있는지 살펴본다.
- 노랫말처럼 꼬리를 펴는 모습을 몸으로 나타내려면 어떻게 하면 좋을지 이야기를 나눈다.

■ 연주활동과 연결해 볼 수도 있다.

- 노래의 각 부분을 어떤 악기로 표현하면 좋을지 이야기를 나누고 연주한다.
  [예 1] '펄럭펄럭' : 마라카스
  [예 2] '쫙하고 펼치니' : 탬버린
- 목금의 C와 G, 두 개의 건반만 사용하여 박자에 맞추어 노래와 함께 연주한다.
- 목금의 C(도)만 박자에 맞추어 치면서 노래를 부르다가 '쫙하고 펼치니' 부분에서 음반을 아래에서 위로 긁어 주듯이 올라가는 주법(글리산도)으로 연주해 볼 수도 있다.

■ 리듬 패턴 만들기 활동을 해볼 수 있다.

- 먼저 손가락 장갑을 이용하여 공작새를 만들어 본다. 이때 공작새의 꼬리를 표현하는 깃털을 손가락에 끼울 수 있는 다양한 크기(굵기)와 색깔로 만들어 본다. 이 다양한 굵기는 리

듬 패턴을 만들 때 음의 다양한 길이를 나타내기 위한 것으로 다음과 같이 만든다.

[색깔 1] : 손가락 네 개가 모두 들어가는 것(온음표 표현) 한 개

[색깔 2] : 손가락 세 개가 들어가는 것(점 2분 음표 표현) 한 개

[색깔 3] : 손가락 두 개가 들어가는 것(2분 음표 표현) 두 개

[색깔 4] : 손가락 한 개가 들어가는것(4분 음표 표현) 네 개

[색깔 5] : 손가락 한 개에 들어가지만 둘로 나눠진 것 같이 보이는 것(8분 음표 표현) 네 개
(모두 합치면 여덟 개처럼 보임)

• 여러 가지 색깔의 깃털을 이용하여 손가락에 끼워보면서 다양한 패턴을 만들어 본다.

[예 1] 색깔 2+색깔 4
= 손가락 3개+손가락 1개
= 점 2분 음표+4분 음표

[예 2] 색깔 4+색깔 4+색깔 3
= 손가락 1개+손가락 1개+손가락 2개
= 4분 음표+4분 음표+2분 음표

[예 3] 색깔 4+색깔 5+색깔 3
= 손가락 1개+손가락 $^1/_2+^1/_2$개+손가락 2개
= 4분 음표+두 개의 8분 음표+2분 음표

• 손가락에 끼워진 깃털의 다양한 패턴에 맞추어 노래 중 한 마디 안에 한 음절이 들어가는 부분을 노래로 불러본다. 예를 들어, 노래 2절을 위의 예 3의 패턴에 맞춰 부르면 다음과 같다.

기다란 꼬리 에, 에에, 에–
무슨 색이 들었 나, 나나, 나–
빙글 빙글 도니까
너무 너무 멋지 네, 네네, 네–

[예] '공작새' 노래를 사용한 리듬 패턴 만들기

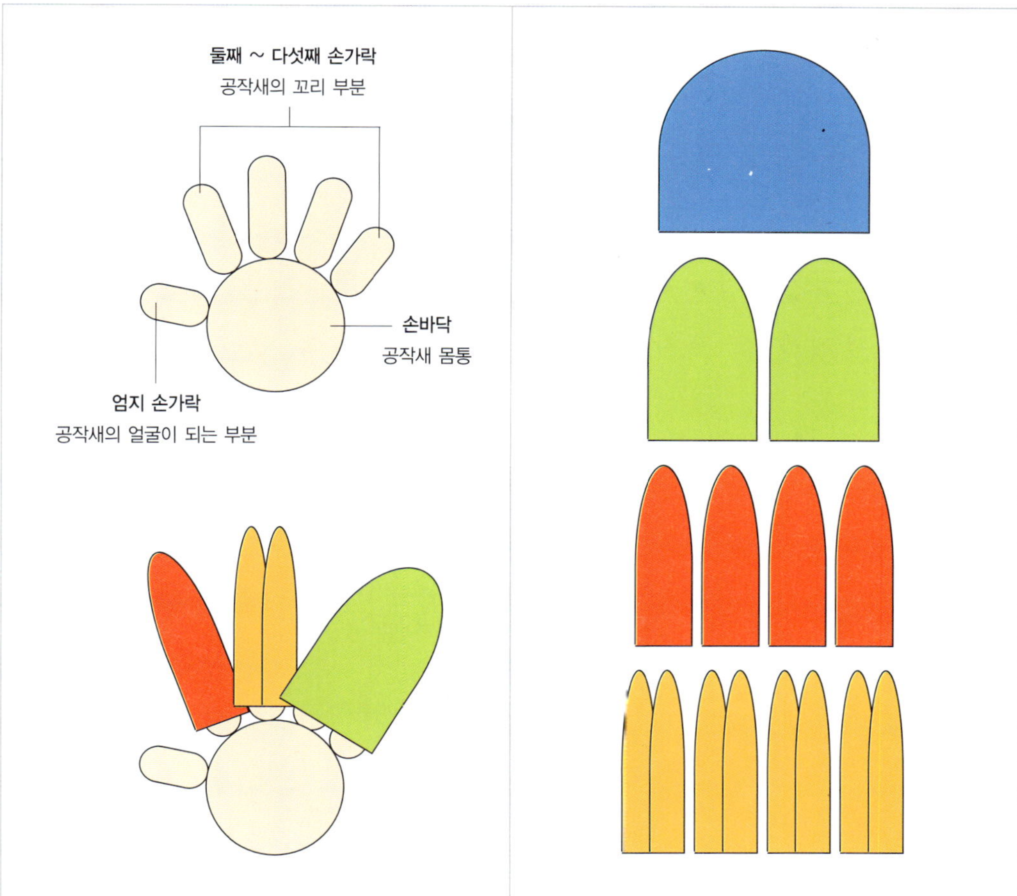

Music Activity 4

괜찮아

작사/곡 김진영

노래 이야기

용서라는 것은
다른 사람이 잘못한 일을 더이상 기억하지 않는 것입니다.
그 일을 다시 떠올려 생각하지 않는 것,
마음에 담아두지 않는 것,
그래서 나쁜 생각과 마음으로부터 깨끗해진
건강한 나 자신으로 돌아오는 것입니다.

그래서 "괜찮다."고 말해 줄 수 있는 것입니다.
왜냐하면, 누구나 잘못할 수 있고,
나도 누구나처럼 그럴 수 있고,
누군가 나에게도 "괜찮아."라고 말해 주기 때문입니다.

활동을 위한 제안

사전활동

■ 노래의 내용과 관련된 이야기를 나눈다.

- 다른 친구가 잘못한 것이 자꾸 생각나서 화가나는 아이의 이야기를 들려준다.
- 용서하지 않으면 어떤 일이 생기는지 이야기를 나눈다.

[예] 내 마음도 계속 상한다, 다른 친구에게 같은 일을 하게 되기도 한다 등

• 용서하는 것은 어떻게 하는 것인지 이야기를 나눈다.

[예] 더이상 미워하지 않는 것, 속상한 일을 마음에서 지우는 것 등

노래 부르기

■ 손동작을 만들어 노래와 함께 해본다.

• '네가 잘못한 일' : 앞을 향해 양팔을 차례로 뻗는다.
• '괜찮아(같은 가사에 동일한 동작)' : 고개를 끄덕인다.
• '그럴 수도 있지' : 뻗었던 양팔을 차례로 가슴에 포갠다.
• '마음에서 지웠어' : 주먹을 쥔 한손을 가슴에서 좌우로 움직이며 지우개로 지우는 흉내를 낸다.
• '생각에서 지웠어' : 다른 손으로 주먹을 쥐고 머리 옆에서 좌우로 움직이며 지우개로 지우는 것과 같은 모양을 한다.
• '모두 용서했어' : 양팔을 가슴에 차례로 포갠다.

■ 노래의 일부분을 겉으로 소리내지 않고 속으로만 부르며 손동작을 해볼 수도 있다.

• '라'와 같이 한음절로 멜로디를 노래하다가 '괜찮아' 부분만 부르기
• 노래를 부르다가 '괜찮아' 부분은 손동작으로만 하기

통합활동

■ 노래를 악상 기호에 따라 불러본다.

• '마음에서 지웠어 생각에서 지웠어' 부분에서는 점점 지워지는 것처럼 노래 소리도 점점 작아지도록 데크레센도로 불러보거나 악기 연주를 한다.
• '괜찮아' 부분은 강조해서 부르거나 악기 연주를 한다.

■ 이 노래 속에 '괜찮아' 부분을 나타내는 세 개의 멜로디 패턴을 사용하여 게임을 해본다.

[패턴 a] 제자리에서 머문다.

[패턴 b] 마지막 소리만 올린다.

[패턴 c] 점점 아래로 내려온다.

	패턴 1				패턴 2				패턴 3			
솔 g′							아	–				
파 f′	괜	찮	아	–	괜	찮			괜			
미 e′												
레 d′										찮		
도 c′											아	–

- 세 개의 다른 멜로디 패턴을 시각자료로 만들어 유아들에게 보여 주고 다른 점을 찾아보도록 한다.
  [예 1] 선 : 긴 줄을 사용하여 멜로디의 흐름을 나타내기
  [예 2] 면 : 세 개의 점을 사용하여 높낮이를 달리하며 융판에 붙이기
  [예 3] 입체 : 블록을 이용하여 계단처럼 만들기
- '괜찮아' 부분을 듣고 멜로디 패턴과 일치하는 시각자료를 찾아본다.
- 노래를 부르다가 교사가 시각자료를 가리키면 그 멜로디 패턴에 맞추어 '괜찮아' 부분을 노래한다.

그 곳은 작은 세상이지만
커다란 세상이 준비되는 곳입니다.
Jinyoung's Never Ending Melody

Music Activity 5

귀여운 삼보

작사/곡 김진영

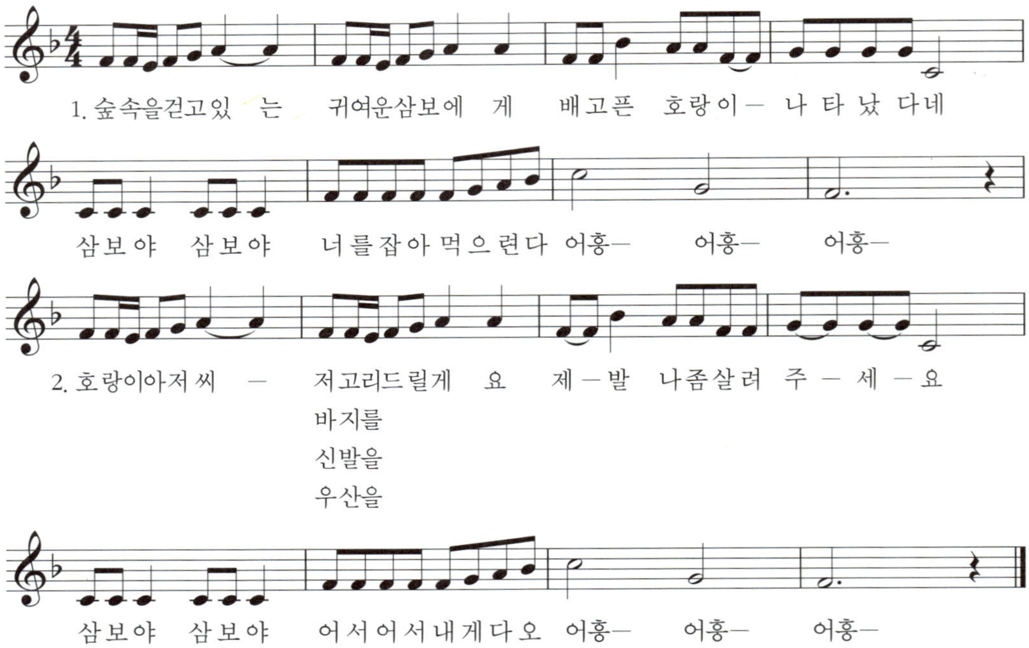

노래 이야기

이 노래는 동화의 내용을 바탕으로 만든 것입니다.
원래 노래 제목은 동화제목처럼 '검둥이 삼보'였으나
다시 책을 펴내면서 '귀여운 삼보'로 바꾸게 되었습니다.
다른 나라의 사람이나 민족을 지칭할 때
흔히 함께 붙어서 형용사처럼 사용하는 단어들이 있습니다.
그런데 그 안에 다른 사람들을 바라보는 부정적인 마음이나
놀리기 위한 의미가 들어 있기 때문에
그러한 여지를 남겨놓고 싶지 않았습니다.
동화의 제목은 〈꼬마 삼보〉로 바꾸어 사용하기도 하는데,
노래에서는 원곡의 노랫말과 음절 수를 맞추기 위해
'귀여운 삼보'라고 한 것입니다.

활동을 위한 제안

통합활동

■ 동화를 들려주면서 노래극을 보여 주듯이 노래로 불러줄 수 있다.

- 동화의 내용 중 삼보가 호랑이와 만나는 부분에서 노래를 부른다.
- '삼보야… 어흥' : 호랑이의 소리처럼 굵게 노래한다.
- '호랑이 아저씨… 살려주세요' : 삼보가 노래하듯이 가늘게 노래한다.
- 이야기 전개에 따라 노랫말을 바꿔 2~4절의 '바지', '우산', '신발'을 넣어 부른다.

■ 유아들과 동화 내용을 회상해보며 노래를 반복한다.

- 어떤 내용이 있었는지 이야기를 나누면서, "호랑이가 뭐라고 그랬지?" 하고 물어보며 노랫말 중 호랑이 대사 부분을 노래로 해본다.
- "그래서 삼보는 뭐라고 그랬니?" 하고 물어보며 삼보의 대사 부분을 노래로 해본다.
- 호랑이와 삼보가 주고받듯이 교사와 유아들이 나누어서 노래해 보고, 역할을 바꾸어서도 불러본다.

■ 이 동화의 이야기를 노래극으로 해볼 수 있다.

- 삼보와 호랑이들의 역할을 나누고 각 역할을 맡은 유아가 자신의 대사가 나오는 노랫말이 나오는 부분을 노래한다.
- 교사와 나머지 유아들은 앞의 네 마디인 '숲속을 걷고 있는… 나타났다네' 부분을 해설자가 되어 노래한다.

■ 동화를 들려주거나 노래극에 사용했던 자료를 음률영역 또는 역할놀이영역에 제시해 주면 유아들이 자연스럽게 노래를 반복해서 부를 수 있는 기회를 갖게 된다.

Music Activity 6

기다려줄게

작사/곡 김진영

노래 이야기

미국에 있는 유치원의 어느 반에서 참관수업을 하고 있을 때였습니다.
그 반에는 일반 유아들보다 발달이 느린 특별한 아이가 한 명 있었는데,
그 아이는 보조 선생님의 도움을 받아 날마다 한 가지씩의 과제를 하였습니다.
예를 들면, 반 아이들이 제일 좋아하는 과일은 무엇인지
한 명씩 찾아가서 물어보는 것입니다.

이 아이는 말이 느리고 어눌해서
다른 아이에게 말을 거는 것 자체가 쉬운 일은 아니었습니다.
그런데 놀랐던 것은
이 아이가 다가올 때 그 어느 누구도 싫은 기색을 보이지 않고
초롱거리는 눈으로 쳐다보며
그 아이가 말을 꺼낼 때까지 기다려 주는 것이었습니다.
오히려 보조해 주시는 선생님이
"지금 친구가 기다려주고 있네. 어서 말을 해보렴…"하고 격려해 줄 때까지도
아이들은 먼저 다그치지 않고 기다려 주었습니다.

그 모습에 감동을 받아 만든 노래가 바로 '기다려줄게' 입니다.
친구는 그런 존재임을 아이들을 통해 배웠습니다.
약한 점을 받아주고 옆에서 기다려 주는 존재라는 것을…

활동을 위한 제안

사전활동

■ 노래를 가르쳐 주기 전에, 이 노래를 만든 선생님이 경험한 이야기를 유아들에게 들려주어 이 노래가 나오게 된 배경을 설명해 줄 수 있다.

- 왜 이 아이는 말을 하는 것이 어려웠을지 이야기를 나누어 본다.
  [예] 사람마다 다른 점이 있기 때문데, 다른 사람이 할 수 있는 것을 못하는 경우가 있기 때문에 등
- 다른 아이들은 그 아이를 어떻게 대했는지에 대해 이야기를 나눈다.
  [예] 그 아이가 말을 할 때까지 기다려 주었다.
- 내가 어려워 하는 일, 잘 하지 못하는 일은 어떤것인지 이야기를 나누어 볼 수도 있다. 그때, 다른 친구들이 어떻게 대해주면 마음이 좋을 것 같은지에 대해서도 이야기해 본다.

노래 부르기

■ 노래를 들려준다.

- 그림자료 등을 사용하여 노랫말과 비슷한 상황의 모습을 보여 주며 노래로 불러준다.
- 어떤 노랫말이 들어 있었는지 이야기해 보도록 한다.

■ 노래를 함께 불러본다.

- 노래를 반으로 나누어 '내가 너의 곁에서 기다려줄게' 부분을 유아들이 부르고, 나머지 부분은 교사가 불러본다.
- 교사와 유아가 역할을 바꿔서 불러본다.

■ 노랫말을 바꿔가며 반복해 불러본다. 또 어떤 일에 친구를 기다려 줄 수 있는지 이야기를 나누고 노랫말에 맞추어 불러본다.

■ 노래의 내용으로 즉흥 노래극을 만들어 볼 수도 있다.

- 한 유아는 무엇인가를 느리게 하고 있는 행동(역할)을 하고, 다른 유아가 옆에서 기다려주며 노래를 불러준다.

기쁘게 기다려

작사/곡 김진영

노래 이야기

봄, 여름, 가을, 겨울이 계절을 이루고
12달이 1년을 이루는 것처럼
우리는 미리 쓸 수 없는 절대적인 시간을 앞에 두고
기다려야 할 때가 있습니다.

기다리는 우리에게 필요한 것이 있다면
그것은 미래를 준비하면서 현재를 열심히 살아야 하는 것과
미래에 대한 소망으로 현재를 기쁘게 사는 것입니다.

활동을 위한 제안

노래 부르기

■ 노래를 배운다.

- 그림자료를 사용하여 노랫말의 내용과 같이 사계절 동안 농부가 하는 일을 보여 주면서 노랫말을 제시한다.
- 노래를 교사가 불러주고 어떤 부분의 노랫말이 반복되었는지 물어본다('기쁘게 기쁘게 기

다려').

• 교사가 전체적으로 노래를 부르면 유아들이 '기쁘게 기쁘게 기다려' 부분만 불러보도록 한다.

• 중간 중간 노랫말을 확인하면서 노래를 다시 한 번 불러본다.

통합활동

■ 노래를 부르며 악기연주를 할 수 있다.

• 노랫말에 맞추어 각 계절별로 하는 일에 따라 어떤 악기를 연주하면 좋을지 이야기를 나눈다.

[예] '씨를 뿌리며' : 우드블록 두드리기, 마라카스 흔들기, 귀로 긁기, 트라이앵글 치기 등

• 목금(실로폰)의 '도(C)'와 '솔(G)' 음만 박자에 맞춰 연주하면서 노래를 부른다.

• 목금과 다른 타악기를 유아들이 나누어 함께 연주하며 노래를 부른다.

■ 노래를 부르며 신체표현활동을 할 수 있다.

• 농부가 되어 각 계절에 하는 일을 몸으로 표현해 본다.

• 노래하는 유아들, 연주하는 유아들, 동작으로 표현하는 유아들로 나누어 통합적으로 함께 표현해 볼 수 있다.

기쁨을 주는 생일

작사/곡 김진영

노래 이야기

'생명'이나 '탄생'이라는 말에 종종 따라오는 것이 있다면
그것은 '신비함' 또는 '경이로움'과 같은 단어입니다.
그만큼 탄생은 경이로운 것이고,
따라서 생일은 기쁜 날일 수밖에 없습니다.

활동을 위한 제안

노래 부르기

■ 노래를 처음 배울 때에는 노랫말의 내용을 이야기로 나누어 본다.

- 손인형 등을 사용하여 노랫말을 극화시켜 이야기해 본다.
- 노랫말의 내용을 질문과 답의 형식으로 나누어 볼 수도 있다.

[예] 오늘은 무슨 날일까?, 생일은 어떤 날일까?, 생일을 맞으니 기분이 어떠니?, 친구가 기

뻐하니 너희들의 기분은 어떠니? 등

- 생일은 태어난 것을 축하해 주면서, 동시에 앞으로의 삶을 축복해 주는 날임을 알고 축복의 말을 해줄 수 있다.

■ 유아가 생일을 맞았을 때 노래를 부른다.

- 노랫말 중 '친구' 부분에 생일을 맞은 유아의 이름을 넣어 '진영이', '진영이가' 등과 같이 부를 수 있다.
- 이 노래는 생일을 맞은 유아가 있을 때마다 부르게 되는 노래이므로 처음부터 완전하게 노래를 외우도록 하지 말고, 시간이 지나면서 자연스럽게 조금씩 익숙해지도록 한다.

통합활동

■ 생일 축하를 해야 하는 날 다양한 시간에 노래를 반복해서 들으며 함께 불러본다.

- 생일날 간식시간에 배경음악으로 듣는다.
- 유아들이 생일 선물로 줄 그림을 그리는 시간 등에도 배경음악으로 듣는다.
- 생일 축하를 하면서 선물을 주는 시간에 한 아이씩 나가서 자기가 그린 그림을 주는 동안 다른 유아들이 노래를 함께 부른다.

■ 생일 축하를 하는 동안 축하공연으로 악기를 연주하면서 노래를 부른다.

- 3박자에 맞추어 악기를 연주한다.
- 특별히 강조하고 싶은 부분에서는 다른 악기를 연주할 수 있다.

  [예] '아름답게 자라서' 부분에서 탬버린 흔들기, 이름 들어가는 부분에 트라이앵글 치기 등

기 차

작사/곡 김진영

Group1
Group2
Group3
칙 칙 칙 칙
폭 폭 폭 폭
칙 칙 칙 칙
폭 폭 폭 폭
칙 칙
폭 폭
칙 칙
폭 폭
칙 칙 칙 칙
폭 폭 폭 폭
칙 칙 칙 칙
폭 폭 폭 폭
칙 칙 칙 칙
철 로 위 를 달 리 네
p
폭 폭 폭 폭 폭 폭 폭 폭
f
폭 폭 폭 폭 폭 폭 폭 폭
칙 칙 칙 칙 칙 칙 칙 칙 칙 칙 칙 칙 칙 칙 칙 칙

빨 리 빨 리 달 리 네
p
폭 폭 폭 폭 폭 폭 폭 폭 f 폭 폭 폭 폭 폭 폭 폭 폭
칙 칙 칙 칙 칙 칙 칙 칙 칙 칙 칙 칙 칙 칙 칙 칙
산 과 들 을 지 나 서
p
폭 폭 폭 폭 폭 폭 폭 폭 f 폭 폭 폭 폭 폭 폭 폭 폭
칙 칙 칙 칙 칙 칙 칙 칙 칙 칙 칙 칙 칙 칙 칙 칙
빨 리 빨 리 달 리 네
p
폭 폭 폭 폭 폭 폭 폭 폭 폭 폭 폭 폭 폭 폭 폭 폭
칙 칙 칙 칙 칙 칙 칙 칙 칙 칙 칙 칙 칙 칙 칙 칙

노래 이야기

다른 교통기관들과 다르게 기차가 가지는 매력이 있다면
그것은 '빠르다', '길다' 라는 것에 더하여
'연결되어 있다' 는 것입니다.

유아들이 기차놀이를 즐거워 하는 것도
친구들과 줄줄이 연결되어
하나가 되어 움직이기 때문이 아닐까요.

활동을 위한 제안

사전활동

■ 노래를 배우기 전에 기차리듬놀이를 다양하게 해볼 수 있다.

- 왼손과 오른손을 각각 '칙'과 '폭'으로 정하고 교사가 왼손을 올리면 '칙' 소리를 내고 오른손을 올리면 '폭' 소리를 내도록 한다. 이때 양손을 각각 네 번씩 반복하기를 계속해 보고 익숙해지면 두 번씩 반복하기를 시도한다.
- '칙' 소리를 내는 그룹과 '폭'소리를 내는 그룹으로 나누어 교사의 지휘에 맞춰서 소리를 내어볼 수도 있다. 위와 같은 방법으로 각 소리를 네 번씩 반복하다가 익숙해지면 두 번씩 반복한다. 나중에는 양 그룹이 함께 소리를 내어본다.
- '칙' 소리와 '폭' 소리를 표시하는 다른 시각자료를 가지고 패턴 따라하기를 해볼 수도 있다. 즉, 시각자료를 사용하여 '칙-칙-칙-칙, 폭-폭-폭-폭, 칙-칙-칙-칙' 등과 같이 붙여 놓고 그 다음에는 무엇이 나올 차례인지 물어보며 붙여진 패턴처럼 반복해서 소리를 만들어 보도록 한다.

노래 부르기

■ '칙'과 '폭' 리듬 패턴에 맞추어 노래를 부른다.

- 유아들이 '칙'과 '폭'으로 패턴을 만들어 소리 내는 것에 익숙해지면 노래의 속도에 맞춰 유아들과 '칙폭' 패턴을 미리 녹음해 둔다.
- 반복해서 녹음해 놓은 '칙폭' 패턴을 효과음향처럼 사용하여 틀어놓고 그 박자에 맞추어

노래를 불러본다.

- 유아들이 노랫말을 익히면 '칙폭' 리듬 패턴 소리에 맞추어 노래를 불러본다 : 세 그룹으로 나눈 후 노랫말, '칙' 소리, '폭' 소리를 각각 내며 노래를 불러볼 수도 있다.

통합활동

- 노래에 어울리는 타악기를 찾아 함께 연주를 한다 : 모래종이를 붙여서 만든 악기(sand block)를 서로 비비면 기차의 칙칙거리는 소리와 비슷한 소리가 난다. 노래를 시작하기 전에는 기차 경적 소리를 내는 악기(train whistle)를 한 번 불어주면 노래에 흥이 난다.

- 목금을 사용하여 노래와 함께 연주한다.
  - 목금(실로폰)의 '도(C)'와 '솔(G)' 두 개의 음을 이용해 박자를 맞추어 두드리면서 노래를 해본다.
  - 연주에 익숙해지면 '도(C)'는 '칙' 소리에 맞추어 치고, '솔(G)'은 '폭' 소리에 맞추어 쳐본다.

김 장

작사/곡 김진영

노래 이야기

도시생활을 하는 아이들은
밭에서 채소를 재배하는 것을 볼 기회가 적습니다.

노래를 통해 간접 경험을 해보는 것도 좋지만
유아들이 자연을 접할 수 있는 환경을 만들어 줄 수 있다면 더욱 좋겠죠.

유치원에 텃밭을 만들어 무와 배추를 재배하고
겨울에 김장활동을 해본 후에
5세반 여아가 지은 시로 곡을 만들어 보았습니다.

활동을 위한 제안

사전활동

■ 노랫말과 관련된 이야기를 나누어 본다.

- 밭에 심은 채소들이 자라는 것을 관찰해 보고 무엇인지, 얼마나 자랐는지에 대해 이야기를 나눈다.
- 밭에서 키운 채소들로 만들 수 있는 음식에 대해서도 이야기한다.
- 김장의 의미에 대해 이야기를 나눈다.

[예] 지금은 많이 하지 않지만, 예전에는 겨울 동안 먹을 김치를 날씨가 추워지기 전에 많이

담가놓았어요. 또 김치가 얼지 않도록 땅을 파서 항아리를 묻어놓고 그 안에 김치를 넣어놓기도 했어요.

■ 김장을 해본다.

- 밭에 심은 무와 배추를 뽑는다.
- 무와 배추를 이용하여 김치, 깍두기 등을 담가 본다.

노래 부르기

■ 노래를 배운다.

- 노래 이야기처럼, 김장을 담가본 후에 어떤 아이가 만든 시로 노래를 만들었다고 알려주고 노래를 들려준다.
- 노래가 길지 않으므로 몇 번 반복하여 불러본다.

통합활동

■ 악기를 다양하게 연주하며 노래를 불러본다.

- 우드블록이나 틱탁블록처럼 나무로 만든 악기를 박자에 맞춰 두드리며 노래를 부르면, 노래의 느낌을 더 잘 살릴 수 있다.
- '김장을 담글 무' 노랫말이 나온 다음에 쉬는 세 박에서 다양한 리듬을 만들어 타악기로 연주해 본다.

  [예] 딱 – 딱 – 딱, 딱 – 따닥 – 딱, 따닥 – 딱 – 딱 등
- 노래 중에 '무' 와 같이 반복되는 단어가 나오는 부분에만 특정 악기를 정해서 연주해 볼 수 있다.

  [예] 트라이앵글 등

Music Activity 11

꼬마 산타

작사/곡 김진영

노래 이야기

산타할아버지가 오시는 날, 우리들은
무엇인가를 받고 싶어 기다립니다.

그러나 성탄절의 진정한 의미는
우리에게 사랑을 전해 주기 위해 오신 분처럼
우리도 그 사랑을 나눠 주려 하는 마음을
되새겨 보는 것이 아닐지…

사랑을 나눠 주고자
어떤 할아버지가 산타할아버지가 되고자 했던 것처럼
작은 아이들이지만, 꼬마 산타가 되어 볼 수 있다면
사랑을 나누는 마음을 길러 갈 수 있을 것입니다.

활동을 위한 제안

사전활동

■ 노랫말과 관련된 이야기를 나눈다.

- 산타할아버지는 어떤 분이지? 왜 선물을 주기로 하셨을까?(산타의 근원은 어느 할아버지가 가난한 아이들을 돕고자 하는 마음으로 선물을 주기 시작한 것에서 유래됨)
- 우리도 산타할아버지처럼 다른 사람에게 사랑을 전할 수 있을까?
- 사랑을 전하기 위해 우리가 할 수 있는 일은 어떤 것들이 있을까?

노래 부르기

■ 노래를 동작과 함께 배운다.

- '나는 나는 꼬마 산타' : 양손을 쥐고 엄지만 펴서 자기를 가리키는 동작을 반복한다.
- '사랑을 나눠 드립니다' : 손으로 사랑을 나누는 모습을 다양하게 표현해 본다.
- '나는 나는 꼬마 산타' : 양손을 쥐고 엄지만 펴서 자신을 가리키는 동작을 반복한다.
- '이 사랑을 받아주세요' : 손으로 하트 모양을 만들어 나눠주듯이 앞으로 내민다.

통합활동

■ 사랑을 나누어 줄 곳을 직접 찾아가 노래를 부를 수 있다.

- 꼬마 산타가 되어 양로원 등 아이의 사랑을 나눌 수 있는 곳에 찾아가 노래를 불러드린다.
- 양로원에서 할아버지, 할머니께 선물 등을 나누어 드릴 때 배경음악으로 미리 녹음한 노래를 틀어 놓는다.

Music Activity 12

꽃샘바람

작사/곡 김진영

노래 이야기

꽃샘바람은 아직 차가운 바람입니다.
그러나 겨울의 끝에서
봄이 오는 기쁜 소식을 알려줍니다.

그리고 꽃들은 그 소식을 듣고
밖으로 나올 준비를 합니다.

활동을 위한 제안

노래 부르기

■ 교사가 노랫말과 관계된 이야기를 노래극처럼 들려주며 소개한다.

봄이 되었어요.
목련나무 가지 끝에는 겨울 잠을 자고 있던 꽃잎들이
작은 봉우리 속에 웅크리고 있었어요.

그때 꽃샘바람이 불어오기 시작했어요.
'(노래로) 일어나요 일어나요 봄이 왔어요'

꽃샘바람은 목련 꽃잎들을 깨웠어요.

그러자 목련 꽃잎들이 대답했어요.
'(노래로) 알았어요 알았어요 지금 나가요'
목련 꽃잎은 하얀 얼굴을 내밀었어요.

- 이야기 속에 들어 있던 노래를 따라해 본다.

[예] 꽃샘바람이 뭐라고 하면서 꽃잎들을 깨웠지?, 꽃샘바람이 노래한 것처럼 너희들도 불러보겠니?, 그래서 꽃잎들은 뭐라고 대답했니? 등

- 노래 전체를 들어본다.

[예] 이번에는 이야기가 아니라 노래로 한 번 들어볼까?

- 이야기와 같은 부분의 노랫말을 함께 불러본다.

[예] 이번에는 선생님이 노래를 부를 때 너희들이 꽃샘바람이랑 꽃잎들이 되어서 노래해 줄래?

- 노래 전체를 함께 불러본다.

[예] 이제는 노래를 처음부터 끝까지 모두 함께 불러보자.

통합활동

■ 노래극으로 해본다.

- 유아들이 꽃샘바람과 꽃잎들의 역할을 맡아서 해보도록 한다.
- '꽃샘바람 꽃잎들을 깨우네'와 같은 해설 부분은 교사와 역할을 맡지 않은 유아들이 함께 부른다.

■ 노래를 부르면서 노랫말에 따라 신체로 표현해 본다.

- 꽃샘바람이 불어오는 것과 꽃잎들을 깨우는 것을 표현한다.
- 꽃잎들이 일어나는 모습을 다양하게 표현해 본다.

Music Activity 13

꽃씨 심기

작사/곡 김진영

노래 이야기

아빠와 함께 일을 하는 것은 즐거운 경험입니다.
하지만 아빠는 나보다 더 많은 일을 하십니다.
아빠는 내가 씨만 심으면 될 수 있도록
필요한 모든 환경을 준비해 주십니다.

그래도 아빠는 나와 함께 일한 거라고,
같이 해서 좋았다고 말씀하십니다.

아빠와 함께 심은 씨가 자라나는 것처럼
나도 아빠 마음의 깊이만큼,
생각의 높이만큼 자라길 소원합니다.

활동을 위한 제안

노래 부르기

■ 노래를 배운다.

- 이 노래는 아버지 참여일에 아빠와 함께 '꽃씨 심기' 활동을 하면서 부르기 위해 만들어진 노래로, 미리 활동 내용을 소개하면서 노래를 배워본다.

• 꽃씨 심기 활동의 순서표를 보면서 노랫말을 함께 익힐 수 있다.

■ 아버지 참여일에 아빠와 함께 노래를 나누어 불러볼 수 있다.

• '아빠와 함께 꽃씨를 심자' 부분은 같이 부르고, '아빠는 흙을 담고' 부분은 아빠가, '나는 씨 심고' 부분은 아이가 나누어 부른다.

■ 아빠와 함께 할 수 있는 일에는 또 어떤 일이 있는지 이야기를 나누고 노랫말을 바꾸어 부를 수 있다.

통합활동

■ 노래와 함께 왈츠처럼 춤을 출 수 있는 다양한 동작을 만들어 본다.

• 마주보고 인사하기
• 두 손 잡고 앞으로 가까이 갔다가 멀어지기
• 옆으로 빙글 돌아가기
• 한 손 잡고 상대방 돌리기

어렸을 적에는 이 세상에서
아빠가 제일 큰 줄 알았습니다.
어른이 된 지금도 아빠는 내 마음에서
제일 크신 분입니다.
Jinyoung's Never Ending Melody

Music Activity 14

꾹 참았네

작사/곡 김진영

노래 이야기

이 세상을 살아가는 데
아름답지만 쉽지 않은 두 가지가 있다면
그것은 '사랑'과 '용서'가 아닌가 싶습니다.

이를 위해서는 내 안에 존재하는 두 개의 내가 먼저 싸우게 됩니다.

내 안에 있는 어떤 나는 내가 받은 피해를
비슷하거나 같은 무게의 다른 방법으로 다시 돌려주라고 이야기하고
또 다른 나는 내가 받은 고통을 삼키고
상대방을 품어주라고 이야기합니다.

하나의 내가 또 다른 나를 이길 수 있을 때
다른 이의 잘못을 용납할 수 있는 넓이를 키워가게 됩니다.

활동을 위한 제안

노래 부르기

■ 노래를 배운다.

• 노래 속에 어떤 이야기가 들어있는지 귀 기울여 들어 보도록 하면 노랫말과 함께 멜로디를 자연스럽게 배울 수 있다.

• 교사는 질문을 통하여 유아들이 노랫말을 잘 듣도록 도와준다.

[예] 노래를 들어보자. 이 노래를 들으니까 어떤 생각이 드니?, 이 노래를 부른 아이는 마음이 어떨까?, 왜 이런 일이 일어났을까?, 이 아이는 그래서 어떻게 했니? 등

■ 비슷한 상황이 일어나거나 갈등 상황이 있을 때 이 노래를 불러본다.

• 노랫말을 바꾸는 것이 쉽지 않은 경우에는 교사가 도와주고, 유아가 '다음부터 그러지 마라' 부분을 함께 부르도록 할 수 있다.

통합활동

■ 노랫말에 어울리는 악기를 찾아 연주하며 노래한다.

• '친구가 내곁을 지나가다가' : 우드블록을 박자에 맞춰 친다.

• '무너뜨렸네' : 탬버린을 흔들거나 귀로를 긁는다.

■ 다양한 셈여림의 악상기호를 사용하여 노랫말에 맞게 넣어보고 그에 따라 다르게 부르면서 느낌이 어떻게 달라지는지 이야기를 나눈다.

• '쿵하고 싶지만' : 악센트(〈)

• '꾹 참았네' : 점점 약하게(decrescendo)

• '친구야 친구야' : 점점 크게(crescendo) 또는 점점 느리게(rit.)

• '다음부터 그러지마라 다음부터 그러지마라' : 처음에는 크게(f), 그 다음에는 작게(p)

Music Activity 15

나는 너에 대해 알고 싶어

작사/곡 김진영

노래 이야기

친구를 사귀는 것은 다른 사람에 대해 알아가는 것입니다.
친구가 무엇을 좋아하는지 알아가면서
그 친구가 좋아하는 것을 해주기도 하고
내가 무엇을 좋아하는지 알려 주어
친구가 나에 대해 알 수 있도록 도와주기도 하죠.

친구가 말하는 것을 듣는 것
친구에 대해 알아가는 것
친구와 함께
좋아하는 일들을 같이 하는 것
이 모든 것이 친구를 사귀는 즐거움이 됩니다.

활동을 위한 제안

사전활동

■ 노래와 관련된 다양한 활동을 해본다.

- 좋아하는 것 그리기(음식, 동물, 색깔 등)
- 좋아하는 것을 나타내는 그래프 위에 스티커 붙이기
- 자기가 좋아하는 것과 같은 것을 좋아하는 친구 찾아보기

노래 부르기

■ 노래를 배운다.

- 앞에 한 활동과 관련하여 노랫말의 내용에 대해 이야기를 나눈다.
- 전체적으로 노래를 한 번 들어본다.
- '나는 ○○색을 좋아해' 부분을 유아들이 돌아가면서 불러보면서, 자연스럽게 노래의 다른 부분도 익힌다.
- '너는 무슨 색을 좋아하니?' 대신 '너는 무슨 음식 좋아하니?' 등과 같이 노랫말을 바꿔 부를 수도 있다.

■ 노래를 부르며 다양한 활동을 해볼 수 있다.

- 술래를 다섯 명 정도 정하고, 노래를 부르며 돌아다니다가 술래가 된 아이들은 친구 한 명 앞에 서서 '너는 무슨 색을 좋아하니?'하고 노래로 물으면 앞에 선 아이가 '나는 무슨 색을 좋아해'하고 대답하는 노래게임활동을 해볼 수 있다.
- '너는 나의 소중한 친구니까' 부분에서는 앞에 있는 친구를 안아준다.

Music Activity 16

나는 믿어요

작사/곡 김진영

노래 이야기

우리는 안전지대에 살고 있지 않습니다.
이 세상에서 살아가는 동안
질병이나 사고 또는 범죄로부터
완전하게 보호받을 수 있는 사람은 아무도 없기 때문입니다.

그러나 그렇기 때문에 더욱
순간순간 함께 하며 지켜주는 보호자가
우리 아이들을 지켜주시길 믿으며 기도할 수 밖에 없습니다.

활동을 위한 제안

노래 부르기

■ 노래를 배운다.

- 노랫말과 관련하여 천사가 하는 일에 대한 이야기를 나눈다.

  [예] 아이들을 지켜준다, 아이들의 마음속에서 나쁜 일과 좋은 일을 가르쳐 준다, 아이들이 기도하면 하나님에게 전달한다 등

- 노래를 들려준다.
- 노래에 어떤 이야기가 담겨 있는지, 어떤 마음이 드는지 이야기를 나눈다.

• 노래의 멜로디(곡조)가 어떻게 되는지 허밍(음)으로 불러본다.

• 같은 멜로디 패턴이 반복되는 곳을 찾아본다.

[예] 미레미라솔

• 노랫말을 넣어 불러본다.

■ 노래를 다양한 시간에 불러본다.

• 하루를 시작하며 유아들과 함께 불러볼 수 있다.

• 아파서 결석한 유아에게 전화를 걸어 노래를 불러줄 수 있다.

• 노랫말 중 '나의 맘속에'를 '진영 맘속에'처럼 이름을 넣어 바꾸어 부를 수 있다.

• 노랫말 중 '누가 나와', '누가 나를' 부분을 '천사들이', '하나님이', '엄-마가' 등과 같이 바꾸어 부를 수 있다.

Music Activity 17

나는 친구가 좋아요

작사/곡 김진영

노래 이야기

유아교육기관은 유아들이 가정을 떠나서
처음 접하게 되는 사회이기에
유아들에게는 모든 것이 새롭습니다.
그러나 동시에
새롭게 만나고 새로운 경험을 하는 가운데
유아들은 새로 좋아하는 것들이 생깁니다.

이 노래는 5세 유아 유정민 어린이가
'친구가 좋다' 는 내용의 시를 지은 것을 보고
교사가 노래로 만든 것입니다.

활동을 위한 제안

노래 부르기

■ 노래를 배운다.

- 어떤 친구가 지은 시로 만든 노래가 있는데 들어보고 무엇에 대한 노래인지 맞혀보자고 말한다.
- 노래를 한 번 들려주고 무엇을 노래한 것인지 물어본다.
- 어떻게 알았는지, 왜 그렇게 생각했는지 물어본다.
- 노래 안에 '친구'라는 말이 몇 번 반복되었는지에 대해 아는 아이가 있는지 물어보고 다시 한 번 노래를 들려줄 때 노랫말을 잘 들으며 세어 보자고 한다.
- 의견이 분분하면 교사가 노래를 한 번 더 부르며 '친구'라는 단어가 나올 때마다 표시를 하여 함께 세어볼 수 있다.
- 노래 중에 '친구'가 나오는 부분을 유아들이 불러보도록 하고, 교사는 노래를 부르다가 '친구'라는 노랫말이 나오는 부분 앞에서 살짝 멈춘다.
- 노래 전체를 함께 부른다.

■ 노래를 다양한 방법으로 불러본다.

- 노랫말 중에 '라라라' 하는 부분을 다른 소리로 불러볼 수 있다.
  [예] 룰루루, 아아아 등
- 친구 외에 좋아하는 것이 무엇인지 찾아서 노랫말을 바꿔 불러본다.
  [예] 나는 장난감이 좋아요

나의 손으로

작사/곡 김진영

노래 이야기

우리 몸의 각 부분들은 다양한 기능을 할 수 있습니다.
유아들의 대/소근육이 발달하면서
할 수 있는 일들이 점점 많아지는 것을 보는 일은
탄생의 신비를 보는 것만큼이나 경이로운 일입니다.

활동을 위한 제안

노래 부르기

■ 노래를 배운다.

- 노랫말과 관련된 이야기를 나누고, 미리 준비한 그림자료를 보여 주며 손으로 할 수 있는 다양한 일에 대해 이야기한다.

  [예] 손으로 할 수 있는 일에는 어떤 것이 있을까?
- '손으로 할 수 있는 일'에 대한 노래가 있다고 말하고 노래를 들어본다.
- 어떤 노랫말이 들어 있었는지 이야기를 해본다.
- 똑같은 말이 반복되는 노랫말이 있었는지 찾아본다('나의 손으로'). 그 부분은 어떻게 부르는지 노래로 해본다('나의 손으로'라는 노랫말이 있는 부분은 멜로디도 같다).

• 유아들이 '나의 손으로' 부분을 부르면 나머지 부분을 교사가 불러본다.
• 이번에는 유아와 교사가 반대로 나누어 불러본다. 이때 교사는 공중에서 손가락으로 표시를 해주어 '먹-고' 부분처럼 높이 올라가는 곳에서 유아들이 높은 음을 내어볼 수 있도록 돕는다.

■ 노래를 다양하게 불러본다.

• 노래에 맞춰 손동작을 만들어 부를 수 있다.
• 노래의 각 소절이 끝날 때마다 의성어를 만들어 넣어볼 수도 있다.

[예] 나의 손으로 음식을 먹고- 냠냠, 나의 손으로 가위질하고-싹둑싹둑

• 손으로 할 수 있는 다른 일들을 찾아 노랫말을 바꿔 부를 수 있다.

[예 1] 나의 손으로 그림 그리고

[예 2] 나의 손으로 세수하지요

• '나의 손으로' 대신 '나의 발로' 등과 같이 다른 신체 부분을 넣어 할 수 있는 일을 찾아보고 노랫말을 바꿔 부를 수 있다.

[예 1] 나의 입으로 노래 부르고, 나의 입으로 밥을 먹어요

[예 2] 나의 코-로 숨을 쉬구요, 나의 코-로 냄새를 맡죠

Music Activity 19

나팔꽃

작사/곡 김진영

노래 이야기

이 노래는 유치원 교사 시절 반에서 기르던 나팔꽃을 보고 만든 곡입니다.
위를 향해 하루가 다르게 올라가는 나팔꽃을 관찰하는 것은
유아들뿐만 아니라 교사에게도 즐거운 일이었습니다.
꼬불거리며 위로 올라가서 꽃잎을 펼치는 나팔꽃의
가늘지만 아름다운 움직임을 표현합니다.

활동을 위한 제안

사전활동

■ 노랫말과 관련된 관찰 및 이야기 나누기를 한다.

- 나팔꽃을 키우며 유아들과 함께 관찰한다.
- 나팔꽃의 모양, 색깔, 움직임 등에 대해 이야기를 나눈다(나팔꽃의 줄기는 가늘고 힘이 없어 줄이나 나뭇가지 같은 것을 타고 올라간다).

노래 부르기

■ 노래를 배운다.

- 노래를 들어보고 어떤 노랫말이 있었는지 이야기해 본다.
- 유아들은 비교적 따라하기 쉬운 부분인 '꼬불꼬불… 올라가네', '높이 높이… 올라가네' 부분을 불러보도록 하고 나머지는 교사가 부른다.
- 반복해서 부르면서 나머지 부분도 유아들이 따라하게 한다.

통합활동

■ 노래에 맞추어 몸으로 표현해 본다.

- 나팔꽃이 되어 바닥에서 위로 점점 꼬불거리며 올라가는 모습을 나타내 본다.

  [예] 양손을 모으고 몸을 굽히고 있다가 지그재그로 점점 위를 향해 뻗는다.
- '꽃잎 활짝 펼치면' 부분은 어떻게 표현하면 좋을지 다양하게 제시해 보도록 한다.

■ 나팔꽃을 신체로 표현하기 위한 자료에는 무엇이 있을지 찾아보거나 만들어 본다.

- 손장갑 : 줄기(팔)가 올라가다가 꽃잎(손가락)을 펼치면 분홍빛이 보일 수 있도록 장갑 가운데에 꽃을 만든다.
- 우산 : 온 몸이 줄기가 되어 올라가다가 꽃잎이 펼쳐질 때 우산을 편다.
- 망토 : 망토로 온몸을 가리고 있다가 점점 일어서서 팔다리를 펼치면 꽃이 되도록 한다.
- 낙하산 : 여러 유아들이 원을 만들어 낙하산을 함께 잡고 움직임에 따라 펼쳐지는 것, 높이 올라가는 것 등을 표현한다.

■ 악기 연주로 노래의 이미지를 살릴 수 있는 방법을 찾아보고 노래하며 연주한다.

- 꼬불거리는 느낌 표현 : 귀로 등
- 꽃잎이 펼쳐질 때의 화사함 표현 : 윈드차임 등

Music Activity 20

낙엽

작사/곡 김진영

노래 이야기

바람이 몹시 불던 가을날,
길을 걷다가 나무에 달려 있던 노란 은행잎들이
한꺼번에 바람에 날려 떨어지는 모습을 보았습니다.
수직으로 한 번에 떨어지는 것이 아니라
바람에 이끌려 춤을 추듯이 내려오고 있었습니다.

그때 문득 저렇게 떨어지는 낙엽을
유아들이 몸으로 표현한다면
어떤 모습일까 궁금해졌습니다.

활동을 위한 제안

노래 부르기

■ 노래를 배운다.

- 목금과 같은 악기로 '와아와 리루루' 부분을 연주하며 소리가 어떻게 움직이고 있는지 들어보도록 한다(처음 '와아와 리루루'에서 점점 내려오다가 다시 '와아와 리루루'가 시작되는 부분에서 조금 올라갔다가 다시 내려온다).
- '와아와 리루루' 부분만 노래로 해본다.
- 손을 은행잎(또는 단풍잎)이 된 것처럼 움직여 보기도 하고, 머리 위에 얹고 있다가 '와아와 리루루' 부분에서 멜로디에 따라 손을 움직이며 내려오도록 해본다.
- 다시 한 번 노래를 부를 때에는 교사가 노래를 시작부터 부를 것이라고 이야기하고, "선생님이 바람이 되어 '후후'하고 불어주면 앞에서 해본 것처럼 가지에 붙어있던 나뭇잎들이 되어 '와아와 리루루'하고 춤을 추며 내려오자."고 이야기한다.
- 노래를 기억하는 아이들은 노래 전체를 같이 불러보자고 한다.

통합활동

■ 노래에 맞추어 다양한 신체표현활동을 해본다.

- 손으로 공중에서 떨어지는 나뭇잎을 표현한다.
- 누워서 팔다리를 하늘로 뻗어 올리고 손과 발을 이용하여 낙엽이 공중에서 날라다니다가 내려오는 모습을 표현해 본다.
- 몸 전체로 낙엽이 되어 본다.

■ 다양한 역할을 맡아서 표현해 본다.

- '나무' 역할을 맡은 유아는 제자리에서 움직이지 않고 바람이 불 때 가지(=팔)만 조금씩 흔들며 움직인다.
- '바람'이 된 유아는 지나가면서 낙엽의 움직임을 돕는다.
- '낙엽'이 된 유아는 스카프나 리본 등의 도구를 이용하여 낙엽을 표현해 본다.

■ 악기로 효과 음향을 내어본다.

- 바람 : 탬버린, 윈드차임, 또는 귀로 등
- 낙엽 : 마라카스 등

낙엽을 밟으며

작사/곡 김진영

노래 이야기

이 노래는 5세반 유아들이 지은
동시 〈낙엽을 밟으며〉에 곡을 붙인 것입니다.

아이들이 바라보는 세계는 한 편의 시와 같아
그들이 나누는 이야기는 노랫말이 되고
그들의 마음속에는 멜로디가 흐릅니다.

활동을 위한 제안

사전활동

■ 가을에 떨어진 낙엽들을 모아놓고 그것을 밟는 활동을 해본다.

- 유아들과 낙엽을 밟아본 후 느낌에 대해 이야기를 나눈다.
- 어떤 소리가 들렸는지 의성어로 표현해 보고 교사는 그 표현을 받아 적어 둔다.

노래 부르기

■ 노래를 다양한 방법으로 불러본다.

- 노랫말이 반복되는 부분은 교사가 먼저 한 마디를 부르면 유아들이 메아리처럼 반복해서 불러 본다. 그러나 처음부터 유아들이 박자를 잘 맞추기는 어려우므로, 교사가 두 번씩 부르되 유아들이 처음에는 잘 듣고 두 번째에 반복되는 부분을 같이 부르도록 한다. 유아들이 메아리 형식에 익숙해지면 교사가 처음 부른 후 반복될 때는 목소리를 줄인다.
- 낮은 음과 높은 음, 큰 소리와 작은 소리 등과 같이 음악의 다양한 느낌을 살려서 부르면 좋다.

통합활동

■ 낙엽을 밟는 소리뿐만 아니라 다른 소리들을 넣어서 노랫말을 바꿔서 불러 볼 수 있다.

[예] 우리 함께 악기 연주하며 어떤 소리 들리는지 얘기해요, 우리 함께 요리를 하며 어떤 냄새 나는지 얘기해요

■ 주변의 물체들을 이용해 다른 소리를 만들어 노랫말 대신 넣어 볼 수도 있다.

[예] 신문지 구기거나 찢어서 소리 내기, 종이나 비닐 등 다양한 재질을 구기거나 비벼 소리 내기 등

Music Activity 22

내 마음도 콩콩콩

작사/곡 김진영

노래 이야기

우리는 모두 다른 모습으로,
다른 장점들을 가지고 태어났기 때문에
모두가 같은 일을 잘 할 수는 없습니다.

내가 노래를 잘 할 수 없다면,
다른 사람이 부르는 노래를 듣는 것을 잘 할 수는 있습니다.

그래서 내가 못하는 것을 잘하는 사람을 질투하기보다는
그 사람의 장점을 함께 기뻐하고 즐길 수 있는 것이지요.

활동을 위한 제안

사전활동

■ 노래와 관련된 이야기를 나눈다.

• 내가 잘 할 수 있는 일 찾기, 친구가 잘할 수 있는 일 찾기 등 노랫말과 관련된 활동을 해볼 수 있다.

• 노랫말을 이야기로 꾸며 들려준다.

[예] 하람이는 노래를 너무 아름답게 부르는 아이였어. 준표는 노래를 잘 부르지 못했지만 하람이가 부르는 노래 듣기를 좋아했단다.

- 우리가 잘 할 수 없는 일을 다른 친구가 잘 할 때 어떤 마음이 드는지 이야기를 나눈다.
- 친구가 잘 하는 일을 똑같이 잘 할 수는 없더라도 어떻게 함께 할 수 있는지 이야기한다(도와준다, 칭찬해 준다 등).

노래 부르기

■ 노래를 배운다.

- 노래를 한 번 듣는다.
- 어떤 노랫말이 있었는지 이야기해 본다.
- 따라하기 쉬운 부분만 유아들이 해본다.

[예] '내마음도 콩콩콩', '라라라' 등

- 노래가 익숙해지면 전체를 모두 함께 불러본다.

■ 노래를 다양한 기회에 부른다.

- 친구가 잘 한 일이 있을 때 격려해 주기 위해 노랫말을 바꿔 부른다.

[예 1] 네가 그림 그릴 때 난 좋아 내 마음도 콩콩콩 그림 그리네

[예 2] 네가 춤을 출 때 난 좋아 내 마음도 콩콩콩 함께 춤추네

- 생일을 맞은 유아가 축하해 주는 친구들에게 감사한 마음을 답가로 불러줄 수도 있다.

통합활동

■ 5~6마디의 '라라라' 부분에 연주할 리듬 패턴을 만들어 함께 노래 또는 연주해 본다.

- 리듬 패턴의 예

박 자	1	2	3	4	1	2	3	4
리듬 패턴	콩	콩	콩	콩	콩	콩	콩	–
	콩	콩콩	콩	콩	콩	콩콩	콩	콩
	콩콩	콩	콩	콩	콩콩	콩	콩	콩

■ 노랫말을 바꿔 부르며, 리듬 패턴에 맞추어 노래할 의성어도 바꿔본다.

[예] '네가 그림 그릴 때' : 쓱쓱쓱…

내 마음이 기쁘단다

작사/곡 김진영

노래 이야기

유아들의 놀이 형태를 네 가지 종류로 나누기도 합니다.
혼자놀이, 병행놀이, 연합놀이, 협동놀이 등이 그것이죠.

혼자놀이(solitary play)는 말 그대로 유아가 혼자 앉아서 노는 것입니다.
병행놀이(parallel play)는 다른 유아와 나란히 앉아 놀기는 하지만
상호 작용함이 없이 혼자 노는 것입니다.
유아들이 다른 사람과의 관계를 점차 배우기 시작하고 사회성이 발달되면서
다른 유아들과 함께 같은 놀이를 하는 연합놀이(associative play)나
각기 다른 역할을 맡아 해보는 협동놀이(cooperative play)가 가능해집니다.

함께 지내기 위해서는 다른 사람이 무엇에 기뻐하고 무엇에 슬퍼하는지,
내가 어떻게 다른 이에게 즐거움이 되고 도움이 되는지
다른 이의 마음에 들어가 그 마음을 이해하는 법을 배워야 하겠죠.
그 배움은 친구가 어떻게 해주었을 때 내 마음이 기뻤는지 말해 보는
마음의 표현에서 시작하는지도 모릅니다.

활동을 위한 제안

사전활동

■ 노랫말의 내용과 연결하여 이야기를 나눈다.

- 놀이 후에 친구들과 지내면서 기뻤던 일에 대해 이야기를 나눈다.
- 노랫말과 비슷한 상황의 그림을 보여 주고 어떤 상황인지 이야기를 나눈다.

노래 부르기

■ 노래를 들려주고 어떤 노래였는지 이야기를 나눈다.

[예 1] 이 노래를 들으니 기분이 어떠니?, 왜 그럴까?

[예 2] 이 노래 속에서 아이는 왜 마음이 기쁘다고 했을까?

[예 3] 친구들과 지내면서 또 어떤 때에 마음이 기쁘니?

■ 노래를 부른다.

- '친구야 나의 친구야' 같이 쉽고 반복되는 부분을 유아들이 먼저 불러보게 하고 나머지는 교사가 부른 후에 바꿔 불러본다.

■ '장난감을 내게 나눠 주어서' 부분의 노랫말을 여러 가지로 다양하게 바꾸어 부를 수 있다.

[예] 너와 함께 재미있게 놀아서, 재미있는 이야기를 해줘서 등

■ 유아들이 잘 한 일이 있을 때 교사가 유아들을 격려해 주기 위해 노랫말을 바꾸어 불러줄 수 있다.

[예] 토끼반 모든 아이들 장난감을 잘 치워 주어서 토끼반 모든 아이들 내 마음이 기쁘단다

■ 부모님들에게 이 노래를 가르쳐 드릴 수 있다.

- 부모회 등의 시간에 부모님들께 유아들이 유치원에서 부르는 동요를 가르쳐 드린다.
- '친구야 나의 친구야' 대신 아이의 이름을 넣어 부르고 '장난감을 내게 나눠주어서' 대신 어떤 일에 마음이 기쁜지를 생각한 후 바꿔보도록 한다.

  [예] 건강하게 잘 자라주어서

Music Activity 24

다시 살아나셨죠

작사/곡 김진영

노래 이야기

우리의 눈으로는 볼 수 없지만 생명력을 가진 것들이 있습니다.
싹이 나오기 전 흙 속에 있는 씨앗, 아직 부화되지 않은 알,
엄마 배 속에 있는 아기 등이 그런 것들이죠.

이처럼, 우리의 눈에 보이지 않더라도
그 속에는 살아 있는 힘을 가진 것들이 있습니다.

그 힘이 딱딱한 껍질을 깨고 밖으로 나올 수 있게 되면
세상을 비추어 그 힘으로 살아갈 수 있음을 믿고,
그 능력이 존재함을 믿을 수 있게 되기를 소망합니다.

활동을 위한 제안

사전활동

■ 부활절에 대한 이야기를 나누어본다.

• 교회에서 부활 주일을 보냈거나, 물들인 계란 등을 선물 받은 유아가 있는 경우 부활절에 대한 이야기를 나눌 수 있다.

[예] 계란의 껍질은 딱딱하지만, 어미 닭이 따뜻하게 품어주면 그 안에서 병아리가 나오는 것처럼 죽어서 돌무덤에 묻혔던 예수님도 하나님이 다시 살려주셔서 살아나셨다는 이

야기를 담고 있다. 그러나 어린 유아들의 경우에는 발달 단계상 '살아 있는 것'과 '죽은 것'에 대한 인식이 어려울 수도 있으므로, 유아들이 이해할 수 있는 범위 내에서 이야기를 나눈다.

■ 미술활동으로 노랫말과 관련된 자료를 만들어 본다.

- 계란 모양의 딱딱한 종이에 다양한 방법으로 꾸미기를 한 후에 계란 모양 중간을 지그재그로 잘라서 조각 맞추기처럼 만들 수 있다.
- 미술활동으로 만든 자료를 알을 깨고 나오는 병아리의 모습을 보여주는 노래자료로 활용할 수 있다.

노래 부르기

■ 노래를 배운다.

- 계란을 품고 있는 어미 닭, 계란 속에 들어 있는 병아리, 돌무덤, 예수님 등의 그림자료를 이용하면 노랫말을 기억하는 데 도움이 된다.
- 미술활동시간에 만든 계란 모양을 사용해 노랫말을 전달할 수도 있다.
- 노래를 처음 배울 때에는 '삐약' 부분만 유아들이 불러 보게 한다. 또는 첫 두 소절만 유아들이 부르고 나머지는 교사가 부르다가 유아들이 불러보는 부분을 점차 늘려간다.

Music Activity 25

단 하나뿐

작사/곡 김진영

노래 이야기

쌍둥이도 다른 지문을 가지고 태어난다고 합니다.
그만큼 우리 한 사람 한 사람은 이 세상에 단 하나밖에 없는 특별한 존재인 것입니다.

때로는 약점이 될 수도 있는 다른 점을 가지고 있을지라도
이 세상에 존재하는 '나'는 단 하나뿐이기 때문에
다른 사람이 대신 할 수 없는 특별한 사람이고
내 주변의 친구들도 한 사람 한 사람 모두 특별한 사람입니다.

이 노래는 특수교육을 하시는 선생님들의 마음을 함께 담아 만들었습니다.

활동을 위한 제안

사전활동

■ 종이에 지문 찍기 활동을 해본다.

- 돋보기로 확대해서 보거나 사진을 찍어 컴퓨터에서 확대시켜 보면서 지문을 관찰한다.
- 지문이 어떻게 다른지, 같은 지문을 가지고 있는 아이가 있는지 찾아본다.
- 종이에 지문을 찍어본다.

■ 각 유아가 가지고 있는 다른 점을 찾아보는 활동을 해본다.

[예] 몸에 점이 있는 곳 찾아보기

노래 부르기

■ 노래를 부른다.

- 지문 찍기 활동을 통해 만든 시각자료를 사용하여 노랫말을 제시한다.

  [예] 내 손가락으로 도장을 찍으니까 어떤 무늬들이 나왔니?, 내 손가락의 무늬와 똑같은 무늬를 가진 친구가 있었니? 등
- 노래를 한 번 들려준다.
- 노래 속에 반복적으로 (가장 많이) 나오는 노랫말이 무엇이었는지 이야기한다(단 하나).
- 선생님이 노래를 한 번 다시 부르고 '단 하나' 노랫말이 나오는 부분에서 유아들을 가리키면 유아들이 그 부분만 불러보도록 한다.
- '내 친구 ○○도' 부분에서는 유아들의 이름을 하나씩 넣어 부른다.

통합활동

■ 노래를 부르며 악기 연주를 해본다.

- 3박자에 맞추어 신체부분으로 소리를 만들어 보거나 다양한 타악기를 연주해 볼 수 있다.
- '단 하나' 노랫말이 있는 부분의 음높이는 '높은 도(C´)'이다. 이 음높이에 맞는 핸드벨이나 톤벨 등을 가지고 '단 하나' 부분이 나올 때마다 흔들거나 칠 수 있다.

Music Activity 26

달팽이 미끄럼

작사/곡 김진영

노래 이야기

이 노래는 유치원 교사시절,
마당에 있던 달팽이 모양의 미끄럼을 탈 때
먼저 내려간 유아들이 다 내려가기도 전에 뒤의 유아가
내려와서 부딪히곤 하는 것을 보고
유아들의 안전을 생각하여 노래로 만들어 본 것입니다.

무엇을 하자, 하지 말자… 등의 규칙을 세우고
지키는 것에 초점을 맞추어
자칫 딱딱해질 수 있는 생활을
노래를 사용하여 자연스럽게 접근하면
조금 더 부드럽고 즐거운 삶이 될 수 있지 않을까 하는 바램으로
만들게 되었습니다.

활동을 위한 제안

사전활동

■ 이야기를 나눈다.

- 미끄럼틀에서 내려올 때 유의할 점을 이야기로 만들고 그림자료나 달팽이 미끄럼틀처럼 돌아 내려오는 형태를 지닌 교구를 이용하여 들려준다.

• 왜 앞의 친구가 내려갔는지 확인한 후에 내려왔을지 생각해 보도록 하고 이야기를 나눈다.
[예] 앞의 친구가 다 내려가기 전에 내려오면 내 발이 친구의 머리에 부딪혀 다칠 수 있다.

노래 부르기

■ 게임을 이용하여 노래를 배워본다.

• 달팽이 미끄럼틀에 대한 노래가 있음을 알리고 노래를 한 번 들어본다.
• 판에 준비된 노랫말을 붙여서 가려놓고 어떤 노랫말이 들어 있었는지 유아들에게 질문한 뒤 유아들이 대답한 노랫말의 가려진 부분을 열어본다.
• 나타난 노랫말만 부르고 가려져 있는 것은 '음음~'으로 부른다.
• 노래를 한 번 더 들어보기로 하고, 아직까지 가려져 있는 노랫말은 어떤 것인지 주의깊게 들어보기로 한다.
• 가려져 있는 노랫말을 맞춰본다.
• 맞춘 노랫말만큼 더해서 노래를 부른다.
• 필요에 따라 한두 번 더 들은 후 노래 전체를 모두 함께 부른다.

■ 노래를 다양한 활동에 포함시켜 불러본다.

• 실외 놀이 시에 달팽이 미끄럼을 유아들이 타고 있을 때 함께 노래해 본다.
• 노래에 맞추어 손동작을 만들어 본다.

닭

작사/곡 김진영

노래 이야기

생상의 음악 '동물의 사육제'를 들어보면,
각 동물의 특징을 음악을 사용하여 다양하게 표현하고 있는 것을 알 수 있습니다.

이 노래도
단지 노랫말이 어떤 동물을 설명하는 것뿐 아니라
곡조와 어우러지면서 그 동물의 이미지나 느낌을 표현할 수 있을까를
생각해 보며 만든 노래입니다.

활동을 위한 제안

노래 부르기

■ 노랫말을 탐색한다.

- 노랫말과 연관하여 닭의 움직임을 관찰해 본다.

• 노래를 들어보고 노래 속에서는 닭이 어떻게 움직였는지, 어떤 소리를 내었는지 등의 이야기를 나눈다.

■ 다양한 방법으로 불러보며 노래에 익숙해지도록 한다.

• '콕코코코콕코 푸드덕 푸드덕' 부분을 멜로디와 함께 반복해서 노래처럼 불러본다.
• 유아들이 '콕코코코-꼭꼬댁' 부분처럼 닭의 소리를 표현하는 비교적 쉽고 재미있는 부분을 불러보도록 하고 나머지는 교사가 부른다.
• 이번에는 같은 부분을 부르되 닭처럼 목을 아래로 젖히거나 위로 올리며 불러보도록 한다.
• 노래 전체를 부르되, 유아들은 익숙해진 부분만 부르고 나머지는 교사가 부른다.
• 반복해서 부르는 동안 유아들은 교사가 불렀던 부분도 익숙하게 되므로 다시 한 번 바꿔서 부르거나 전체를 불러보도록 한다.

통합활동

■ 노래의 움직임을 표현할 수 있는 닭을 만들어 노래와 함께 조작해 본다.

[예 1] 마리오넷(줄인형)으로 닭 만들기 : 목과 다리, 날개에 줄을 달아 노랫말에 맞게 움직여 볼 수 있다.

[예 2] 막대를 사용해 닭 만들기 : 목, 다리, 날개에 막대를 달아 아래에서 조종하면 움직이는 닭을 표현할 수 있다.

■ 노래를 동작으로 표현한다.

• 유아들이 '닭'이 된 것처럼 움직이며 동작으로 표현해 보면서 노래를 부를 수 있다.
• 표현을 돕기 위하여 머리에 쓰는 닭벼슬이나 팔에 끼우는 닭날개 등을 만들어 소품으로 사용할 수 있다.

■ 노래 속에 나오는 멜로디 패턴을 탐색해 본다.

[패턴 a]

이 부분에서는 닭이 부리로 다른 위치에 있는 모이들을 쪼아먹는 모습을 나타낸다. 음표가 나타내는 길이와 높이에 따라 모이를 쪼는 모습을 표현해 볼 수 있다.

[패턴 b]

이 부분에서는 닭이 날개를 위아래로 움직이는 모습을 표현한다. 음표가 지시하는 높낮이처럼 양팔을 날개짓하듯 위 아래로 움직여 본다.

[패턴 c]

이 부분에서는 닭이 목청을 울려 우는 소리를 표현한다. 음표가 지시하는 음높이처럼 몸을 아래에서 위로 움직이면서 소리를 내본다.

■ 노래 속에 반복적으로 나오는 멜로디 패턴을 사용하여 다양한 활동을 해본다.

- 여러 가지 멜로디 패턴이 그려져 있는 카드 중에서 같은 멜로디 패턴을 찾아본다.
- 노랫말을 나타내는 그림과 멜로디 패턴 짝짓기를 해보고 노래로 불러본다.
- 멜로디 패턴을 다르게 배열해 보고, 그 배열에 따라 노래를 불러본다.

■ 노랫말 부분에 적합한 타악기를 찾아서 연주해 볼 수 있다.

- '콕코코코' : 우드블록을 리듬에 맞추어 두드리기
- '푸드덕' : 마라카스 흔들기
- '꼭꼬댁' : 탬버린 흔들기, 귀로 긁기 등

■ 악기가 아닌 적합한 소리를 찾아 연주해 볼 수 있다. 예를 들어, 종이를 사용하여 노래를 부르며 다음과 같이 연주해 본다.

- '콕코코코' : 손톱으로 튕기듯 두드리기
- '푸드덕' : 종이 펄럭거리기
- '꼭꼬댁' : 종이 찢기

상상 속에서는
무엇이든 되어볼 수 있습니다.
Jinyoung's Never Ending Melody

Music Activity 28

동네 견학

작사/곡 김진영

노래 이야기

동네 견학을 나가서 둘러보게 되는
가게, 공공기관 등의 모든 곳은
유아들의 살고 있는 사회의 일부분인 동시에
새로운 호기심의 대상이 되는 환경입니다.

이 세상을 책임질 하나의 사회인으로 잘 성장해 가기 위하여
동네 견학을 하면서 주위를 둘러보는 것은
유아들에게 좋은 교육적인 경험이 될 것입니다.

활동을 위한 제안

사전활동

■ 동네 견학을 다녀와 이야기를 나눈다.

- 다녀온 곳에서 무엇을 보았는지 기억나는 것을 말해보도록 한다.
- 견학간 곳에서 유아들과 함께 관찰한 것들을 사진으로 찍어 두었다가 자료로 활용하면 효과적이다.
- 유아들이 말한 것들을 차례로 붙여본다.

노래 부르기

■ 노래를 배운다.

- 이 노래는 견학과 관련된 이야기 나누기를 진행하면서 부르면 자연스럽게 익힐 수 있다.
- 우리가 사진관에서 본 것을 노래로 불러보자고 말하고, 교사가 먼저 노래를 한 번 불러보겠다고 한다. 이때 유아들이 본 것을 말한 순서대로 가리키며 노래를 한다.
- 노랫말에 나왔던 것 말고 또 어떤 것이 있었는지 이야기해 보고 이야기에 맞추어 노랫말을 바꾸어 부른다. '(사진관에서) 무엇을 봤나 생각을 해보자' 하고 교사가 노래한 다음 부분에서 유아들이 같이 노래할 수 있도록 교사가 그림자료를 하나씩 짚어준다.

■ 견학 다녀온 다른 장소를 넣어 노랫말을 바꾸어 부를 수도 있다.

[예] 동물원, 식물원, 박물관 등

Music Activity 29

동물들의 악기 연주

작사/곡 김진영

노래 이야기

악기 연주는 유아들이 즐겨 하는 활동입니다.

이 노래를 부르면서 유아들이 악기의 특성과 음색,
그리고 연주하는 방법들을 탐색하고
함께 연주하는 기쁨을 누릴 수 있으면 좋겠습니다.

활동을 위한 제안

통합활동

■ 노래를 배우면서 동시에 악기를 소개한다.

- 동화를 들려주듯이 노랫말의 내용을 이야기로 소개한다.

  [예] 숲속의 동물들이 모여서 악기 연주를 했대. '둥둥, 찰찰, 삘릴리…' 재미나는 소리가 들리네. 어떤 동물이 연주하는지 한 번 살펴볼까?

- 각 동물이 연주하는 악기가 나올 때마다 그 악기의 이름과 쥐는 방법, 연주하는 방법 등을 소개한다.
- 유아들은 입으로 '둥둥둥둥' 등의 의성어를 함께 소리내보면서 악기를 연주하는 흉내를 내보도록 한다.
- 노래를 한 번 들어본다.
- 노래 속에 나오는 동물이 되어 악기를 연주할 아이들이 몇 명씩 나와 연주하는 부분을 직접 해본다(이때 피리는 유아들이 돌려가며 쓸 수 없으므로, 굵은 빨대를 이용하여 만든 모조 피리를 사용한다).
- 한 그룹의 연주가 끝나면 그룹을 바꾸어 다시 해본다. 이때 교사가 노래를 반복하게 되므로 유아들은 자연스럽게 노래를 익히게 된다.
- 여러 번 반복하여 유아들이 연주해본 후에는(처음 노랫말을 제시하기 위해 사용했던 시각자료의) 동물들이 연주를 할 것이라고 말하고, 유아들이 노래를 불러주도록 한다.

■ 다른 악기로 노랫말을 바꾸어 부를 수 있다.

- 악기에 맞게 다양한 리듬 패턴과 의성어를 만들어서 사용한다.

  [예] 강아지는 우드블록 치면서 '딱딱딱딱 딱딱딱', 고양이는 귀로를 긁으며 '그르르르륵~ 그르르르륵~' 등

- 유아들에게 어떤 동물이 어떤 악기를 연주하게 할지 상상력을 동원하여 이야기해 보도록 한다.

Music Activity 30

동산 가는 길

작사/곡 김진영

노래 이야기

아기가 태어나 몸을 스스로 가누지 못하고 누워있다가
뒤집고, 기어가고, 무엇인가 의지하여 일어서고,
한두 발자국씩 걷기 시작할 때의 감동은
모든 부모님들께서 공감하시는 부분일 것입니다.

아이들이 유치원이라는 곳에 들어가서
다른 친구들과 함께 손을 잡고 힘차게 앞으로 걸어가는 모습을 보는 것은
부모님들은 물론 선생님들에게도 기쁨입니다.

이 노래는 3세 반의 유아들이 야외 학습을 가기 위해
두 줄을 지어 손잡고 앞으로 성큼성큼 걸어가면서 '하나 둘' 구령을 외치는
귀엽고도 아름다운 모습에 대한 감동으로 만들어진 곡입니다.

세상을 향해 나아가는 아이들의 발걸음이
지금처럼 그렇게 힘차고 기쁘기를 소망합니다.

활동을 위한 제안

통합활동

■ 이 노래는 야외 학습이나 소풍 등의 야외 활동시간에 줄을 서서 함께 걸어갈 때 불러본다.

- 걸음에 맞추어 교사가 몇 번 부르면 유아들이 자연스럽게 따라하게 된다.

■ 다양한 형태의 걸음을 걸으며 그에 따라 노래로 변화를 주어 불러본다.

- 다른 빠르기로 걸어보기

  [예] 빠른 걸음으로 걸으며 노래하기, 천천히 걸으며 노래하기

- 걸음에 다른 무게를 싣기

  [예] 코끼리처럼 쿵-쿵-걸어보기, 고양이처럼 총총총총 걸어보기 등

■ '어린이 악대'가 되어 다른 타악기를 연주해 본다.

- 강박과 약박에 어울리는 악기들을 다르게 연주한다. 즉, 강박에 어울리는 악기는 첫 번째 박에, 약박에 어울리는 악기는 두 번째 박에 연주한다.

  [예 1] 강박 : 큰 북, 트라이앵글, 탬버린

  [예 2] 약박 : 작은 북, 캐스터네츠

- 박자를 맞추어 연주하기 좋은 악기를 가지고 첫박과 두 번째 박의 강약을 다르게 하며 연주해 본다.

  [예] 우드블록, 리듬막대, 캐스터네츠

- '앞으로 앞으로' 부분과 '신이 납니다' 부분에서는 리듬을 그대로 연주하면 느낌을 살릴 수 있다.

- '신이 납니다' 부분은 노래의 클라이막스로 악기를 사용하여 다양하게 표현할 수 있다.

  [예 1] 모든 악기가 함께 연주한다.

  [예 2] 심벌즈를 쳐서 강조한다.

  [예 3] 탬버린을 흔든다.

■ 노래극이나 음악 동화를 위한 노래로도 사용할 수 있다.

- 소풍을 가던 동물 하나가 친구를 만나고, 그 때마다 (그 동물을 표현하는) 악기가 하나씩 첨가되어 나중에는 여러 동물의 악기가 함께 연주하며 걸어간다는 내용을 담을 수 있다(노래 연주하기 3-2-3 부분 참조).

돛단배

작사/곡 김진영

노래 이야기

유치원 교사 시절, 옆 반 동료 교사였던 이순영 선생님의 아이디어로 만든 노래입니다.

돛단배를 단순한 교통수단의 하나로 생각할 수도 있지만 문제에 봉착했을 때 다양한 해결방법을 생각해 보는 능력을 키우기 위한 목적을 가진 노래이기도 합니다.

활동을 위한 제안

노래 부르기

■ 노래를 배운다.

- 노랫말을 전달하기 위해 이야기를 만들어 들려준다.

[예] 무인도에 남게 된 어떤 사람이 어떻게 하면 집으로 돌아갈 수 있을까 고민했다는 내용

- 시각자료를 사용하여 노랫말의 내용을 전달한다.
- 이런 노랫말을 가진 노래가 있다고 이야기하고 노래를 들어본다.
- 노랫말 속에서 이 사람이 바다를 건너기 위해 생각한 방법들에는 어떤 것들이 있는지 이야기해 보도록 한다. 이때 간단한 손동작으로도 함께 표현할 수 있다.
- 결국 이 사람은 어떻게 건너기로 했는지 이야기를 나누고 노래로 표현해 본다.
- 노래 전체를 함께 부른다.

통합활동

■ 노랫말을 다양하게 바꿔 불러본다.

- 생활하면서 생긴 문제를 해결하는 방법을 노랫말로 만들어 부른다.

  [예] 쏟아진 우유를 어떻게 닦을까?, 커다란 수박을 어떻게 먹을까? 등

■ 노래에 담긴 멜로디를 탐색하는 활동을 해본다.

- 멜로디의 흐름을 나타내는 시각자료를 사용하여 각 노랫말의 멜로디가 어떻게 움직이고 있는지 살펴볼 수 있다.

  [패턴 a] 음이 올라갔다 내려옴('저 넓은 바다를')

  [패턴 b] 음이 아래에서 위로 올라가는 것 반복('헤엄쳐 나갈까' 등)

  [패턴 c] 음이 위로 올라간 후 제자리에서 같은 음 반복('뚝딱뚝딱')

- 같은 멜로디 패턴 찾아보기 게임을 해본다.

  [패턴 a] 저 넓은 바다를=어떻게 건널까=아니야 아니야=돛을 달아서

  [패턴 b] 뗏목을 만들까=헤엄쳐 갈까나=두둥실 배 띄워

  [패턴 c] 뚝딱뚝딱=어푸어푸

- 같은 점과 다른 점 찾기를 해본다.

  [예 1] '헤엄쳐' : '갈까나' (음의 움직임은 같은데 리듬 형태가 달라 두 번째는 더 빠름)

  [예 2] '어푸어푸' : '건너야지' (리듬 형태, 즉 음의 길이는 같으나 음높이가 다름)

Music Activity 32

들어주세요

작사/곡 김진영

노래 이야기

관계에 있어서 말을 잘하는 것보다 더 중요한 것은
잘 들어주는 것입니다.
이 노래는 '경청'에 대한 내용을 담고 있습니다.

경청한다는 것은 단순히 상대방이 말하도록 하는 것이 아니라
눈으로 말하고 있는 상대방을 바라보며
귀 기울여 그 사람이 말하는 것을 들어주고
그 사람이 언어로 표현하지 못한
마음속의 이야기를 마음으로 읽어주는 것입니다.

활동을 위한 제안

사전활동

■ 듣기와 관련된 다양한 활동을 해본다.

- 소리 전달하기 : 한 줄로 서서 처음 사람이 말한 것을 다음 사람에게 전달하고 마지막 사람이 들은 이야기를 처음에 전달한 사람의 이야기와 맞춰보기

• 입모양 보고 알아맞히기 : 거의 들리지 않는 작은 소리로 이야기하는 것을 입모양을 보고 알아맞춰 보기

• 그림자료를 가지고 다양한 상황에서 다양한 표정을 가지고 있는 등장인물들이 무엇이라고 말하고 있는 것 같은지 이야기 나눠 보기

■ 듣기와 관련된 이야기를 나눈다.

• 듣기와 관련된 활동을 해본 소감에 대해 이야기를 나눈다.

• 어떻게 해야 다른 사람의 소리를 잘 들을 수 있을지 의견을 나눈다.

노래 부르기

■ 노래를 배운다.

• 노래를 한 번 들어본다.

• 노랫말에서 어른이 부르시면 어떻게 한다고 했는지 노래로 말해본다.

• 대답한 후에 무엇을 가지고 들어준다고 했는지 이야기해 보고 노래로 불러본다.

• 노래 전체를 부른다.

경청은 귀와 눈과 마음으로 듣는 것입니다.
Jinyoung's Never Ending Melody

Music Activity 33

들짐승을 집에서 못 키우는 이유

작사/곡 김진영

노래 이야기

들짐승은
사나워서,
몸집이 너무 커서,
자리가 좁아서,
너무 힘이 세고
밥을 너무 많이 먹어서
우리를 잡아 먹기 때문에
집에서 기를 수 없습니다.

들짐승은
손으로 할퀴면 아프니까
울면 소리가 너무 커서
사람을 밟을까봐
사람을 할퀼지도 모르니까
똥, 오줌을 아무 곳에다 누어서
목욕을 시킬 수가 없어서
집에서 키우기가 힘들어요.

– 1991학년도 이화유치원 무궁화반 어린이들 지음 –

활동을 위한 제안

노래 부르기

■ 노래를 배운다.

- 무엇에 대한 노래인지 물어본다.
- 노래의 소재를 유추할 수 있도록 해준 노랫말을 이야기해 보도록 한다.
- 노래 안에서 무슨 질문이 반복되었는지 물어보고 '왜 들짐승을 집에서 못 키울까 왜 못키울까?' 부분을 함께 불러보도록 한다.

■ 노래에서 왜 들짐승을 집에서 키울 수 없다고 했는지에 대해 이야기를 나눈다.

- 유아들이 노랫말에 나온 이유들을 기억하는 대로 이야기하면 교사는 그 부분을 노래로 불러준다.
- 유아들이 질문을 노래로 하면 교사가 노래로 대답하기로 한다.
- 역할을 바꿔서 교사가 노래로 질문하면 유아들이 노래로 대답해보도록 한다.

■ 들짐승을 집에서 키울 수 없는 이유에는 또 어떤 다른 것이 있을지 생각해 보고 이야기를 나눈다. 그리고, 그 이유들을 노랫말로 만들어 노래로 부른다.

통합활동

■ 노래 안에는 한 음씩 올라가다가(도-레-미-파) 위로 껑충 뛰어오르는(솔-도) 형태의 멜로디가 반복되어 나타난다. 이렇게 반복되는 멜로디에 맞추어 몸을 움직여 본다.

- 멜로디의 움직임에 따라 공중에서 손가락을 움직여 본다.
- 고양이 걸음처럼 총총총총 앞으로 걸어가면서 멜로디의 움직임에 따라 아래에서 점차 위로 올라가다가 하늘을 찌르듯이 뻗어 본다.

■ 노래와 관련된 음반을 들으며 몸을 움직여 본다.

- 〈김진영 동요 2집 : 소리나는 편지 Tr. 13〉에는 노래의 전주와 간주에 클래식 악기들로 다른 느낌이 드는 두 가지 형태의 음악이 연주되어 있는데, 이것을 듣고 다양한 활동을 해볼 수 있다.
- 음악을 들으니 어떤 느낌이 들었는지, 왜 그렇게 생각했는지에 대해 이야기를 나눈다.
- 만약 그 음악들이 들짐승을 표현한 것이라면 어떤 들짐승인 것 같은지 생각해 본다.
- 음악에 맞추어 들짐승이 된 것처럼 움직여 본다.

딩딩딩

작사/곡 김진영

노래 이야기

빨리 갈 수 있도록
길을 비켜 주어야 하는 차들이 있습니다.
불을 끄러가는 소방차나
아픈 사람을 병원으로 데려가는 구급차와 같은 차들이죠.

만약 우리 안에도 길이 있다면,
그리고 그 길 위에서 나의 생각과 마음이 다니고 있다면
더 약하고 급한 환자들을 위해
나의 생각과 마음을 열어
그들이 지나갈 수 있는 길을
만들어 줄 수 있으면 좋겠습니다.

활동을 위한 제안

노래 부르기

■ 노래를 배운다.

- 사이렌 소리를 들려주고 이야기를 나눈다.

  [예] 무슨 소리일까?, 무엇을 하러 가는 중일까?, 다른 차들은 어떻게 해야 할까?, 안에는 누가 타고 있을까? 등

- 노래를 듣고 노래 안에 무슨 소리가 많이 나왔는지 찾아보도록 한다('딩딩딩').
- '딩딩딩' 부분을 유아들이 불러보도록 하고(음높이에 맞추지 않고 소리만 리듬에 맞추어 불러도 좋다) 나머지 부분은 교사가 부른다.
- 질문하는 부분인 '딩딩딩… 어디가세요' 까지의 앞 부분은 유아들이 부르고 대답하는 뒷부분은 교사가 불러본다.

■ 노랫말을 바꾸어 불러본다.

- 노랫말을 바꾸어 소방차 대신 구급차와 같은 교통기관을 넣어 부를 수 있다.
- 이때 의성어는 무엇으로 하면 좋을지 의견을 나눈 뒤 유아들이 낸 아이디어로 바꾸어 부른다.

통합활동

■ 노래와 함께 악기 연주를 한다.

- '딩딩딩' 소리를 악기 연주로 대신 해본다.

  [예] 트라이앵글, 벨 등

- '불을 끄러 갑니다 길을 비켜주세요' 부분은 어떻게 연주하면 좋을지 의견을 나누고 그에 따라 연주한다.

  [예] 귀로 긁기, 탬버린 흔들기 등

■ 노래와 함께 몸을 움직이는 노래 게임을 해본다.

- 노랫말 '딩딩'이 나오는 부분에서는 소리에 맞추어 걷다가 다른 노랫말이 나오면 제자리에서 노래를 부른다.

Music Activity 35

따뜻한 장갑

작사/곡 김진영

노래 이야기

겨울이라는 계절이 가져다 주는 느낌은 춥고 시린 것입니다.
아무리 잘 덮고 두르더라도
밖에서 들어오는 차가운 바람을 막아내는 것은 쉽지 않습니다.

그러나 따뜻한 장갑처럼,
그 장갑을 챙겨주신 엄마의 마음처럼
추운 계절도 견딜 만하게 해주는 따뜻함이
우리 곁 곳곳에 있는 것에 감사합니다.

활동을 위한 제안

사전활동

■ 계절에 대한 이야기를 나누어 본다.

[예] 요즘 날씨가 어떠니?, 이런 날씨에 그냥 밖에 나가면 어떻게 될까?, 감기에 걸리지 않으려면 무엇을 입어야 할까? 등

■ 노랫말과 관련된 이야기를 만들어 들려준다.

- 인형이나 그림자료를 사용하여 코트, 모자 등을 위에 입힌다.
- 실제 옷을 가져다가 사용할 수도 있다.

노래 부르기

■ 노래를 배운다.

- 노래를 들어보고 어떤 노랫말이 들어 있었는지 이야기해 본다.
- 노래를 교사가 부를 때, 유아들은 '푹푹', '쑥쑥' 등의 의성어 부분만 불러보도록 한다.
- 노래를 다시 부를 때 같이 할 수 있는 부분은 유아들도 따라하도록 한다. 이때 시각자료를 가리키면서 노래하면 쉽게 익힐 수 있다.

■ 다양한 시간에 노래를 불러본다.

- 겨울철 실외 놀이를 나가기 위해 준비하면서 옷을 입으며 노래를 불러볼 수 있다.

통합활동

■ 노래에 맞추어 손동작이나 몸동작을 만들어 본다.

■ 노래를 부르며 의성어가 나오는 부분이나 쉬는 부분에 노랫말에 맞게 악기 연주를 해본다.

- '쑥쑥' : 귀로 긁기
- '푹푹' : 탬버린 치고 흔들기
- '찬바람이 들어오는 것일까?' : 마라카 흔들기 등

Music Activity 36

모두 함께 축하해

작사/곡 김진영

노래 이야기

성탄절은 세상의 모든 만물들이 축하한 날입니다.
학식이 많았던 박사들도 축하했고,
양을 치던 목자들도 축하했으며,
마구간의 동물들과 하늘의 별들도
그의 탄생을 축하했습니다.

그러므로 성탄절 행사를 할 때면
어른과 아이가 함께 축하할 수 있으며
우리가 가진 모든 것을 가지고
만들어 낼 수 있는 모든 아름다운 소리와
움직임으로 축하할 수 있습니다.

활동을 위한 제안

통합활동

■ 성탄절에 대해 이야기를 나눈다.

- 성탄절은 어떤 날일까?
- 성탄절을 축하할 땐 뭐라고 말해야 할까?
- 예수님의 생일은 어떻게 축하할 수 있을까?

■ 악기를 소개하며 노래를 배운다.

- 성탄절을 축하할 때 "메리 크리스마스!" 라고 말하는 것처럼 방울을 흔들며 축하해 보기로 한다.
- 이번에는 다른 악기들을 이용하여 축하해 보자고 하고 노랫말에 나오는 악기들을 하나씩 꺼내며 연주하면서 노래의 해당 부분을 부른다.
- 유아들은 악기를 하나씩 가지고 노래에 맞추어 연주해 보도록 한다. 이때 시각자료를 사용하여 등장하는 악기의 순서를 미리 제시해 보도록 한다.
- 교사는 노래를 천천히 부르며 각 악기가 나올 때마다 시각자료 또는 그 악기를 들고 있는 유아를 가리키며 지휘한다.
- 교사가 '모두 함께 축하해' 부분을 노래하면 유아들이 '기쁜 성탄절' 부분을 노래하고 마지막에 "메리 크리스마스!" 를 외치도록 한다.

■ 악기를 가지고 노래를 다양하게 불러볼 수 있다.

- 성탄 축하를 할 때 유아들이 악기를 가지고 노래에 맞추어 연주할 수 있다.
- 악기를 바꾸어 노랫말을 만들어 부르며 악기 연주를 해볼 수도 있다.

  [예] 북을 치면서 축하해, 귀로를 긁으며, 마라카 흔들며 등
- 유아들이 직접 만든 악기를 가지고 연주하며 노래해 본다. 이때 성탄 분위기가 나는 재료를 가지고 악기를 만들거나 장식하면 성탄절 분위기를 북돋을 수 있다.

  [예 1] 마라카 : 다양한 통에 방울이나 다른 재료들을 넣고 반짝거리는 장식으로 겉을 꾸민다.

  [예 2] 탬버린 : 종이접시를 성탄 분위기에 맞게 꾸민 후, 접시 가장자리에 방울을 단다.

무섭지 않아

작사/곡 김진영

노래 이야기

이 노래는 미국에 있는 유치원에서 교사로 재직했던 당시
3세 유아가 찬트(짧은 멜로디 패턴으로 만드는 노래)하는 것을 듣고 만든 것입니다.

그 유치원에서는 각 나라의 다양한 문화를 경험하기 위한 많은 활동들을 했었는데
용의 가면을 만들어 쓰고 춤을 추는 5세반 아이들을 보고
그것이 진짜 용인줄 착각하고 무서워서 울던 3세 유아가 생각납니다.

후에 5세반 형님들이 3세반에 찾아가
동생들에게 자신들이 만든 가면을 보여주고 어떻게 만들었는지 설명을 해주자,
3세 유아가 그것이 진짜가 아니었다는 것을 알고
이젠 더이상 무섭지 않다며 노래를 흥얼 거리는 것을 보았습니다.

어린 시절에 가지기 쉬운 많은 종류의 무서움의 대상들에 대하여
유아들이 이 노래를 부르면서 담대함을 얻게 되기를
소원하는 마음으로 만들었습니다.

활동을 위한 제안

사전활동

■ 노랫말과 관련된 이야기를 나눈다.

- 각자 자신이 가장 무서워 하는 것은 무엇인지 이야기해본다.
- 왜 무서운지, 실제 그것들이 나타나는지 아니면 생각이나 꿈에서 나타나는 것인지 이야기해본다(유아들은 꿈이나 생각에서 일어나는 일과 현실에서 일어나는 일을 뚜렷이 구분할 수 없음을 고려한다).
- 무서울 때는 어떻게 하는지, 어떻게 하면 덜 무서울지 이야기를 나눈다.

■ 가면 만들기 활동을 하면서 이야기를 나눌 수도 있다.

- 다양한 재료로 가면을 만든다.
- 가면을 쓰고 가면이 진짜 얼굴인지 아닌지 이야기를 나눈다.

노래 부르기

■ 노래를 배운다.

- 무서울 때 부르면 두려움이 사라지는 노래를 배우기로 한다.
- 무서운 것이 있을 때 이렇게 노래할 수 있다고 말하고 노래로 '나는 이제 무섭지 않아 정말 나는 이제 무섭지 않아' 부분만 먼저 교사가 불러준다. 그리고 같은 부분을 유아들도 따라 해 보도록 한다.
- '정말' 부분에서 더욱 강하게 '정! 말!' 하고 부르면 더욱 힘이 난다고 말하며 '나는 이제…' 부분을 한 번 더 불러본다.
- 노래를 처음부터 부를 때 불렀던 부분을 유아들에게 부르도록 한다.

■ 노랫말을 바꾸어 부른다.

- 또 무서워 하는 것들을 노랫말에 넣어 불러본다.
  [예] '어흥' 하는 호랑이가 무서웠었지
- 무서워 하는 것을 나타내는 가면을 쓰고 노래의 처음 네 마디를 불러볼 수 있다.

Music Activity 38

무엇일까?

작사/곡 김진영

노래 이야기

악기의 모양이나 음색과 같은 특색을 탐색하기 위하여
노래 게임으로 만들어 본 곡입니다.

활동을 위한 제안

통합활동

■ 그림을 보고 맞히기 게임을 노래로 해본다.

- 커다란 종이에 악기를 그려 전체를 가린 후에 부분적으로 잘라서 덮개를 씌워놓고 열어 보면 악기의 부분만 보이도록 시각자료를 준비한다.
- 교사는 그림을 보여주며 선생님이 덮개를 하나씩 열면 안에 무슨 그림이 들어있는지 맞히는 게임을 할 것이라고 이야기한다.
- 덮개를 하나 열었을 때 무엇인지 모른다면 노래로 '무엇일까?' 부분을 부르기로 한다.
- 만약 정답을 안다면 노래로 '그것은 ○○○' 하고 대답한다.

■ 노래 스무고개 게임을 한다.

- 선생님이 악기에 대하여 노래로 수수께끼를 낼 것이라고 이야기한다. 교사가 악기의 특징에 대하여 한 가지씩 말할 때마다 유아들은 노래로 '무엇일까?' 하고 묻는다.
- 노래로 제시되는 질문에 맞춰서 유아도 노래로 대답할 수 있도록, 교사가 시범적으로 노래

한 줄을 들려주고 유아들에게 대답하는 부분을 불러보게 한다.

- 교사는 마지막에 '그것은…' 부분을 노래한 후에 잠시 멈추고, 유아들에게 '무슨 악기일까?' 하고 묻는다.
- 유아들이 답을 맞추면 교사는 '그것은 피아노' 하고 노래로 불러준다. 그리고 유아들도 교사가 부른 것처럼 노래로 답을 맞혀보도록 한다.
- 또 다른 악기에 대하여 수수께끼를 내어보겠다고 하고 같은 방법으로 진행한다.
- 만약 유아들이 위의 방법처럼 하기 어려울 경우에는 손인형 두 개를 가지고 두 인형이 주고받듯 노래하며 노래 게임을 하는 과정을 보여준 후에 유아들과 함께 해볼 수도 있다.

■ 악기 연주와 함께 노래 게임을 한다.

- 연주하는 악기의 모양은 보지 못하고 소리만 들을 수 있도록 세 면이 가려지는 판을 만든다.
- 여러 종류의 악기를 판 뒤에 숨겨 놓는다.
- 수수께끼 형식으로 질문 부분의 마디를 노랫말 대신 악기로 연주한 후 '무엇일까?' 하고 노래로 대답하도록 한다.
- 답을 맞추기 전까지 여러 차례 악기를 연주한다.

■ 노래를 활용하여 다른 맞히기 게임을 해볼 수 있다.

- 악기가 아닌 다른 것을 맞히는 노래 게임으로도 활용할 수 있다 .

  [예] 동물 이름 맞히기, 교실에서 찾을 수 있는 것 맞히기
- 유아들이 직접 수수께끼를 만들어 보도록 할 수도 있다.

Music Activity 39

물고기 두 마리 보리떡 다섯 개

작사/곡 김진영

노래 이야기

빈 들에는 아주 많은 사람들이 모여 있었습니다.
그들은 배가 고팠지만 먹을 것이 없었습니다.

사람들에게 먹을 것을 주라고 했을 때
그렇게 할 수 있는 어른도 없었습니다.

누가 먹을 것을 가지고 있느냐고 물었을 때
한 아이가 물고기 두 마리와 보리떡 다섯 개를 가지고 나왔습니다.
그것은 그 아이가 가지고 있던 모든 것이었습니다.

물고기 두 마리와 보리떡 다섯 개를 가지고
축복의 기도를 하자 기적이 일어났습니다.
그곳에 있던 모든 사람들이 배부르게 먹고도
열두 광주리나 남은 것입니다.

활동을 위한 제안

사전활동

■ 노래와 관련하여 이야기를 나눈다.

- 자기가 가지고 있던 모든 것을 내어놓았던 아이의 이야기를 들려준다.

• 그 아이가 가진 것은 무엇이었는지, 얼만큼 가지고 있었는지, 내어놓을 때는 어떤 마음이었을지 이야기를 나눈다.
• 아이가 가지고 있던 것을 내어놓지 않았다면 어떤 일이 일어났을지 이야기를 나눈다.
• 왜 기적이 일어났을지 이야기해 본다.

노래 부르기

■ 노랫말을 배운다.

• 노래를 듣고 어떤 노랫말이 있는지 이야기해 본다.

■ 손동작에 맞추어 노래를 부른다.

• '나에게' : 한 손을 가슴에 놓았다가 주머니에 넣는 것처럼 아래로 내린다.
• '있는 것' : 반대편 손을 가슴에 놓았다가 주머니에 넣듯 아래로 내린다.
• '모두 다 드리니' : 양손을 주머니에서 꺼내 드리는 것처럼 손바닥을 위로 하고 하늘을 향해 올린다.
• '물고기 두 마리' : 양손을 모아서 물고기가 헤엄치듯이 지그재그로 움직이며 하늘쪽으로 올라가는 동작을 두 번 반복한다.
• '보리떡 다섯 개' : 주먹을 쥐고 보리떡처럼 둥글게 만들어, 양손을 번갈아 공중에 내려놓는다. 왼손, 오른손을 두 번 번갈아 공중에 내려놓고 마지막에는 양손을 모아서 함께 하늘 쪽으로 올린다.

통합활동

■ 물고기를 다양한 방법으로 만들어 본다.

[예] 편지 봉투에 물고기 비늘 모양을 그리거나 붙여 꾸민다. 머리 부분을 삼각형으로 접고 봉투 안을 채워 볼록하게 만든 후 꼬리 부분을 묶어서 물고기 모양처럼 만든다.

■ 만든 물고기를 이용하여 노래극을 해본다.

• 물고기와 보리떡을 가진 아이가 자기가 가진 것을 내어놓을 때 이 노래를 함께 부른다.

Music Activity 40

물놀이

작사/곡 김진영

노래 이야기

더운 여름날,
유치원 마당에 스프링클러를 틀어놓고
그 사이를 뛰어다니며 물놀이를 즐기는
아이들의 유쾌한 모습을 보면서 만든 노래입니다.

활동을 위한 제안

노래 부르기

■ 유아들이 물놀이활동을 할 때 배경음악으로 틀어놓아 자연스럽게 노래를 익히도록 한다.

- 즐거웠던 물놀이 경험을 이야기하면서 노래를 배운다.
- 노래를 들려주고 이 노래를 들어본적이 있는지 물어본다(유아들이 물놀이를 하면서 배경음악으로 들었기 때문에 이미 알고 있다고 생각하는 아이가 있을 수도 있다).

- '야호', '퐁퐁', '첨벙첨벙', '어푸어푸'를 연상시킬 수 있는 그림자료를 만들어 사용할 수 있다. 그림자료를 붙여가며 그림에 해당하는 소리를 하나씩 가르쳐 주고 노래를 부르면서 각 그림을 가리킨다.
- 유아들이 의성 · 의태어 부분을 불러보도록 하고 교사가 나머지 부분을 부른다.
- 노래 전체를 함께 불러본다.

통합활동

■ 노래에 맞추어 손동작을 만들어 볼 수 있다.

- '야호 신나는 물놀이다' : 양손을 위로 뻗어 신나는 느낌을 표현한다.
- '퐁퐁 물줄기 솟아나네' : 물이 위로 솟구치듯이 손가락을 모았다 펴며 양손을 번갈아 위로 올린다.
- '첨벙첨벙 랄라라' : 발장구를 치듯이 손과 발로 첨벙거리는 모습을 표현한다.
- '어푸어푸 하하하' : 수영하는 모습처럼 양손으로 앞에서 휘젓는다.
- '모두모두 즐겁게' : 즐겁게 춤을 춘다.

■ 두 가지 악기를 사용하여 노래하면서 연주해 본다.

- 박을 맞추는 악기 : 드럼이나 리듬막대 등을 박자에 맞추어 연주하면서 노래를 부른다.
- 중간에 강세를 주는 악기 : 마라카스나 트라이앵글 등과 같은 악기를 가지고 노랫말 중 의성어나 의태어가 나오는 부분만 연주한다.

■ 노랫말에 맞추어 어떤 악기를 연주하면 좋을지 유아들이 정하고 연주해 본다.

- '야호' : 탬버린 흔들기, 심벌즈 치기
- '퐁퐁' : 우드블록 치기, 트라이앵글 치기
- '첨벙첨벙' : 마라카스 흔들기, 캐스터네츠 치기, 방울 흔들기
- '어푸어푸' : 귀로 긁기, 마라카스 흔들기
- '모두모두' : 모두 함께 연주하기 등

Music Activity 41

물에 뜰까?

작사/곡 김진영

노래 이야기

이 노래는 물에 뜨는 것과 가라앉는 것을 알아보는 과학활동을 할 때 노래로 함께 부르기 위해 만든 것입니다.

활동을 위한 제안

통합활동

■ 과학활동을 하면서 자연스럽게 노래를 부른다.

- 물에 가라앉는 물체와 뜨는 물체를 예측해 본다.
- 물체를 물에 넣기 전에는 손에 쥐고 노래를 부른다. 이때 '물에 뜰까' 부분의 음은 높게, '가라앉을까' 부분의 음은 가라앉듯이 아래로 내려간다. 그러므로 멜로디 라인처럼 '물에 뜰까?' 부분에서는 물체를 공중에서 높이 들고, '가라앉을까?' 부분에서는 물체를 공중에서 아래로 내리면서 노래를 부른다.
- 다음 물체를 넣기 전에 같은 방법으로 노래를 부르며 유아들도 멜로디 라인이 움직이는 것처럼 공중에서 손을 움직여 보도록 한다.

■ 유아들이 과학활동을 하면서 예측한 답을 노래로 만들어 불러본다.

- 노래의 끝부분인 '어떻게 될까'를 부른 다음에, 만약 물체가 가라앉을 것이라고 생각하면 '가라앉지요' 등과 같은 노랫말을 '어떻게 될까'와 같은 멜로디에 맞춰서 부른다. 만약 물

체가 뜰 것이라고 생각하면 '뜰 거 같아요' 등과 같은 노랫말을 같은 멜로디의 끝음을 내리지 않고 부른다.

■ 노래에 맞추어 악기를 연주한다.

- '물에 뜰까'와 '가라앉을까' 부분만 다른 음높이를 사용해 연주해 본다. 높은 'A'와 낮은 'A', 그리고 중간에 있는 'E'. 이렇게 세 개의 음을 핸드벨과 같은 악기를 가지고 연주해 볼 수 있다. '물에 뜰까?' 부분에서는 높은 A를 연주하고, '가라앉을' 부분에서는 E를, 그리고 '까?'에서는 낮은 A를 연주한다.
- 만약 악기가 C 부터 높은 C까지의 C 음계로 되어 있는 것밖에 없을 경우에는 노래의 첫음을 F로 시작하고 '물에 뜰까?'에서는 높은 C를, '가라앉을까'에서는 G와 낮은 C를 연주하면 된다.

■ 핸드벨과 같은 음높이가 있는 악기의 두 개의 다른 음을 사용하여, 음높이 게임을 해볼 수 있다.

- 낮은 음과 높은 음을 구분하기 위하여 교사가 손을 내리면 낮은 음을 찾아서 연주하고 손을 올리면 높은 음을 찾아서 연주하는 게임을 간단히 해본다.
- '어떻게 될까?' 하고 예측한 다음에 유아들이 물체가 뜰 것이라고 생각되면 높은 음을 연주하고 가라앉을 것이라고 예상되면 낮은 음을 연주하는 것으로, 예측한 내용을 음으로 표현해 본다.

■ 두 개의 음높이를 사용하여 몸을 움직이는 간단한 게임을 해본다.

- 우리 몸이 물에 들어가는 물체라고 생각하고 높은 음을 들으면 물에 뜬 것처럼 몸을 높이 올리고 낮은 음을 들으면 가라앉은 것처럼 몸을 낮게 숙이도록 한다.

Music Activity 42

민속의 날

작사/곡 김진영

노래 이야기

이 노래는 유치원에서 '민속의 날' 행사를 하며
유아들이 예쁜 한복을 입고 여자 아이들은 댕기를 머리에 달고 와서
그네를 타는 모습을 보고 영감을 받아 만든 노래입니다.

활동을 위한 제안

사전활동

■ 노랫말과 관련하여 이야기를 나눈다.

- 널뛰기 틀을 준비하여 실외 놀이시간에 이야기를 나누어 볼 수 있다.
- 널뛰기를 해본 경험에 대해 이야기를 나눈다(당시의 기분 및 시소와의 차이점 등).
- 널뛰기의 유래에 대해 이야기를 해준다(집 밖으로 아무 때나 나갈 수 없었던 옛날에 우리나라 여자들이 담장 밖을 볼 수 있도록 몸을 뛰어오르게 만든 놀이).
- 한복의 모양에 대하여 이야기를 나눈다(옛날에 어떤 옷을 입었을까?, 댕기는 누가/어디에 하는 것일까? 등).

노래 부르기

■ 노래를 탐색한다.

- 그림이나 인형을 사용한 시각자료를 이용해 널뛰기하는 모습을 보여주고 무엇을 하는 모습인지 이야기를 나눈다.
- 노래를 단모리(또는 휘모리)장단에 맞추어 들려준다.

■ 노래를 부른다.

- 유아들이 '쿵덕 쿵덕 널을 뛰자' 부분을, 교사가 '댕기도 들썩들썩 춤을 추네' 부분을 불러보고 또 바꾸어서 불러본다.
- 다른 놀이로 노랫말을 바꾸어 불러본다(조윤미, 2004).

[예] 영차-영차 씨름을 하자 샅바로 들썩들썩 들어-보자
덩덕기 덩덕 탈춤을 추자 한삼도 펄럭펄럭 춤을 추네

통합활동

■ 단모리(휘모리)장단을 듣고 따라해 본다.

- 단모리장단

덩	덕덕	쿵덕	쿵

■ 장구의 북편과 채편을 사용하여 교사가 연주하면, 유아들은 어떻게 다른 소리가 나는지 듣고 이야기한다.

- 덩 : 북편과 채편을 동시에 친다.
- 덕 : 채편을 채로 친다.
- 쿵 : 북편을 친다.

■ 교사가 장구를 칠 때, 장단에 맞추어 유아들이 몸으로 또는 악기를 사용하여 소리를 내본다.

■ 장구를 장단에 맞게 치면서 노래를 부른다.

■ 노래에 맞추어 몸을 움직인다.

- 장구의 양쪽 채에 널을 뛰는 모양의 한복 입은 인형을 붙여놓고 장구를 치지 않는 쪽의 채를 높이 들어 널뛰는 것처럼 표현할 수 있다.
- 유아들을 두 그룹으로 나누어 채가 올라가는 쪽에 앉은 유아들은 널뛰는 것처럼 일어섰다 앉기 또는 손을 위로 들었다 내리기를 해볼 수 있다.

Music Activity 43

바닷가에서

작사/곡 김진영

노래 이야기

이 노래는 5세반이었던 노현태 유아가 그린
그림에 대한 이야기를 듣고 노래로 만든 것입니다.

그림 속 배경은 바닷가로 한 가족이 서있었는데
그 중 남자 아이는
발 한쪽을 바다쪽으로 뻗고 있는 모습이었습니다.

엄마, 아빠, 누나와 바닷가에 가서 재미있게 놀고 있었는데
자꾸만 파도가 밀려와
화가 나서 발로 찼더니 신발만 젖었다는
이야기가 그림 아래 쓰여져 있었습니다.

활동을 위한 제안

노래 부르기

■ 노래를 배운다.

- 노래 이야기의 내용을 담고 있는 그림을 보여준다(이것은 어떤 남자 아이가 그린 그림이야. 그림에 어떤 이야기가 숨어 있을까?, 여기는 어디일까?, 그림 속에 누가 있니? 등).
- 그림을 사용하여 노랫말을 전달한다 .

  [예] "이 아이는 아빠, 엄마, 누나와 함께 바닷가에 갔었대. 가족들과 함께 공놀이도 하고 모래쌓기도 하면서 재미있게 놀고 있었어. 그런데 자꾸 파도가 밀려와서 모래로 쌓아놓은 집을 무너뜨리니까 아이는 화가났어. 결국 발로 파도를 뻥 찼지. 그 뒤 어떻게 되었을까?"
- 이런 이야기를 가진 노래가 있다고 이야기하고 노래를 한 번 들려준다.
- 유아가 부를 수 있는 부분을 부르도록 한다.

  [예] 아빠, 엄마, 누나와 함께…
- 그림자료를 사용하여 노랫말에 맞는 그림을 가리키며 노래 전체를 부른다.

통합활동

■ 노래 안에 들어 있는 음정을 이용하여 게임을 해본다.

- 노랫말의 '아빠, 엄마, 누나와 함께' 멜로디를 보면 아빠는 '솔라,' 엄마는 '솔파,' 누나는 '미파미'로 정해져 있다. 이 부분을 따로 불러보고, 교사가 목금 등 음높이가 있는 악기로 음정을 연주하면 어떤 가족을 나타내는 것인지 맞춰보도록 한다. 이 활동에 익숙해지면, 반대로 교사가 가족을 이야기하고 유아가 악기로 음정을 연주해 볼 수도 있다.

■ 노랫말의 멜로디에 맞추어 손을 움직여 본다.

- '파도가 밀려와서' 부분과 '파도를 발로 찼더니' 부분은 같은 멜로디 패턴으로 구성되어 있다. '밀려와서'와 '발로 찼더니' 부분의 멜로디 패턴을 들려주고 음이 어떻게 움직이는지 탐색하도록 한다.
- 멜로디의 움직임에 따라 손을 공중에서 움직이면서 앞으로 밀면서 올라갔다가 뒤로 빠지듯 내려오는 것처럼, 멜로디의 높고 낮은 흐름을 표현해 본다.

봄

작사/곡 김진영

노래 이야기

유치원 교사를 하면서 그 전과 달라졌던 점이 있다면
계절의 변화를 더욱 민감하게 느끼게 된 것입니다.
모든 감각을 사용하여
계절에 따라 달라지는 것들을 발견하게 되었죠.
이 노래는 다양한 감각을 사용하여
봄을 느껴볼 수 있도록 만든 것입니다.

활동을 위한 제안

사전활동

■ 노랫말과 관련하여 다양한 활동을 해본다.

- 마당이나 동산으로 나가 봄을 느껴본다.
- 잎사귀가 움트기 시작하는 것 등을 관찰한다.

- 눈을 감고 소리를 들어본 후, 어떤 소리들이 들렸는지 이야기를 나누어 본다.
- 풀냄새, 꽃향기 등을 맡아본다.

노래 부르기

■ 노래를 배운다.

- 봄을 느낄 수 있는 감각적 신체 부위 그림자료를 준비한다(귀-청각, 눈-시각, 코-후각, 팔-촉각). 처음에는 두 개 정도의 감각만 제시해도 좋다.
- 각 신체 부위 그림자료를 보여주며 무엇을 할 수 있는 부위인지 묻는다.

  [예] 귀-소리를 듣는다, 눈-모습을 본다, 코-냄새를 맡는다, 팔-감각을 느낀다 등
- 교사가 그림자료를 가리키면, 신체부위에 따라 노래의 첫 부분인 '들어요', '보세요' 등을 멜로디에 맞추어 불러보도록 한다. 유아들이 첫 부분을 부르면 교사가 '봄의 소리를' 또는 '봄의 모습을'과 같이 다음 부분을 불러준다.
- '봄의 소리에는 어떤 것들이 있을까?' 라고 물어보며 밖에서 느껴본 봄의 경험을 회상해 보도록 한다. 유아들이 경험을 이야기하면 노래의 나머지를 교사가 불러준다.
- 유아들이 '들어요 봄의 소리를' 부분을 부르고 두 번째 부분은 교사가 불러본다. 이때 노랫말에 맞추어 각 신체 부위를 가리켜 보도록 할 수도 있다.
- 노래 전체를 함께 부른다.

통합활동

■ 신체 감각을 사용하는 다양한 과학활동을 하면서 노래를 부른다.

- 청각 : '들어요. 무슨 소린지 귀기울여 소리를 들어보세요.'
- 후각 : '맡아요. 무슨 향인지 이 통의 냄새를 맡아보세요.'
- 촉각 : '느껴요. 무슨 물체인지 주머니에 손을 넣어 느껴보세요.'

봉숭아

작사/곡 김진영

노래 이야기

교실 옆 작은 뜰에
여러 가지 꽃들을 심고 관찰하곤 했습니다.
그 중 하나가 봉숭아였는데,
유아들과 함께 봉숭아 꽃을 따다가 빻아서
손톱에 물을 들이고 싶은 아이는 나누어 가져가기도 했습니다.

다음 날 아침 작은 손톱에 빨간 물이 들어 교실로 들어오는
유아들을 보며 웃음짓던 모습들이
마음속에 추억으로 남아있습니다.

활동을 위한 제안

사전활동

■ 노랫말과 관련하여 봉숭아 물들이기 활동을 해본다.

- 유아들과 함께 봉숭아 잎을 딴다.
- 조약돌을 잘 씻어서 봉숭아 잎과 백반을 함께 빻는다.
- 빻은 복숭아를 한 번 물들일 수 있을 만큼 나누어 담아 놓는다.
- 집에 가기 전 모여 앉았을 때, 손톱에 봉숭아 물을 들이는 방법을 알려주고 직접 해보고 싶은 아이들에게 나누어 준다.

노래 부르기

■ 봉숭아 물들이기 순서표를 보면서 노래를 부른다.

■ 노랫말에 맞추어 손톱에 봉숭아 물을 들이는 과정을 손동작으로 만들어 표현해 볼 수 있다.

- '빨간 꽃잎 똑똑 따다가' : 엄지와 검지로 집게를 만들어 공중에서 꽃잎을 따듯이 움직인다.
- '조약돌로 콩콩 찧어서' : 한쪽 손바닥을 펴서 위로 향하게 놓고 그 위를 다른 손으로 주먹을 만들어 콩콩 빻듯이 두드린다.
- '손톱 위에 사뿐이 올려놓으면' : 한손의 엄지와 검지로 집게를 만들어 다른 손의 손톱 위에 무엇인가 올려놓는 모습을 표현한다.
- '내일 아침 어떻게 될까?' : 한손 검지만 펴서 머리에 댄 후 생각하는 모습을 표현한다.

통합활동

■ 노랫말에 맞추어 악기 연주를 해본다.

- '빨간 꽃잎 똑똑 따다가' : 우드블록을 똑똑 두드리거나 캐스터네츠를 친다.
- '조약돌로 콩콩 찧어서' : 북을 콩콩 친다, 탬버린을 두드린다.
- '손톱 위에 살며서 올려놓으면' : 마라카스를 흔든다, 귀로를 긁는다.
- '내일 아침 어떻게 될까?' : 트라이앵글을 친다.
- '빨간 물이 손끝에 들지' : 윈드차임을 연주한다.

Music Activity 46

발바닥 밟기

작사/곡 김진영

노래 이야기

이 노래는 유아들과 함께 발바닥 찍기 미술활동을 하고 나서 그것을 이용한 노래 게임을 하기 위해 만든 곡입니다.

활동을 위한 제안

사전활동

■ 발바닥 모양 만들기 활동을 한다.

- 발바닥에 물감을 바르고 도장을 찍어본다.
- 발바닥을 대고 바깥 선을 그린 후에 자르고 발바닥 모양 꾸미기를 해볼 수도 있다.

■ 발바닥 모양들은 잘 말린 후에 투명테이프를 붙이거나 코팅을 하여 준비해 놓았다가 음률활동을 할 수 있는 공간의 바닥에 붙여 놓는다.

- 노래를 부르는 동안 발바닥 모양을 붙여 놓지 않은 공간으로 다니게 될 것이기 때문에 유아들이 자유롭게 돌아다닐 수 있는(그림이 붙어 있지 않은) 공간이 충분히 확보되도록 유의한다.
- 발바닥은 두 개를 한 세트로 붙여서 두 발로 올라서도록 하거나 한 개씩 따로 붙여서 한 발로 균형을 잡아 올라설 수 있도록 돕는다. 그러나 한 발보다는 두 개의 발을 세트로 붙이는 비율을 더 많게 한다.

• 발바닥 모양을 붙일 때, 다양한 각도나 위치에 붙이도록 하여 그 위에 올라섰을 때 다양한 자세가 되도록 한다.

통합활동

■ 이 노래는 몸을 움직이며 게임을 하면서 쉽게 익숙해질 수 있기 때문에 따로 노래를 배우는 시간을 정하지 않고 노래 게임을 하면서 자연스럽게 배울 수 있도록 한다.

■ 노래 게임을 한다.

• 노랫말을 가지고 게임의 규칙을 설명한다.

[예] 노래를 부르면서 발바닥 사이로 다닐거야. 발바닥 모양이 있는 곳은 밟으면 안 된단다. 그리고 선생님이 피아노 소리를 멈추면 발바닥 모양 위에 올라서서 얼음처럼 움직이지 않는거야.

• 교사가 노래를 부르면서 게임을 한다.

• 유아들에게 노래도 함께 부르면서 돌아다니자고 이야기하면 유아들이 귀에 익숙해진 노래를 부르게 된다.

■ '피아노를 멈추면' 대신 신호가 되는 방법을 바꾸어 본다.

[예] 탬버린을 흔들면, 트라이앵글을 치면 등

■ 목금을 이용하여 연주할 수 있다.

• 목금을 이용하여 1도와 5도의 음(이 노래의 경우 'D'와 'A') 두 개를 박에 맞추어 치면서 노래를 부른다.

• 이때 음을 얼마나 자주 치는가에 따라 발바닥 사이로 걸어다니는 걸음걸이의 빠르기가 달라질 수 있다. 예를 들어 매 첫박에만 치면(온음표의 길이만큼) 천천히 성큼성큼 걷도록 하고, 박에 맞추어 치면(4분 음표의 길이만큼) 걸어가는 느낌으로 다니게 되며, 한 박을 두 개의 음(D와 A)이 번갈아 들리도록 나누어 치면(8분 음표의 길이만큼) 종종 걸음으로 걷거나 뛰어 다니는 느낌으로 다닐 수 있게 된다.

Music Activity 47

비행기

노래 이야기

비행기를 타고 높이 올라가면
내가 살고 있는 땅은 더욱 작게 보이고
하늘은 더욱 높게 보입니다.

그것이 이 땅에 살면서 내가 크다고 할 수 없는 이유이고
위로 조금 올라갔다고 해서 내가 높이 있다고 할 수 없는 이유입니다.

활동을 위한 제안

사전활동

■ 노래와 관련하여 교통수단의 종류와 특성에 대해 이야기를 나눈다.

- 우리가 탈 수 있는 교통수단에는 어떤 것들이 있을까?
- 각 교통수단들은 어디로 다닐까?

■ 비행기를 타본 경험에 대한 이야기를 해본다.

- 비행기를 타본적이 있니?
- 비행기를 타고 창밖을 보면 무엇이 보일까?

노래 부르기

■ 노래를 배운다.

- 비행기 모형을 가지고 땅에서 이륙하는 것처럼 점점 높기 움직이며 노래의 첫 네 마디를 불러준다.
- '땅에 있는 나무와 집들 차들과 길들이 어떻게 보일까?', '장난감처럼 아주 작게 보이지?' 하고 말한 후 나머지 네 마디를 노래로 부른다.
- 손으로 비행기가 이륙하는것처럼 움직이면서 노래의 첫 4마디를 유아들이 부르도록 하고 교사가 나머지를 부른다.
- 교사들이 불렀던 부분을 유아들이 불러보도록 한다.
- 또 '땅에 있는 어떤 것들이 보일까?' 하고 묻고 땅에 있는 다른 것들을 노랫말에 넣어 불러본다.

  [예] 자전거, 아이들, 도로 등

통합활동

■ 노래를 활용하여 음높이를 경험하며, 몸을 움직이는 활동을 한다.

- 비행기가 점점 하늘로 높이 올라가는 것처럼 손이나 몸을 점점 높이 올라가게 해보기로 하고 노래의 처음 네 마디를 연주해 준다.
- 높은 음역에서 다양한 멜로디를 연주하여 유아들이 비행기가 날아다니는 것처럼 움직인다.
- 마지막 네 마디와 같이 점점 낮은 음으로 내려오면서 연주하여 비행기가 착륙하도록 한다.

하늘에 올라가 보면
내가 올라간 하늘보다
더 높은 하늘이 있습니다.
Jinyoung's
Never Ending Melody

Music Activity 48

산타 할아버지 오시는 날

작사/곡 김진영

·노래 이야기

어린 시절의 추억이나 기쁨의 기억으로 남는 것 중에 하나가
성탄절에 산타할아버지를 기다리던,
더 정확히 이야기하면 선물을 기다리던 때가 아닌가 싶습니다.

산타할아버지가 존재한다고 믿었던 때가
어찌 보면 인생에서 가장 순수하고 행복했던 때가 아니었을지…

그러나 현대 사회에서 산타할아버지나 성탄 선물의 의미가 많이 왜곡되어
그 아름다움이 변질되고 있는 것 또한 인정하고 싶지 않은 사실입니다.

산타할아버지는 사랑을 나눠주기 위해 자신의 재산을 털어
혜택받지 못한 아이들에게 선물을 주려던
어떤 한 사람의 사랑의 수고가 만들어 낸 모습입니다.

받는 기쁨이 어떤 것인지 깨달을 수 있다면,
그 기쁨을 나누기 위해 수고하는 기쁨도 누릴 줄 아는
산타들이 될 수 있을 것이라 믿으며…

활동을 위한 제안

통합활동

■ 노래에 맞추어 원 대형으로 하는 율동을 배우다 보면 노래를 자연스럽게 익히게 된다.

- 전주 : 원을 만들어 손을 잡고 앞뒤로 흔들며 기다린다.
- '펑펑 하얀 눈이 내릴 때' : 오른쪽으로 여덟 걸음 걸어간다.
- '산타 할아버지 오신대요' : 왼쪽으로 여덟 걸음 걸어간다.
- '우리 선물 가득 싣고서' : 원 안으로 여덟 걸음 걸어 들어간다.
- '썰매 타고 오신대요' : 원 밖으로 여덟 걸음 걸어 나온다.
- '딸랑' : 한 손은 앞쪽(=원 안쪽), 다른 손은 뒤쪽(=원 바깥쪽)으로 뻗고 흔든다. 이때 허리는 90도 정도 굽히고 얼굴은 뒤쪽에 있는 손을 바라본다(손목에 벨을 달고 하면 더 효과적이다).
- '딸랑' : 원 안쪽에 있던 팔과 바깥에 있던 팔을 바꾸어 뻗고 앞의 방법과 같이 흔든다.
- '빨리 오세요' : 제자리에서 스키핑을 한다.
- '딸랑 딸랑' : 앞의 '딸랑 딸랑'과 같은 방법으로 움직인다.
- '나는 기뻐요' : 손뼉을 세 번 친다.
- '어서 오세요' : 제자리에서 스키핑을 한다.
- '기다릴께요' : 제자리에 앉아서 양 손으로 턱을 괴고 기다리는 모습을 한다.

Music Activity 49

소리나는 편지

작사/곡 김진영

노래 이야기

창밖의 낙엽들은 가을이 왔음을 알리는 편지이고,
곧 겨울이 올것임을 알리는 편지이기도 합니다.

모든 자연의 피조물들은 창조자의 마음으로 만들어졌습니다.
그래서 자연의 변화를 살펴보고 자연의 소리에 귀를 기울이면
창조의 섭리 안에서 허락된 메세지를 읽을 수 있습니다.

인간도 창조된 피조물이기에
우리들도 창조자의 마음을 전하는 편지가 될 수 있답니다.

우리는 우리의 삶을 통해서
아름다움을 전하기도 하고, 희망을 전하기도 하며
사랑과 기쁨을 전하는 편지가 되기도 합니다.

우리가 부르는 노래는
창조의 아름다움을 전하는 소리나는 편지입니다.

활동을 위한 제안

노래 부르기

■ 이 노래는 노랫말이 은유적으로 표현되어 있어서 4세 이전의 유아들이 이해하기 어려울 수 있으므로 4세 이상의 유아들과 부르도록 한다.

■ 가을이 되면 이 노래를 배경음악으로 틀어 놓는다. 유아들이 자연스럽게 노래를 들으면서 익숙해지면, 노래를 따라 부르면서 쉽게 배우게 된다.

■ 노래를 수수께끼 형식으로 부르면서 탐색할 수 있다.

- 수수께끼처럼 노래 1절을 부르면서 유아들에게 노래를 끝까지 듣고 무엇을 노래한 것인지 맞춰보도록 한다.
- 유아들이 답을 맞추면(또는 맞추지 못하더라도 답을 알려 주기 위해) 노래를 다시 부르면서 끝에 '무엇일까요?' 대신 '낙엽이에요'를 부른다.
- 노래를 잘 듣고 어떤 이야기가 들어있는지 이야기를 나눠보기로 할 수도 있다.
  [예] 노래 속에 누가 나왔니?, 가을 우체부가 가져다 준 것은 무엇이었지? 등
- '우체부'라는 단어는 요즘에는 자주 사용하지 않는 단어이므로 예전에 사용했던 말로 설명을 할 수도 있고, '집배원'이나 '배달부'와 같은 다른 말로 바꾸어 사용할 수도 있다.
- '가을 우체부'나 '편지' 등이 은유하는 의미를 유아들이 알지 못할 수도 있으므로, 유아들의 이해 정도에 따라 노랫말을 동화식으로 바꾸어 이야기해 줄 수도 있다.

■ 노래를 나누어 불러본다.

- 교사가 노래를 부를 때 유아들이 제일 마지막의 '무엇일까요'와 '낙엽이에요'만 불러보도록 한다. '무엇일까요'는 낮은 음으로, '낙엽이에요'는 한 음계 높여서 불러보도록 한다.

통합활동

■ 노래를 부르며 목금을 연주한다.

- 이 노래의 멜로디는 도리안(D에서 시작하여 검은 건반을 쓰지 않고 올라가는) 음계를 사용하여 만들어져서 다른 노래보다 독특한 분위기를 자아낸다.
- 목금을 가지고 낮은 D음부터 높은 D음을 오르내리며 연주하면 비슷한 분위기를 낼 수 있다. 노래를 한 번 부르고 목금으로 자유롭게 즉흥연주를 해본다.

Music Activity 50

송 편

작사/곡 김진영

노래 이야기

만들어진 음식을 사서 먹기만 하면 되는 편리한 세상이 되었습니다.
특별한 요리를 만드는 기회가 많지 않기 때문에
송편 만들기와 같은 활동을 통해서
다양한 신체 감각을 사용하고
자신이 빚은 송편이 완성되어 나오는 것을 보는 것은
즐거운 경험이 될 것입니다.

활동을 위한 제안

사전활동

- 노래와 관련하여 송편 만들기 활동을 한다.
- 노랫말의 순서대로 송편을 만드는 과정을 요리순서도로 그려놓는다.

■ 순서에 따라 유아들과 송편을 만드는 과정 중에 교사가 노래를 불러 줄 수 있다.

- 1~4마디 : 반죽을 적당량 잘라서 동글동글하게 손바닥에 놓고 굴린다.
- 5~8마디 : 동그란 반죽 가운데를 손가락으로 폭폭 눌러 구멍을 만든다.
- 9~12마디 : 만든 구멍에 콩을 네 개 정도 집어 넣는다.
- 13~16마디 : 구멍에 넣은 콩이 가려지도록 반죽을 엄지와 검지로 집는다.

■ 송편을 만들며 배경음악으로 노래를 들어본다.

노래 부르기

■ 노래를 배운다.

- 요리순서도를 보면서 송편을 만들었던 과정을 회상한다.
- 교사가 불러주었던 노래를 기억하는 아이들이 있는지 묻고 한 번 더 불러준다.
- 송편을 만드는 것처럼 손동작을 하면서 따라할 수 있는 노래 부분은 불러보도록 한다.
- 유아들이 노랫말을 기억하고 있었던 부분을 격려해 주며, 요리순서도를 사용하여 노랫말을 한 번 읽어준다.
- 노래를 한 번 더 부른다.

■ 노래를 다양하게 불러본다.

- 세마치장단에 맞춘 것으로, 교사의 장구소리에 맞추어 노래를 불러본다.
- 세마치장단 : '덩'에는 북편과 채편을 같이 치고, '덕'에는 채편만 친다. 마지막으로 '쿵'에는 북편만 친다.

덩			덩		덕	쿵	덕	

- 유아들도 손으로 다리의 양 옆을 장구치듯이 치면서 노래해볼 수 있다.

Music Activity 51

숲 속 친구들

작사/곡 김진영

노래 이야기

이 세상에 창조된 피조물들은 저마다 다른 모습을 가지고 있습니다.
어떤 동물은 귀가 길고, 어떤 동물은 목이 길며, 또 어떤 동물은 코가 깁니다.

왜 그렇게 다르게 창조되었는지 이유는 알 수 없지만,
각자 다른 방식으로 살아가는 데 적합하도록 지어졌음에 틀림이 없습니다.

그러므로 다른 사람이 나와 같지 않은 것에 대해서 판단하거나
내가 할 수 있는 것을 자랑할 수는 없는 것입니다.

우리가 서로 다르게 태어났다면
그것은 분명 서로 도와가며 함께 살도록
그렇게 만들어졌기 때문일 것입니다.

활동을 위한 제안

노래 부르기

■ 노랫말과 관련된 이야기를 나누며 노래를 부른다.

- 시각자료를 사용하여 동물들이 대화하는것처럼 이야기하며 노래를 들려준다.

  [예] 토끼는 기린의 목이 왜 긴지 궁금했단다. 그래서 어느날 기린에게 물어보았대. '(노래로) 기린에게 묻기를 너의 목은 왜그렇게 기니?'

- 어떤 노랫말이 있었는지, 기린이 무엇이라고 대답했는지 묻는다.
- 유아들이 기린에게 물어보는 부분(또는 기린이 되어 대답하는 부분)을 노래하도록 하고 나머지는 교사가 부른다.
- 교사와 유아가 역할을 바꾸어 불러보거나, 유아들을 두 그룹으로 나누어 물어보는 부분과 대답하는 부분을 노래하도록 한다.

■ 노래를 다양하게 불러본다.

- 노랫말의 동물을 바꾸어 다양한 질문을 해볼 수 있다.

  [예] 코끼리에게 묻기를 너의 귀는 왜 그렇게 크니?, 얼룩말에게 묻기를 네 다리는 왜 그렇게 기니? 등

- 어떤 동물이 왜 그런 특징을 가지고 있는지 다양한 답을 찾아보고 노랫말을 바꾸어 불러본다.

  [예] 코가 긴 이유를 묻는 질문에 대한 대한 코끼리의 대답

통합활동

■ 노래를 부르며 타악기를 연주한다.

- 동물마다 어떤 타악기를 연주하면 좋을지 유아들이 생각해 보도록 하여 다양한 타악기를 연주할 수 있도록 한다.
- 동물이 대답하는 부분을 리듬에 맞추어 연주하면서 함께 노래를 해보면, 8분 음표의 짧은 소리와 4분 음표, 2분 음표의 다른 음의 길이를 소리를 통해 느낄 수 있다.

Music Activity 52

시 소

작사/곡 김진영

노래 이야기

이 노래는 유치원 마당에서
유아들이 시소를 타는 모습에서
영감을 얻어 만든 노래입니다.

활동을 위한 제안

노래 부르기

■ 이 노래는 새노래를 가르치듯 노랫말을 전달하는 것보다는 자연스러운 환경에서 반복하여 노래를 부르면서 익히는 것이 더 효과적이다.

- 실외 놀이를 할 때 유아들이 시소를 타면 그 옆에서 교사가 자연스럽게 노래를 불러준다.
- 시소 모양의 장난감이나 시소처럼 움직이는 시각자료를 가지고 놀이하면서도 노래를 부를 수 있다.

통합활동

■ 노래에 맞추어 몸을 움직여 본다.

- 유아들을 두 그룹으로 나누어 번갈아 가며 발을 땅에 구르면서 노래해 보도록 한다.
- 두 그룹의 유아들이 번갈아 가며 시소를 타듯이 일어섰다 앉았다 하면서 노래를 해본다.

■ 노래와 함께 악기를 연주한다.

- 장구와 같은 악기의 좌우를 번갈아 치며 노래를 불러본다.
- 두 가지의 다른 악기를 사용하여 두 그룹의 유아들이 번갈아 가며 다른 박에 연주할 수 있다. 이때 교사는 각 그룹이 연주할 수 있도록 가리키며 팔로 지휘해 준다.

  [예] 트라이앵글-탬버린-트라이앵글-탬버린

■ 노래를 이용하여 화음을 경험해 본다.

- '통탕통탕' 부분은 4도 화음(도파라), '들썩들썩' 부분은 1도 화음(도미솔)으로 구성되어 있다.
- 처음에는 노래에 나오는 멜로디처럼 분산화음으로 들려주면서 '통당통당'인지 '들썩들썩'인지 맞혀보도록 한다.
- 노래에 익숙해지면 분산화음을 반복하다가 세 음을 한 번에 소리내어 화음으로 들려 줄 수 있다.

참 고

이 노래는 6도의 음정(도-라)이 부점이 담긴 리듬의 반복으로 이루어져 있다. 이것은 유아들이 정확하게 부르기에 어려운 음정과 리듬 패턴이다. 그러나 시소처럼 올라가는 것과 내려오는 것의 급격한 차이를 노래 안에서 표현하고자 한 것이므로 정확한 음정에 맞추어 부르는 것보다는 멜로디의 오르락 내리락 하는 느낌을 경험하는 데 초점을 맞춘다.

Music Activity 53

신나는 캠프

작사/곡 김진영

노래 이야기

가족을 떠나 친구들과 함께 하루 또는 하룻밤을 지내는 것은
유아들에겐 새로운 도전이지만
즐거운 경험이기도 합니다.

이 노래는 유아들을 위한 여름 캠프에서
유아들이 즐겁게 활동하면서 부를 수 있도록
캠프 주제곡으로 만든 노래입니다.

활동을 위한 제안

노래 부르기

- 캠프에 대한 소개와 함께 노래를 배운다.
  - 캠프를 하면서 어떤 일들을 하게 되는지 그림자료를 보며 이야기를 나눈다.

[예] 밥 지어 먹기, 물놀이 등

- 그림자료를 가리키며 노래를 한 번 들려 준다.
- 따라할 수 있는 부분을 노래해 보도록 한다.

■ 캠프 중에 노래를 배경음악으로 틀어놓고 수시로 부르며 노래에 익숙하게 한다.

■ 캠프를 끝내면서 어떤 활동들이 재미있었는지 이야기를 나누고 노래를 부른다.

통합활동

■ 노래에 맞추어 몸 동작을 만들어 함께 해본다.

- '친구들과 함께 지내며' : 친구들과 손을 잡고 앞뒤로 흔든다.
- '맛있는 밥 만들어 먹고' : 밥 먹는 모습을 표현한다.
- '물놀이도 너무 재밌어' : 수영하는 모습을 표현한다.
- '신나는 캠프' : 자유롭게 춤을 춘다.
- '하하하하 기쁘게 웃음지으며' : 양손을 얼굴 옆에 펴면서 웃는 모습을 한다.
- '덩가덩가 홍겨웁게 춤을 춘다네' : 팔을 허리 옆에 대고 춤추는 모습을 한다.
- '모든 것이 즐거운 우리들 세상' : 양팔로 원을 크게 두 번 그린다.
- '야호' : 손을 만세하듯이 위로 뻗는다.

■ 주변에서 소리를 낼 수 있는 물건(또는 악기)을 찾아서 리듬 패턴을 만들어 악기를 연주하며 노래해본다.

- 우드블록 : 뚝딱거리며 기본 박 연주하기
- 트라이앵글 : 매 첫 박에만 연주하기 등

■ 노랫말에 따라 악기를 정하고 그 노랫말이 나올 때 연주해 본다.

- '친구들과 함께 지내며' : 우드블록 연주하기
- '맛있는 밥 만들어 먹고' : 귀로 긁기
- '물놀이도 너무 재밌어' : 마라카스 흔들기
- '신나는 캠프' : 탬버린을 흔들기 등

실로폰을 쳐보자

작사/곡 김진영

노래 이야기

이 노래는 펜타토닉 음계를 이용하여
목금(실로폰)을 가지고 다양한 멜로디 또는 화성 패턴을 만들어 보고
연주할 수 있는 방법을 제시해 주기 위해 만든 것입니다.

활동을 위한 제안

통합활동

■ 목금(실로폰)을 준비한다.

- 건반 중에서 F와 B는 떼어서 분리해 놓고 나머지 음인 C, D, E, G, A의 다섯 개의 음만 사용한다.
- 실로폰을 치는 채(mallet)는 두 개를 마련해 놓는다. 채의 머리 부분은 플라스틱, 천, 고무 등으로 재료가 다양한데 연주해 본 후 가장 울림이 아름다운 소리가 나는 것으로 준비한다.

■ 노래를 부르며 간단한 리듬 패턴을 연주한다.

- 매 첫 박에 C음을 치거나 두 개의 채로 C와 G음을 동시에 치면서 노래를 부른다.
- 쉬운 노래이기 때문에 교사가 노래를 한 번 들려주고, 두 번째는 유아들이 따라해 보도록 한다.
- 노래 중에 '실로폰을 쳐보자'를 같이 부르다가 '이 소리를 들어봐' 부분과 '그래 그래 들

께' 부분을 나누어 불러보도록 한다.

[예] 이번에는 모두 함께 '실로폰을 쳐보자' 하고 노래하다가 선생님이 '이 소리를 들어봐' 하고 노래하면 너희들은 '그래 그래 들을게' 하고 노래해 주겠니?

■ 노래를 활용하여 멜로디 만들기를 해본다.

- 노래가 끝나면 선생님이 실로폰 연주를 할테니 들어보자고 하고, 노래를 한 번 더 부른 후 네 마디 정도를 자유롭게 즉흥연주해 보도록 한다. 박자에 맞추어 자유롭게 건반을 친다.
- 실로폰을 연주해 보고 싶은 아이가 있는지 물어보고, 모두 함께 노래를 부른 후에 해당 유아가 실로폰으로 즉흥연주를 한다. 이때 '이 소리를 들어봐' 부분은 연주할 유아가 부르는 솔로 부분으로, 교사가 함께 불러준다.

■ 두 명의 유아가 차례로 연주할 수 있다.

- 노래가 끝나면 한 유아가 먼저 연주하고(네 마디 정도) 유아의 연주가 끝나면 기다리던 유아가 앞의 유아의 연주에 대답하듯이 연주한다.
- 두 유아가 번갈아가며 주고 받듯이 즉흥연주를 해본다.

■ 노래를 활용하여 화음을 만들수도 있다.

- 앞에서처럼 유아가 멜로디를 즉흥연주하는 동안 교사가 C음을 또는 C와 G음을 박자에 맞추어 연주하면 자연스럽게 합하여져 하모니가 만들어진다.
- 여러 명의 유아가 실로폰을 함께 연주하여도 펜타토닉 음계 안에서 아름다운 화음이 만들어진다.

Music Activity 55

어디에서 왔나

작사/곡 김진영

노래 이야기

'다문화' 라는 말은 이제 우리들에게 그리 낯설지 않은 단어가 되었습니다.
그만큼 다양한 문화적 배경을 가진 사람들이 우리나라에 함께 살고 있기도 하고,
다른 나라의 문화나 국제 사회에 대한 관심이 증가한 것입니다.

다른 문화를 이해한다는 것은
다른 것을 받아들이는 과정을 수반합니다.
다르기 때문에 틀렸다고 말하는 것이 아니라,
다르기 때문에 같이 할 수 없다고 마음 밖으로 밀어내는 것이 아니라
다르기 때문에 더욱 알아가야 하고
다르기 때문에 수용하는 과정이 필요합니다.

활동을 위한 제안

사전활동

■ 노랫말과 관련하여 이야기를 나눈다.

- 다른 나라에 가보거나 다른 나라 사람을 본적이 있는가?
- 다른 나라 사람은 우리와 어떻게 다른가?

■ 다른 언어에 대하여 이야기를 나눈다.

- 다른 나라 말을 들어본 적이 있는가?
- 동영상 등을 통해 다른 나라 사람들이 이야기하는 것을 보여 줄 수도 있다.
- 다른 나라의 간단한 인삿말을 배워본다.

[예] 안녕–헬로우(영어), 봉주르(불어), 니하오(중국어) 등

노래 부르기

■ 노래를 배운다.

- 그림자료 또는 비행기 모형을 사용하여 노래극처럼 이야기를 전하며 노래를 소개한다.

[예] 어디에선가 비행기가 날라왔어. 그래서 물어보았단다.

A : 어서 오세요. 이 비행기는 어디에서 오는건가요?

B : 저멀리 하와이에서 바다 건너 왔답니다.

A : 저멀리 하와이에서 바다 건너 왔다구요? 우리가 어제 인삿말을 배웠었지? 하와이 말로 '안녕'을 어떻게 한다고 했었더라?

B : (유아들의 답을 잠시 기다렸다가) 알로하 알로하 만나서 반갑습니다.

- 노래를 반으로 나누어 주고받는 식으로 교사가 A를, 유아들이 B를 부른다.
- 또 다른 비행기가 날아왔다고 하고 다른 나라 말로 바꾸어 불러본다.

■ 다른 나라 인사법을 배워서 노래를 부르며 함께 해본다.

- 미국 : '헬로우' 하면서 손을 흔든다.
- 스페인 : '부에노스 디아스' 하면서 가볍게 껴안는다.
- 중국 : '니하오마' 하면서 양손을 올려 팔꿈치를 잡고 허리를 굽혀 인사한다.

어린이날

작사/곡 김진영

노래 이야기

5월 5일은 어린이날입니다.
어린이들이 존귀하게 여겨지지 못하던 시대에
소파 방정환 선생님은 어린이날을 정하여
어린이들에게 관심을 갖도록 하였습니다.

그러나 모든 기념일이 그렇듯이,
본래의 의미가 퇴색되어 상업적인 수단으로 쓰이는 것은
바람직 하지 못할 것입니다.

유아들과 함께 노래를 부르며
기념일의 의미를 돌아보는 시간이 되었으면 좋겠습니다.

활동을 위한 제안

노래 부르기

■ 노래와 관련하여 이야기를 나눈다.

- 어린이날은 무엇을 하는 날일까?
- 왜 어린이날을 만들었을까?

■ 달력을 보고 5월 5일을 가리키며 노래를 부른다.

■ 손동작을 하면서 노래를 함께 불러본다

- '5월 5일' : 손가락 다섯 개를 쫙 편다.
- (손뼉) : 박수를 세 번 친다.
- '무슨날일까?' : 손가락을 머리에 대고 궁금해 하는 표정을 짓는다.
- '어린이 날' : (유아들이) 자신들을 가리킨다.

■ 다른 기념일로 노랫말을 바꾸어 다양하게 불러보고 어떤 날인지 이야기를 나누어 본다.

[예] 어버이날(5월 8일), 스승의날(5월 15일) 등

통합활동

■ 노래를 부르며 중간에 박수치는 부분에 다양한 리듬 패턴을 만들어 본다. 리듬 패턴의 예는 다음과 같다.

박 자	3	4
박수 패턴 1	짝	짝
박수 패턴 2	짝짝	짝짝
박수 패턴 3	짝	짝짝
박수 패턴 4	짝짝	짝

■ 중간에 박수치는 부분 대신 악기를 사용하여 리듬 패턴을 연주해 볼 수 있다.

Music Activity 57

언제나 감사

작사/곡 김진영

노래 이야기

같은 하루를 살더라도,
같은 일을 하더라도
모든 일에 감사하는 사람의 삶은
그렇지 않은 경우보다 더욱 풍성해 집니다.

이 노래는 '하루에 70번씩 감사하라' 는 말씀을 듣고 만든 것입니다.
원곡의 '70번 감사' 의 노랫말은 아래와 같습니다.

감사 감사 감사해요 아침에 감사 저녁에도 감사
감사 감사 감사해요 언제나 감사 감사해요
감사 감사 감사해요 주중에 감사 주말에도 감사
감사 감사 감사해요 언제나 감사 감사해요
감사 감사 감사해요 봄 여름 감사 가을 겨울 감사
감사 감사 감사해요 언제나 감사 감사해요
감사 감사 감사해요 어려서 감사 커서도 감사
감사 감사 감사해요 언제나 감사 감사해요
감사 감사 감사해요 기쁠 때 감사 슬플 때 감사
감사 감사 감사해요 언제나 감사 감사해요
감사 감사 감사해요 화날 때 감사 속상할때 감사
감사 감사 감사해요 언제나 감사 감사해요

활동을 위한 제안

사전활동

- 감사에 대한 이야기를 만들어서 들려준다.
  [예] 불평으로 가득한 사람과 언제나 감사하는 사람의 얼굴 표정이 점점 달라지는 이야기
- 감사에 대하여 이야기를 나눈다.
  [예] 감사하면 마음이 어떻게 달라질까?, 어떤 것에 감사해야 할까? 등

노래 부르기

- 매일 일상 속에서 노래를 부른다. 매일 매일 감사한 것을 찾아서 '낮에도 감사 밤에도 감사' 부분 대신 노랫말도 바꾸어 부른다.
- 노랫말에 맞추어 손동작을 만들어 표현하면서 함께 불러본다.

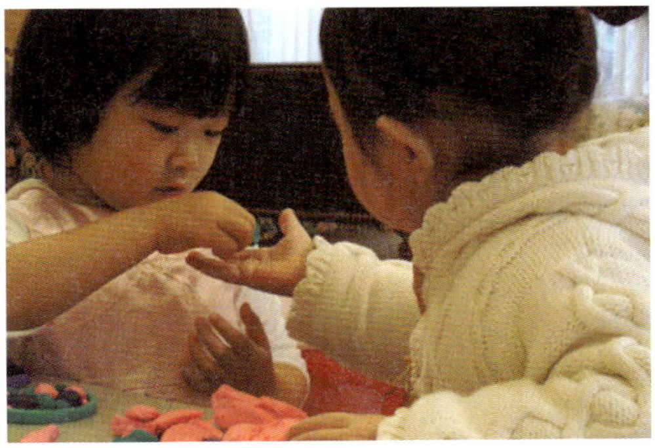

가진 것과 가지지 않은 것...
우리는 이 모든 것으로 말미암아
감사할 수 있습니다.
Jinyoung's Never Ending Melody

Music Activity 58

옛날 이야기

작사/곡 김진영

노래 이야기

우리가 역사(history)라고 부르는 옛날 이야기에는
누군가의 사랑 이야기(His Story)가 담겨 있습니다.
그 사랑의 이야기는 엄마와 배 속의 아기를 연결시켜 주는 탯줄처럼
보이거나 보이지 않는 끈을 통해 관계를 이어줍니다.

아이가 세상에 나오면 많은 다른 사람과 관계의 폭을 넓혀가면서
'나' 라는 존재가 있기 위해
많은 다른 사람들의 사랑과 수고가 있었음을 깨닫게 되죠.

그리고 나와는 직접 관계가 없는 것처럼 보일지라도
결국은 보이지 않는 끈을 통해 연결되는 다른 이들을 위해
나의 사랑의 수고가 필요함을 알고
사랑의 끈을 이어가기 위해 손을 뻗게 됩니다.

활동을 위한 제안

노래 부르기

■ 그림이나 사진자료를 사용하여 노랫말과 관련된 가족 이야기를 나눈다.

- 나를 낳아주신 분은 누구일까?
- 엄마를 낳아주신 분은 누구일까?, 아빠를 낳아주신 분은 누구일까?
- 할아버지, 할머니께서 안 계셨으면 내가 태어날 수 있었을까?
- 할아버지, 할머니께 어떤 마음이 드니?

■ 노래가 길기 때문에, 여러 번 반복적으로 불러보면서 유아들이 노랫말에 익숙해지도록 한다.

- 처음 노래를 부를 때는 노랫말의 첫 줄이나 마지막 줄을 유아들이 부르도록 하고 나머지는 교사가 부른다.
- 유아가 부르는 분량을 조금 늘려 마지막 두 줄(여덟 마디) 등과 같이 비교적 쉬운 부분을 유아들이 부르도록 한다.

■ 노래를 다양하게 활용한다.

- 배경음악으로 틀어놓아 유아들이 노래에 익숙해지도록 한다.
- 할아버지, 할머니 초청 행사를 하는 날 유아들이 조부모님께 불러드릴 수 있다.
- 양로원 등을 방문하여 어른들에게 불러드린다.

통합활동

■ 타악기를 사용하여 함께 연주하며 노래한다.

- 마라카 등을 박자에 맞추어 흔들면서 노래하면 노래의 분위기를 좀 더 살릴 수 있다.
- 악기를 정해서 '할아버지 할머니'가 나오는 부분만 강조해서 연주해 볼 수도 있다.

■ 목금(실로폰)이나 핸드벨과 같은 음높이가 있는 악기를 가지고 노래를 연주한다.

- 1음과 5음(이 노래에서는 D음과 A음)만 가지고 연주한다.
- 박자에 맞추어 두 개의 음을 함께 연주하면 노래에 적절한 화음이 만들어진다.
- '엄마 아빠 낳으신 분(9~10마디)' 부분과 '할아버지 할머니(13~14마디)' 부분에서는 노래의 멜로디처럼 D음과 A음을 나누어 번갈아 연주한다.

Music Activity 59

요리하는 날

작사/곡 김진영

노래 이야기

이 노래는 요리하는 즐거움을 표현하고
요리 속에 들어가는 재료들을 노래에 맞추어 불러보기 위해서 만든 것입니다.

활동을 위한 제안

노래 부르기

■ 요리에 관한 이야기를 나누며 자연스럽게 노래를 부른다.

- 요리하는 날, 요리순서도를 가지고 오늘 만들 요리에 대해 이야기를 나눈다.
- 요리에는 어떤 재료가 들어가는지 살펴본다.
- 요리순서도에 있는 재료를 가리키며 노래를 한 번 들려준다.
- 다시 한 번 노래를 부를 때, 유아들이 요리 재료가 나오는 부분을 불러보도록 한다. 재료 부분은 멜로디에 맞추지 않고 랩을 하듯이 리듬감 있게 불러도 좋다.

■ 요리를 하는 동안 배경음악으로 노래를 들으면 자연스럽게 노래를 부른다.

■ 다른 요리를 할 때에는 노랫말을 바꾸어 불러본다.

[예] 샌드위치 만들려면 무얼 넣을까?

통합활동

■ 노래에서 요리에 들어가는 재료가 나오는 '흰 떡 고기 간장 설탕' 부분에는 세 개의 음(c′, f′, a′)이 다양한 조합으로 사용되었다. 어떻게 다르게 사용되었는지 탐색해 본다.

- 흰 떡(c′f′) : 낮은 음에서 중간 음으로 올라간다.
- 고기(f′f′) : 중간 음을 두 번 반복한다.
- 간장(f′a′) : 중간 음에서 높은 음으로 올라간다.
- 설탕(a′a′) : 높은 음을 두 번 반복한다.

■ 세 개의 음을 사용하여 다양한 멜로디를 만들어 바꾸어 불러본다.

- 같은 음을 두 번씩 반복하며 올라갔다가 내려온다 : 흰 꺽(c′c′) 고기(f′f′) 간장(a′a′) 설탕(f′f′)
- 높은 음과 낮은 음을 두 번씩 반복한다 : 흰 떡(a′a′) 고기(f′f′) 간장(a′a′) 설탕(f′f′)
- 한 단어 안에서 올라가는 같은 멜로디 패턴을 계속 반복한다 : 흰 떡(c′f′) 고기(c′f′) 간장(c′f′) 설탕(c′f′)

Music Activity 60

우리들의 마음속엔

작사/곡 김진영

노래 이야기 1 : 토끼반 선생님의 편지

무궁화반 어린이들에게

안녕? 나는 토끼반 김진영 선생님이야.
그동안 너희들이 아름다운 동시들을 지어주어서 노래를 많이 만들 수 있었단다.
그래서 너희들에게 고맙다는 말을 꼭 하고 싶어서 편지를 쓰는거야.

무궁화반 아이들이 동시를 많이 지었는데 모두 노래로 만들어주지 못해 미안하다.
그렇지만 선생님은 아이들의 마음속에 그렇게 아름다운 '시'가 들어 있다는 사실에
깜짝 놀랐단다. 너희들이 그런 아름답고 좋은 생각들을 가지고 쑥쑥 자란다면
우리나라는 틀림없이 아주 아름답고 좋은 나라가 되리라 믿는다.

선생님이 무궁화반 아이들을 생각하면서 노래를 한 곡 만들었어. 이 노래를
너희들에게 선물로 주고 싶다. 이 노래가 너희들의 마음에 들었으면 좋겠구나.

끝으로 너희들의 동시들을 노래로 만들 수 있게 도와주신
김용희 선생님께 감사드리며 이만 줄일게.

1992년 2월 6일
토끼반 김진영 선생님이

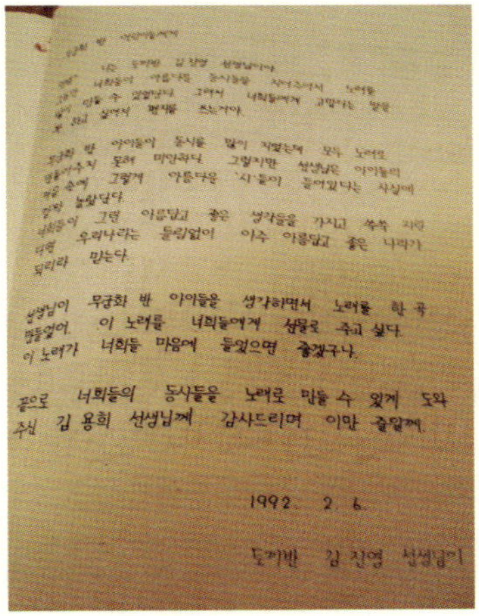

노래 이야기 2 : 유아들의 답시(김진영 선생님께 드리는 노래)

우리들의 가슴 속엔

우리들의 가슴속엔
아름다운 마음 많아
우리들이 자라나서 세상을
아주 크게 만들거에요.

우리들의 가슴속엔
선생님의 사랑 많아
우리들이 자라나서 세상을
행복하게 만들거에요.

1992년 2월 12일
1991학년도 무궁화반 어린이들 지음

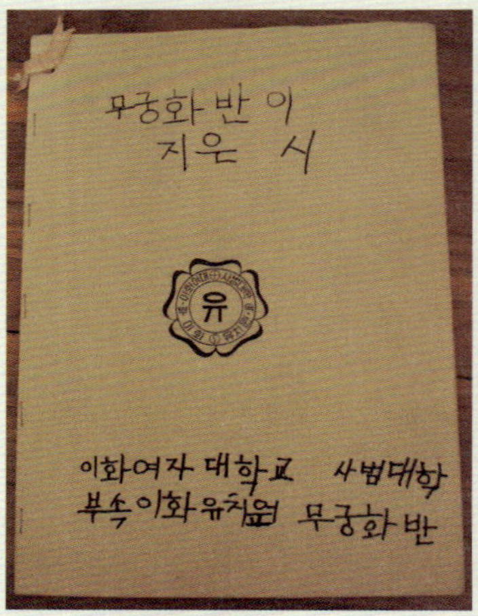

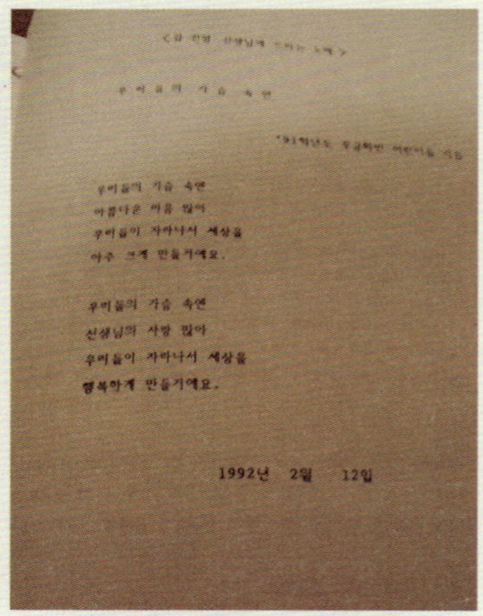

노래 이야기 3 : 무궁화 반 선생님의 편지

사랑하는 무궁화반 어린이들에게

엊그제 처음 무궁화반에 온 것 같은데 벌써 너희들이 무궁화반을 떠나야 하는 시간이 되었구나.
의젓해진 너희들의 모습을 보면서 선생님은 가슴이 뿌듯해지고,
너희들이 자랑스럽단다. 또 한편으로는 헤어지는 것이 서운해.
그렇지만 언제, 어디서나 이화유치원의 자랑답게 바르게 생각하고
옳은 말들을 할 너희들을 생각하면 서운함도 참을 수 있단다.

몸도 마음도 많이 자란 너희들에게 선생님의 작은 바람을 이야기할게.
먼저 다른 사람을 생각해 줄 수 있는 어린이가 되었으면 좋겠어.
너희들이 이야기한대로 이 사회는 혼자 살 수 있는 사회가 아니기 때문에
남을 생각하는 마음이 없으면 서로가 기분 좋고 행복하게 살 수가 없단다.
너희들이 누구에게나 친절하고, 방해하지 않고, 좋은 말로 이야기해 주고,
거짓말하지 않고, 문제를 말로 해결한다면
너희들이 지은 시처럼 세상을 아주 크게 만들 수 있을거야.

선생님은 믿는단다. 너희들이 남을 생각해 주면서 바르게 생각하고,
옳은 행동을 할 수 있는 어린이들이라고 믿어.
너희들과 지냈던 일들을 선생님의 가슴 속에 아름다운 추억으로 간직할게.

1992년 2월 13일
너희들을 사랑하는 김용희 선생님이

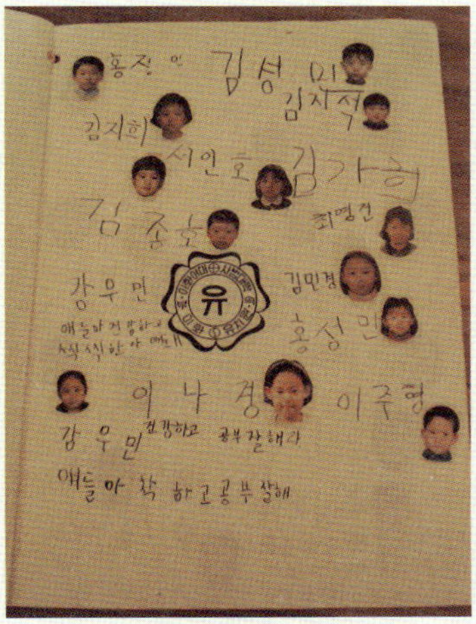
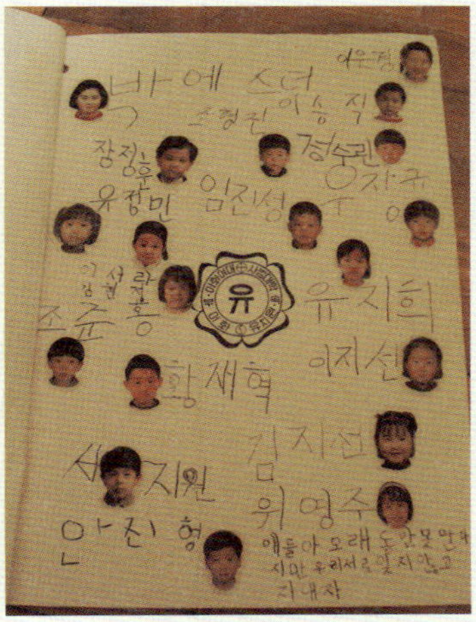

Music Activity 61

용기 있는 아이

작사/곡 김진영

노래 이야기

혼날까봐 두려워 숨겼거나 거짓으로 말했던 어릴적 기억들이
어른이 되어서도 생각나는 것은
잘못한 일은 용서받기 전까지 마음에 남아 있기 때문이 아닐지요.

살아가면서 용기가 필요한 일은 많이 있겠지만
그 중에 쉽지 않은 것들은…
말해야 할 때 침묵하지 않고 담대하게 말할 수 있는 용기와
말할 때 거짓을 말하지 않고 정직하게 말하는 용기입니다.

활동을 위한 제안

노래 부르기

■ 노랫말과 관련된 이야기를 나누면서 노래를 배운다.

- 잘못을 한 후에 어떻게 할까 갈등하는 어떤 아이에 대한 도덕성 발달단계를 참고하여 만든 후 들려준다.
- 갈등 상황에서 어떻게 해야 하는지 의견을 나눈다.
- 노래를 듣고 노랫말에서 무엇이라고 하는지 이야기한다. 이때에는 처음 여덟 마디만 부른다.
- 진실을 말하는 것은 어떤것인지 이야기해보고 다음 여덟 마디를 부른다.
- 노래의 처음 열여섯 마디를 주고 받듯이 부른다. 이를테면, 유아들이 '용기 있는 아이'를 부르면 교사가 나머지를 부른다.
- 유아와 교사가 불렀던 부분을 바꿔서도 불러본다.
- 노래 뒷부분에 있는 여덟 마디는 노래를 처음에 부를 때는 생략하고 유아들이 노래에 익숙해진 다음에 다시 부를 때 첨가 할 수 있다.
- '엄마께 혼나면 어떻게 할까?' 부분처럼, 거짓말을 하면 안 되는 이유는 다양한 노랫말로 만들어 볼 수 있다.

참 고

이 노래의 노랫말은 도덕성 발달 단계를 참고하여 도덕적 가치를 주입시키기보다는 도덕적 판단력을 기를 수 있도록 돕는다(Kohlberg, 1977).

1단계 : 처벌과 복종에 의한 도덕성(주관화)
2단계 : 욕구충족을 위한 수단으로서의 도덕성(상대화)
3단계 : 대인관계의 조화를 위한 도덕성(객체화)
4단계 : 법과 질서를 중시하는 도덕성(사회화)
5단계 : 사회계약정신으로서의 도덕성(일반화)
6단계 : 보편적 도덕원리에 대한 확신으로서의 도덕성(궁극화)

Music Activity 62

우리 유치원

작사/곡 김진영

노래 이야기

2007년 '유아 예능 교육 세미나' 대학원 수업을 수강 중이던
유치원 선생님들의 부탁으로 만든 유치원 원가입니다.

노랫말에 담은 나의 마음처럼
아이들이 많이 웃을 수 있으면 좋겠습니다.
그들 마음에 사랑이 많이 담기면 좋겠습니다.
그리고, 그들이 많이 행복했으면 좋겠습니다.

그래서 아이들이 모인 곳에는 언제나
웃음이 가득하고
사랑이 가득하고
행복이 가득했으면 좋겠습니다.

활동을 위한 제안

노래 부르기

■ 그림 또는 사진자료를 이용하여 노래를 배운다.

- 노래를 한 번 듣는다.
- 멜로디만 '랄라라'로 따라하면서 불러본다. 이때 교사는 손가락으로 공중에서 멜로디의 흐름을 그려 주어 유아들이 음의 높고 낮아짐을 시각적으로 보며 노래하도록 돕는다.
- '웃음'과 '사랑'과 '행복'을 표현할 수 있는 그림 또는 사진자료를 이용하여 노래 전반부 여덟 마디의 노랫말을 전달한다. 사랑이나 행복은 우선 시각표상이 되는 그림을 사용하여 단어를 전하는 정도로 진행하고 다른 기회에 그 의미에 대하여 이야기를 나눠본다.
- 반복되는 쉬운 가사들만 유아들이 불러본다.

  [예] 우리 친구들
- 노래 전반부 여덟 마디를 조금 느리게 함께 불러본다. 이때 교사는 노랫말의 각 부분을 나타내는 그림자료를 가리키며 유아들이 노랫말 기억하도록 돕는다.
- 손동작을 만들어 노래를 불러볼 수도 있다.
- 나머지 여덟 마디의 노랫말을 전한다.

  [예] 웃음이 많은 친구들이 많이 모여있으니까 우리 유치원에는 웃음이 가득하겠지? 또 무엇이 가득할까? 등
- 후반 여덟 마디 노래를 부른다.
- 전체 노래를 부른다.

■ 노래를 다양하게 활용한다.

- 이 노래는 길이가 상대적으로 길기 때문에 처음 부를 대는 처음 여덟 마디만 부르고, 노래에 익숙해 진 후 다른 시간에 점차 늘려가는 것도 좋은 방법이다.
- 등원시간이나 집으로 가는 시간에 배경음악으로 틀어 놓으면 자연스럽게 노래를 익히게 된다.
- 어린이날이나 졸업식과 같은 큰 행사가 있을 때 유아들이 모두 함께 부르는 노래로 사용한다.

통합활동

■ 노래 부를 때 교사는 목금등의 건반 악기를 사용해 반주의 베이스 파트를 간단하게 연주해 줄 수

있다. 예는 다음과 같다.

마 디	1	2	3	4	5	6	7	8
노랫말 / 반주	웃음이 많은	우리 친구들	사랑이 많은	우리 친구들	행복이 많은	우리친구들 모두	모인우리	유치원
예 1	C	D	D	E	E	F	G	C
예 2	C C	D	D D	E	E E	F	G G	C C
예 3	C CE	D D	D DF	E E	E EG	F F	GFED	CCC
예 4	CG/CG	DG/DG	DG/DG	EG/EG	EG/EG	FA	G G G G	CCC

■ 노래에 맞추어 대집단 율동을 만들어 해본다.

- 원형으로 하는 율동(한 개의 원 또는 두 개의 원) : 오른쪽/왼쪽으로 돌아가기, 원 안으로 들어갔다 밖으로 나오기 등
- 선형으로 하는 율동(한 줄) : 같은 동작하기, 차례대로 하기, 모두 같이 손을 잡고 실과 바늘처럼 움직이기 등
- 선형으로 하는 율동(두 줄) : 마주보고 한 줄씩 번갈아 움직이기, 마주한 짝과 같은 동작하기 등
- 짝으로 하는 율동(원형 또는 선형) : 둘이 손잡고 움직이기, 팔장 끼고 돌기 등
- 네모 대형으로 하는 율동 : 마주보고 걸어가서 인사하기(손뼉치기) 등

지금은 함께 모여있지만 언젠가는 제각기 날아가서
곳곳에 꽃을 피우게 될 작은 소망의 씨앗들입니다.
Jinyoung's Never Ending Melody

Music Activity 63

우리 친구

노래 이야기

새로운 사람들을 만났을 때
먼저 웃으면서 다가가거나 인사를 나누는 것은
누구에게나 쉬운 일은 아니지만
누군가 먼저 시작한다면
밝은 미소와 함께 따뜻한 마음이 전염될 것입니다.

활동을 위한 제안

노래 부르기

■ 학기 초와 같이 자기 소개를 하는 시간을 이용해 노래를 부른다.

- 유아들을 처음 만나는 날 교사가 자기 소개를 노래로 한다.

  [예] (노래로) 만나서 반갑다.

  (교사 자신을 손으로 가리키며) 내 이름은 김진영

  (말로) 내 이름이 뭐라고 했지?

  (유아들이 모를 경우) 다시 한 번 노래로 해볼께. 잘 들어보자(노래 앞부분 반복).

  (유아들이 이름을 이야기 하고 나면 교사가 노래로) 라…라… 우리 선생님 김진영

- 이번에는 선생님이 다시 한 번 이름을 넣어 노래해볼테니까 '라…라… 우리 선생님 김진영' 부분은 유아에게 불러달라고 한다.

• 손인형 등을 사용하여 우리 친구 노랫말을 넣어 부르는 것의 예를 보여 줄 수 있다.

[예] 교사 : 어? 그런데 우리 반에 친구가 하나 왔네? 누구인지 볼까?

손인형 : (노래로) 만나서 반갑다 내 이름은 곰돌이

교사 : (노래로) 라라라라라 라라라라라 (유아들에게 물어보며) 누구라고 그랬지? 그럼 우리 다 함께 '우리 친구 곰돌이' 이렇게 불러볼까? (함께 노래로) 우리 친구 곰돌이

■ 노래를 다양하게 불러본다.

• 유아들이 차례로 돌아가며 자기의 이름을 노래로 소개해 보도록 한다. 이때 노래하기를 원하지 않는 유아의 경우에는 교사가 대신 불러주거나, 같이 불러줄 수 있다.

• 교생 선생님이 오거나, 새로운 유아가 전학을 오는 등 새로운 사람들을 만나는 자리에서 활용할 수 있다.

통합활동

■ '라라라라라' 부분에서는 친구를 환영하는 마음으로 다양한 몸동작을 만들어 표현해 본다.

[예] 손 흔들기, 춤추기 등

■ 노래를 악기로 연주해 본다.

• 리듬막대 등과 같은 타악기를 연주하여 박자를 맞추며 노래를 불러본다.

• 음높이가 있는 피아노나 실로폰 등과 같은 악기로 '라라라라라' 부분만 연주해 본다.

■ 멜로디를 만들어 불러본다.

• '라라라라라' 부분은 음높이가 있는 악기로 I도 화음만 사용하여 다양한 멜로디로 바꿔 불러볼 수 있다.

[예] 도미도미솔, 도도도도솔, 솔미도미솔 등

Music Activity 64

운동회

작사/곡 김진영

노래 이야기

나의 유치원 시절을 회고해 볼 때 운동회에 대한 기억은
유일하게 그리 즐겁지만은 않았던 것으로 남아있습니다.
운동은 거의 대부분 잘 하지 못했고 그리 좋아하지 않았기 때문에
달리고 구르고 넘는 것 등을 해야 한다는 부담감이
그것을 함으로써 갖게 되는 즐거움을 삼켰기 때문입니다.

그러나 교사가 되어 운동회를 즐거워하는 유아들을 보며 노래를 만들었습니다.
청군 · 백군으로 나누어 하는 경쟁에서 이기기 위함이 아니라
무엇인가 열심히 함께 하면서 누릴 수 있는
기쁨을 경험하는 아이들이 되길 바라며 이 곡을 만들었습니다.

활동을 위한 제안

노래 부르기

■ 운동회와 관련하여 노래를 부른다.

- 운동회를 준비하며 유아들을 청군과 백군 두 그룹으로 나눈다.
- 교사가 청기와 백기를 가지고 각 팀을 가리키면 유아들은 '나는 청군', '나는 백군'과 같이 자기 팀의 이름을 말해보도록 한다.
- 다시 한 번 팀을 가리키면 멜로디를 넣어 팀 이름을 노래 부르듯이 불러보도록 한다.
- '나는 청군', '나는 백군'하고 유아들이 부르면 교사는 노래로 '오늘은 오늘은 운동회'를 부른다.
- 이번에는 같은 멜로디의 '너도 열심 나도 열심' 부분을 불러보도록 한다. 이때 '너도' 부분에서는 상대편을 가리키고 '나도' 부분에서는 자기편을 가리킨다. 또 '열심' 부분에서는 박수를 치면서 불러보도록 한다. 교사는 '모두 다 열심히 뛰어보자' 부분을 불러준다.
- 백군만 '너는 청군 나는 백군…'와 같이 노래해 보고, 청군만 '너는 백군 나는 청군…' 와 같이 노래한다.
- 모두 함께 노래한다.
- 운동회를 하는 동안 배경음악으로 틀어놓는다.

Music Activity 65

유치원에서

작사/곡 김진영

노래 이야기

아이들은 놀이를 통해 즐거움을 누리고
동시에 교사, 친구 그리고 환경과의 상호작용을 통해서 배움을 얻습니다.

세상을 알아가고 배워가는 과정이 아이들에게 기쁜 경험이었으면 좋겠습니다.
그래서 아이들에게 가장 자연스러운 학습 과정인 '놀이'가
아이들의 삶에서 사라지지 않았으면 좋겠습니다.

활동을 위한 제안

노래 부르기

■ 유치원에서 하는 놀이와 관련하여 노래를 부른다.

- 유치원에서 흥미영역별 놀이에 익숙해진 후, 유아들이 놀이의 즐거움을 발견할 수 있을 때 부르는 것이 좋다.
- 사람마다 좋아하는 것이 다를 수 있으므로 어떤 놀이가 재미있었는지 이야기를 나눠볼 수 있다. 유아들이 재미있었던 놀이를 이야기하면 교사가 노래로 만들어 불러준다.

■ 노랫말을 바꾸어 부른다.

- 어떤 놀이가 재미있었는지 묻고 그것을 유아들이 노래로 불러볼 수 있도록 노랫말로 만들어 준다. 예를 들어, 현재 현장에서 사용되고 있는 용어를 사용하여 노랫말을 바꾸어 부른다.

  [예] 블록놀이→ 쌓기 놀이, 유치원에서 → 어린이집에서 등
- 같은 놀이라도 재미있었던 이유가 다를 수 있으므로 '블록으로 집을 만들면' 대신 다른 노랫말로 바꿔서 불러 볼 수 있다.

■ 노래를 다양하게 불러본다.

- 유치원에서 했던 재미있는 놀이뿐만 아니라, 야외 학습처럼 다른 곳을 방문하거나 다른 활동을 했을 때 좋았던 일을 이야기해 보고 노래로 불러본다.

  [예] 나는 동물원에서 사자 보는 것 좋았더라, 나는 악기 중에서 장구치기가 좋더라

통합활동

■ 장단을 익혀본다(조윤미, 2004).

- 노래에 맞추어 교사가 굿거리장단을 쳐준다. 유아들이 따라하기 쉽도록 변형 장단을 쳐주면 좋다.
- 굿거리장단에 맞추어 유아들이 입으로 소리를 내어보도록 한다.
- 유아용 변형 굿거리장단

전주장단	덩		덕	덩	더러	러러	덩		덕	덩	딱	
본 장단	덩		덕	덩	더러	러러	덩		덕	덩	더러	러러

- 굿거리장단을 몸이나 타악기를 사용하여 연주해 본다.

장 단	덩		덕	덩	더러	러러	덩		덕	덩	더러	러러
탬버린	텅		텅	텅	챠르	르르	텅		텅	텅	챠르	르르
노 래	나		는	유	– 치	원	에			서		

- 흥미영역에 있는 물건 중 각자가 좋아하는 소리를 낼 수 있는 것을 찾아서 모두 모인 후에, 그것으로 (타악기를 연주하듯이) 소리를 내며 노래를 불러보는 활동으로 확장시킬 수 있다.

위! 위! 위!

작사/곡 김진영

노래 이야기

주변을 살펴보는 방법은 다양합니다.
올려보기, 내려보기, 둘러보기, 돌아보기 등
우리가 어느 방향을 바라보느냐에 따라 보이는 것은 다릅니다.

앞만 보고 있었다면
한 번쯤 뒤를 돌아보는 것도 필요하고
아래만 내려다 보고 있었다면
한 번쯤 눈을 들어 하늘을 보는 것도 필요하지요.

활동을 위한 제안

통합활동

- 다음의 음높이를 분리하여 사용할 수 있는 핸드벨이나 톤벨과 같은 악기를 준비한다.

음높이	E′	F′	G′	A′	C″
연결된 노랫말	아래	앞	옆	뒤	위

■ 위(c″)와 아래(e′)에 해당하는 두 음만 가지고 노래 게임을 한다.

- 각 음을 들려 준 다음 두 개의 음이 어떻게 다른지 이야기한다.
- '높은 C'를 들려주면 손으로 위를 가리키고 '낮은 E'를 들려주면 아래를 가리키도록 한다.
- 위 아래를 가리키면서 가리킨 방향에서 보이는 것을 말해볼 수도 있다.
- 반대로 교사가 방향을 가리키면 유아들이 입으로 위 아래를 노래할 수도 있다.

■ 앞(f′)과 뒤(a′)를 가지고 위와 동일한 게임을 해본다.

- 들리는 음높이에 따라 앞이나 뒤를 가리킨다.
- 두 개의 음으로 패턴을 만들어 소리를 들려주고 어떤 방향인지 맞혀보도록 한다.

  [예] 앞-앞-뒤, 앞-뒤-앞-뒤 등

■ 각 음높이에 익숙해지면, 앞에 사용되었던 음높이에 옆(g′)을 추가해서 다섯 개의 음높이를 가지고 게임을 한다.

- 노래를 들려주며 유아들은 손가락으로 노랫말에 따라 각 방향을 가리키도록 한다.
- 유아들과 함께 노래를 부른다.
- 노래가 끝나면 다섯 개의 음높이들 중에 하나의 음높이간 연주하고 어떤 방향이었는지 찾기 게임을 한다.

■ 이 게임에 완전히 익숙해지면, 게임의 난이도를 높여 본다.

- 두 가지 음높이를 차례로 들려주고 맞혀보도록 한다.
- 유아들이 각각의 음높이에 해당하는 핸드벨을 나누어 들고 교사가 방향을 가리키면 그 방향에 해당하는 유아가 핸드벨을 연주할 수도 있다.

Music Activity 67

응애

작사/곡 김진영

노래 이야기

아기의 울음 소리는 언어를 사용하기 이전의 유일한 표현 수단입니다.
말을 할 수 없기 때문에 울음 소리로 의사를 표현하는 것이죠.

엄마는 그 울음 소리에 반응하여 아기를 돌봅니다.
동생이 태어났을 때 유아들이 아기와 같은 행동을 하는 때가 있는데
노래를 통해 자연스럽게 아기의 언어를 이해하도록
도와줄 수 있다면 좋겠습니다.

활동을 위한 제안

사전활동

■ 노랫말과 관련하여 아기 울음 소리 탐색활동을 해본다.

• 아기의 울음 소리를 녹음해 두었다가 들려준다.

- 울음 소리를 듣고 무슨 소리인지 뭐라고 말하려는 것 같은지 추측해 보도록 한다.
- 아기들은 왜 우는지에 대해 이야기를 나눈다.

■ 아기가 되어보기를 해본다.

- 잠깐 동안 아기가 되어 보기로 한다.
- '엄마 배가 고파요', '엄마 기저귀 갈아주세요' 하고 말할 수 없으니 울음으로 표현해 보도록 한다.
- 말 대신 울음으로 표현했을 때의 느낌에 대해 각자의 의견을 나눈다.

노래 부르기

■ 노래를 듣는다.

- 노래를 들을 때 노랫말의 내용을 담은 그림자료를 함께 보여주면 효과적이다.

■ 노래를 부른다.

- 교사가 '응애'를 제외한 나머지 부분을 노래로 부르고 '응애' 부분은 유아들이 노래하도록(또는 소리내도록) 한다.
- 몇 번 반복해 본 후에, 따라할 수 있는 만큼 노래 전체를 불러보도록 한다.

■ 노랫말을 바꾸어가며 다양하게 불러본다.

[예] 기저귀 젖어도 등

통합활동

■ 노래에 사용된 음높이를 연주해 본다.

- '응애' 부분은 'E', 'F', 'G' 세 개의 음높이로 만들어진 것이다. 핸드벨이나 목금처럼 음높이가 있는 악기로 연주해 본다.

■ '응애' 부분의 음높이 조합을 다르게 하여 연주하거나 노래를 불러볼 수도 있다. 예를 들면 다음과 같다.

노랫말	응 애	응 애
멜로디 패턴 1	G	E
멜로디 패턴 2	G	G
멜로디 패턴 3	E	G

Music Activity 68

작은 조각 종이

작사/곡 김진영

노래 이야기

우리들의 마음 안에 종이가 들어 있어
그 안에 그림을 그릴 수 있다면 어떨까요?

아무리 큰 그림을 그리고 싶어도
커다란 종이가 준비되어 있지 않다면
나의 그림은 완성될 수 없습니다.

또한, 작은 그림을 그리고자 하면서
커다란 종이를 과장되게 내어 놓는 것은
종이를 낭비하는 것입니다.

내가 가지고 있는 종이의 크기가 어떠한지,
내가 그리고 싶어하는 그림은 무엇인지 돌아보는 것은
내 마음에 종이를 준비하고 그림을 그리는 데 도움이 될 것입니다.

활동을 위한 제안

사전활동

■ 다양한 크기의 종이에 그림 그리기 활동을 해본다.

- 큰 종이에 다른 크기의 그림을 그려보도록 한다.

  [예] 커다란 코끼리와 작은 개미, 커다란 동그라미와 작은 동그라미 등

- 큰 종이와 작은 종이에 같은 그림을 그리고 서로 비교해 본다.

■ 다양한 크기의 종이와 물체를 가지고 노랫말과 관련된 이야기를 나누어 본다.

- 커다란 종이와 작은 종이에 그림을 그려보니까 어땠나?
- 내가 그리고 싶은 것이 개미 한 마리라면 어떤 크기의 종이에 그려야 할까?
- 왜 이렇게 큰(또는 작은) 종이에 그릴 수 있을까(또는 없을까)?
- 만약에 이렇게 큰(또는 작은) 종이에 그리면 어떻게 될까?

노래 부르기

■ 노래를 배운다.

- 노래를 한 번 들려주고 어떤 노랫말이 있었는지 이야기를 나눈다.
- '내가 그리고 싶은 건 개미 한 마리' 부분이나 '이건 너무 크잖아' 처럼 유아들이 쉽게 기억할 수 있는 부분만 불러보도록 하고 나머지는 교사가 부른다.
- '이만한 종이는 어떨까' 부분을 주고 받듯이 불러보기로 하고 나머지 부분은 부를 수 있는 만큼 교사와 함께 부른다.
- 주고 받으며 불렀던 부분을 역할을 바꾸어 다시 불러본다.
- 노래 전체를 부를 수 있는 만큼 교사와 함께 부른다.

■ 노래를 다양하게 불러본다.

- 작은 조각 종이에 그릴 수 있는 다른 것으로 노랫말을 바꾸어 불러본다.
- 다양한 크기나 모양의 종이를 넣어서 노랫말을 바꾸어 불러본다.

  [예] 아주 커다란 종이, 작은 동그란 종이

- 종이 크기에 따라 '이만한 종이는 어떨까?' 부분의 강약을 다르게 해본다.

  [예] 큰 종이–크게, 작은 종이–작게

- '이만한 종이는 어떨까?' 부분을 악기로 강약을 다르게 하여 연주한 뒤 악기 소리 크기에 따라 다음에 들어가는 노랫말을 예측해 불러보도록 한다.

Music Activity 69

작은 집 창가에서

작사/곡 김진영

노래 이야기

이 노래는 리듬 패턴을 다양하게 만들어보기 위해 만든 노래입니다.
노래가 너무 간단해서 '이런 노래도 있을까?' 라고 생각할 수도 있겠지만,
의외로 많은 사람들이 이 노래를 좋아했습니다.

아이들에게 음표를 가르치는 음악 선생님들,
다양한 생활 주제에 맞추어 부를 수 있는 노래를 알게 된 유아 교사들,
쉽게 따라할 수 있는 노래를 부르게 된 어린 유아들,
그리고 아이가 처음으로, 또는 스스로 노래하는 소리를 듣게 된
부모님들이 바로 이 노래를 좋아하는 이들입니다.

활동을 위한 제안

노래 부르기

■ 노래를 부르기 위한 시각자료를 준비한다.

- 네 개의 창문이 있는 집과 창문에서 노래하는 아이들(또는 동물들)의 모습이 담긴 시각자료를 준비한다.
- 창문에서 노래하는 아이들/동물들 자료는 음표에 비례하여 창문 네 개를 가리는 정도(온음표) 한 개, 두 개를 가리는 정도(2분 음표) 두 개, 한 개를 가리는 정도(4분 음표) 네 개, 그리고 반을 가리는 정도(8분 음표)의 크기로 여덟 개를 준비한다.

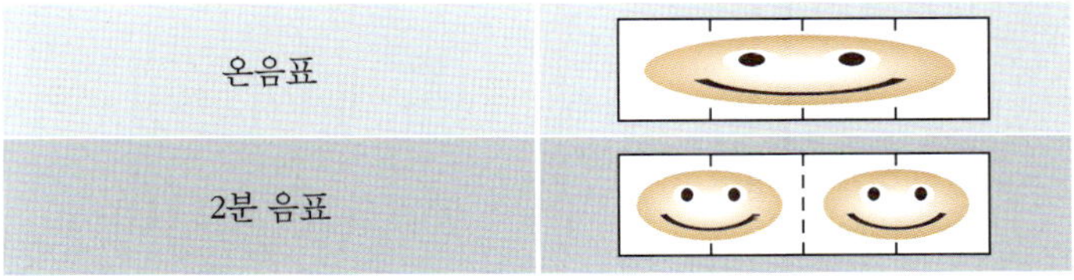

■ 시각자료의 리듬 패턴을 사용하여 노래를 부른다.

- 먼저 창문이 몇 개인지 함께 세어본다(하나–둘–셋–넷). 이때 교사는 각각의 창문을 가리킨다.
- 창문에 노래하는 아이들이 있다고 하고 각 창문에 아이들을 하나씩 붙인다. 교사가 각각의 창문을 가리킬 때 아이들의 얼굴이 보이면 '라' 하고 노래하기로 한다.
- 창문이 비어 있는 곳과 아이들이 있는 곳의 다양한 조합을 만들어 '라' 소리를 내어본다.

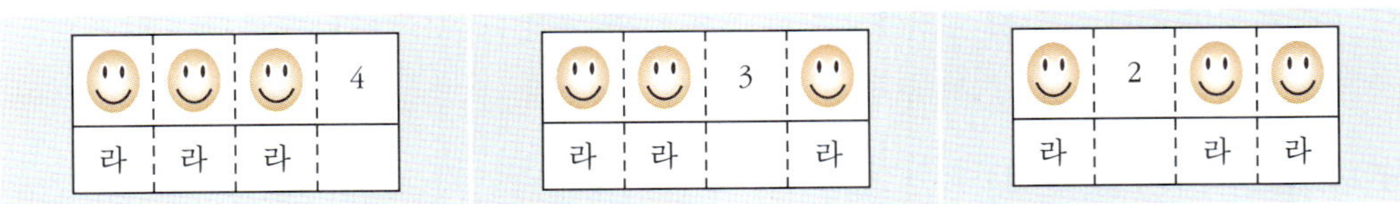

- 이번에는 하나의 창문에 두 명의 아이들(8분 음표 길이)이 있는 것을 보여준다. 이곳에서는 창문 하나를 세는 동안 '랄라' 처럼 조금 짧은 '라'를 두 번 부르도록 한다.
- 창문 하나를 채우는 4분 음표 길이의 자료와 8분 음표 길이의 자료로 다양한 조합을 만들어

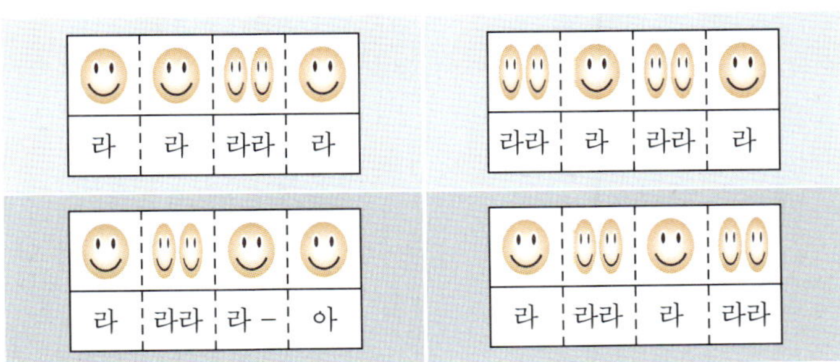

서 해본다.

• 2분 음표 길이에 해당하는 자료를 보여주고 소리를 '라아~' 하듯이 두 박에 걸쳐서 내보도록 한다. 다양한 조합으로 소리를 만들어 본다.

• 노래에 맞추어 다양한 리듬 패턴을 노래해 본다.

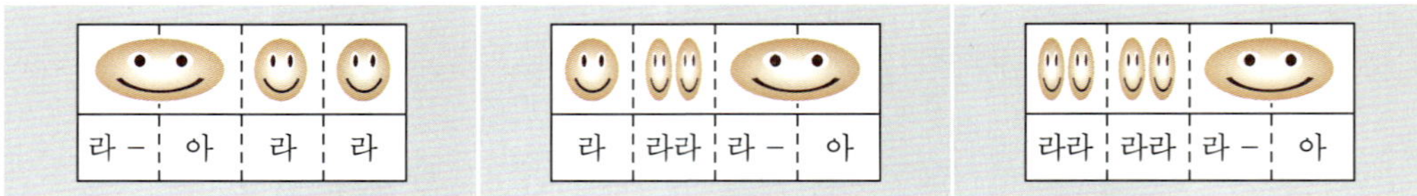

■ 다른 자료를 사용하여 노래를 다양하게 불러본다.

• 노래와 관련하여 리듬 패턴을 만드는 자료는 그림 이외에도 교실에서 찾아볼 수 있는 다양한 자료를 찾아서 사용할 수 있다.

[예] 길이가 다른 블록, 길이가 다른 동물 모형 등

• 네 개의 의자를 준비해 놓고 유아들이 그 위에 다른 조합으로 앉아서 그 패턴에 맞게 노래를 불러 볼 수도 있다.

[예 1] 유아가 앉아 있는 의자와 비어 있는 의자 : 4분 음표와 4분 쉼표

[예 2] 의자 하나에 두 아이가 앉아 있는 경우 : 8분 음표

[예 3] 다리를 올려 의자 두 개에 걸쳐 앉아 있는 경우 : 2분 음표

■ 노랫말을 바꿔서 불러본다.

• 생활 주제에 따라 다른 시각자료를 준비하여 '작은 집 창가에서 랄라라' 부분의 노랫말을 바꿔 불러본다.

[예 1] 동물 : '돼지가 농장에서 꿀꿀꿀'

[예 2] 비오는 날 : 빗방울이 우산 위로 '똑똑똑'

삶에 리듬이 실리면
달리는 것도 즐겁습니다.
Jinyoung's Never Ending Melody

잠 깐!

작사/곡 김진영

노래 이야기

'말 한 마디로 천냥 빚을 갚는다' 라는 속담이 있습니다.

우리는 종종 해야 할 말을 안해서
다른 사람의 마음을 상하게 하기도 하고,
그보다 더 많은 경우에는 하지 말아야 할 말을 해서
마음을 상하게 하곤 합니다.

좋은 말, 적절한 말을 할 수 있는 지혜가
우리 안에 있다면,
얼마나 좋을까요?

활동을 위한 제안

사전활동

■ 노랫말과 관련된 이야기를 나눈다.

- 다양한 상황을 나타내는 그림을 보여준다.
  [예] 넘어져서 울고 있는 아이, 화가 나서 씩씩 거리고 있는 아이, 혼나고 있는 아이 등
- 이런 아이를 보았을 때 어떤 말을 하는 것이 좋을지 이야기해 본다.

• 왜 그런 말을 해야겠다고 생각하게 되었는지 이야기를 나눈다.
• 만약에 생각을 하지 않고 아무런 말이나 하면 어떤 말이 나올 수 있을지, 또 그러한 말을 듣는 사람의 마음이 어떨지에 대해 이야기해 본다.
• 듣는 사람의 마음을 상하게 하는 말과 좋게 하는 말이 어떻게 다른지 이야기해 본다.
• 다른 사람 마음을 좋게 해주면서 적절한 말을 할 수 있도록 좋은 생각을 하게 해주는 데는 '지혜'가 필요하다는 것을 알려준다. 즉, 잠깐 생각을 한 후에 말을 하면 더 지혜로운 말을 할 수 있다는 것도 알려준다.

노래 부르기

■ 노래를 배운다.
• 노래를 한 번 들어본다.
• 어떤 노랫말이 있었는지 이야기를 해본다.
• 유아들은 따라 부르기 쉬운 부분만 먼저 불러보도록 하고 교사가 나머지를 부른다.
• 여러 번 반복해 보고 전체를 부른다.

■ 간단한 손동작을 만들어서 해본다.
• '말을 하기 전에' : 입에서 말이 쏟아져 나오는 것처럼 손을 입가에서 바깥쪽으로 움직인다.
• '잠깐!' : 양손 검지를 세워 입에 차례로 가져다 댄다.

■ 노래를 다양한 상황에서 부른다.
• 유아 둘이 싸우고 있을 때에는 중재 하기 전에, 노래를 한 번 부르면서 생각을 해보도록 하고 이야기를 나눈다.
• 그림을 그리거나 만들기 등을 하기 전에 아이디어가 필요할 때, '만들기 전에 잠깐!'과 같은 식으로 노랫말을 바꿔 부르고 활동을 시작할 수 있다.
• 유아들이 생각해야 하는 질문을 한 후에 대답을 기다리는 동안 노래를 들려줄 수 있다.

Music Activity 71

정 글

작사/곡 김진영

노래 이야기

우리가 직접 가보거나 볼 수 없는 것은
상상 속에서 그려보게 됩니다.

가까이에서 직접 보면 무서운 동물들도
상상 속에서는 친구처럼 느껴집니다.

활동을 위한 제안

노래 부르기

■ 노래에 관한 이야기를 나눈다.

- 깊은 정글 속에는 누가 살고 있을지 상상해 보고 이야기를 나눈다.
- 정글에 관한 시각자료를 보면서 이야기를 해볼 수 있다.
- 노랫말에 나오는 동물들을 숨겨놓고 '숨은 그림 찾기'처럼 찾아보도록 한다.
- 이 동물들은 기다란 곳이 있는데 어디인지 말해보도록 한다(악어의 꼬리, 뱀의 몸, 코끼리의 코, 원숭이의 꼬리 등).

■ 노래를 탐색하면서 부른다.

- 노래를 한 번 듣는다.
- 유아들이 '깊은 정글 속에는 누가 살고 있을까?' 부분을 부르면 교사가 나머지를 불러준다.
- 역할을 바꾸어 불러본다.
- 유아들을 네 그룹으로 나누어 각 절의 동물들을 다른 그룹의 유아들이 불러보도록 할 수 있다.

통합활동

■ 노랫말에 등장하는 동물에서 연상되는 음색을 가진 악기를 찾아 노랫말에 맞추어 연주해 본다.

- '악어' : 귀로 긁기
- '뱀' : 방울 흔들기, 마라카 흔들기
- '코끼리' : 북 두드리기
- '원숭이' : 캐스터네츠 치기, 카바사 문지르기

■ 노랫말에 나오는 동물의 수에 따라 악기의 수를 늘려가며 연주한다.

- '악어 한 마리' : 하나의 귀로를 긁는다.
- '뱀 두 마리' : 마라카스 두 개를 흔든다.
- '코끼리 세 마리' : 북 세 개를 둥둥 두드린다.
- '원숭이 네 마리' : 캐스터네츠 네 개를 친다.

■ 각 동물을 나타내는 악기를 연주하는 유아들이 지휘자의 지휘에 맞추어 연주해 본다.

- 지휘자는 각 동물을 따로 따로 가리키거나 같이 가리킨다.
- 크게 또는 작게 연주할 수 있는 신호를 정하고 연주하도록 하여 노래의 셈여림을 살린다.

■ 노래를 들으며 정글에 관한 그림을 그려볼 수 있다.

- 음악 속에서 상상되는 다른 동물들도 그려보도록 한다.

Music Activity 72

제자리에

작사/곡 김진영

노래 이야기

자율성이 발달하면서
유아들은 점차 스스로 할 수 있는 일이 많아집니다.

유아가 스스로 할 수 있는 일 또는 스스로 해야 하는 일임에도 불구하고
아직도 어른에게 의존하는 일들이 있다면 안되겠죠.

정리 · 정돈하기, 질서 지키기 등 기본 생활 습관과 더불어
사회적 규범을 하나씩 배워가는 유아들···

세 살 버릇이 여든까지 간다는
우리나라 속담의 의미를 되새겨 보게 됩니다.

활동을 위한 제안

사전활동

■ 노랫말과 관련된 이야기를 나눈다.

- 그림자료나 인형을 이용하여 유아들의 하루 일상 중 정리해야 하는 일들을 보여준다.
- 잠자고 일어난 다음에 이불은 어떻게 해야 하는지에 대해 이야기를 나눈다. 낮잠시간 또는 캠프 시 사용하는 작은 이불을 이용하여 이불을 잘 접어서 정리하는 것을 직접 해볼 수도 있다.

노래 부르기

■ 노래를 듣고 무슨 노랫말이 있었는지 생각나는 대로 말해본다.

■ 노래 안에 나온 반복된 멜로디 패턴을 들려준다.

- 목금이나 피아노 등으로 '제자리에' 부분의 멜로디인 '파→미→레→도(F→E→D→C)'를 연주해 준 후, 혹시 노래에서 이런(멜로디를 가진) 부분에 어떤 노랫말이 있었는지 물어본다.
- 노래를 한 번 더 들으며 확인해 본다.

■ 노래를 부른다.

- 유아들이 '제자리에'와 '잘하지요' 부분을 부른다. 이때 제일 마지막의 '잘하지요'는 리듬이 조금 다르므로 교사가 같이 불러준다.
- 유아들이 '우리는 잘하지요 정리를 잘하지요' 부분을 부르고 앞부분은 교사가 부른다.
- 전체를 모두 함께 불러본다.

통합활동

■ 노래를 다양하게 부른다.

- 자유놀이가 끝나거나 다른 곳으로 옮겨가기 위해 줄을 서는 등의 시간에 노랫말을 바꾸어 2절을 부른다.
- 유아들이 '제자리에' 또는 '우리는 잘하지요…' 등의 부분을 자연스럽게 부를 수 있도록 한다.

■ 노래를 연주해 본다.

- 목금이나 피아노 같은 악기를 이용하여 '제자리에' 부분을 노래하는 대신 멜로디로 연주해 볼 수 있다.

Music Activity 73

줄다리기

작사/곡 김진영

노래 이야기

혼자의 힘으로는 약하지만
여러 사람이 힘을 합치면 해낼 수 있는 일들이 많이 있습니다.

다른 일들을 나누어 하는 경우도 있지만
같은 곳에 힘을 모아야 하는 경우도 있습니다.

내 마음대로 원하는 박에 움직이는 것이 아니라
다른 사람과 같은 박에 함께 움직일 수 있도록
마음을 맞추어야 힘이 모아지는 것입니다.

활동을 위한 제안

통합활동

■ 이야기를 들으며 자연스럽게 노래를 배울 수 있도록 한다.

참 고

어느날 마당에서 놀고 있던 멍멍이가 구멍에 빠졌어요.

"멍멍 멍멍 나 좀 구해 주세요"

초롱이가 그 소리를 듣고 달려와서 줄을 던졌어요.

"멍멍아 이 줄을 잡아."

그리고 줄을 당겼어요.

"영차 영차"

그러나 초롱이는 힘이 부족했어요.

"누가 멍멍이 구하는 것을 도와주세요."

그 소리를 듣고 꿀꿀이가 달려왔어요.

"꿀꿀 꿀꿀 내가 도와줄께"

초롱이와 꿀꿀이는 함께 줄을 당겼어요.

"영차 영차"

그러나 힘이 부족했어요…

… 후략

(3 → 1) →a.(1) 반복되는 의성어 패턴을 이용한 연주 참조(p. 63)

■ 이야기를 들으며 '영차영차' 부분만 노래로 해보거나, 등장인물이 하나씩 등장할 때마다 노래를 반복해서 불러봄으로써 자연스럽게 노래를 익혀 따라하도록 한다.

■ 이야기를 노래극으로 만들어 각 역할을 맡은 유아가 이 노래를 함께 부르도록 할 수 있다.

■ 노래의 '영차' 부분을 이용하여 다양한 활동을 해본다.

- '영차' 대신 동물 소리나 다른 리듬 패턴을 만들어 넣는다.
- '영차' 부분의 '솔(G)'과 '높은 도(C)' 두 개의 음을 핸드벨이나 목금으로 연주할 수 있다.

지구촌 한가족

작사/곡 김진영

노래 이야기

옛날에는 이 땅에 함께 살던 사람들이 모두 한 언어를 사용했다고 합니다.
그런데 어느날,
하나님만큼 높아져 보겠다고 말하면서 하늘까지 닿는 탑을 쌓는 교만한 일을 하다가
하나님이 사람들 입에서 나오는 말을 서로 다르게 바꿔버리셔서
사람들은 그만 서로의 말을 알아들을 수 없게 되었답니다.

그래서인지는 모르겠지만,
같은 언어를 쓰더라도
자기가 높아지겠다고 생각하는 사람은 다른 사람의 말을 잘 알아들을 수가 없습니다.

다른 언어를 사용하더라도
마음을 낮추는 사람은 다른 사람과 마음을 나눌 수 있습니다.

다른 사람의 아래에(under) 서있을 때(stand)
비로소 이해(understand)되는 것이 마음의 언어이기 때문인가 봅니다.

활동을 위한 제안

사전활동

■ 노랫말과 관련하여 이야기를 나눈다.

- 그림자료를 이용하여 다양한 인종의 사람들을 보여주고 그들의 인삿말을 배운다.
- 그림자료를 이용하여 다른 인종 사람들의 다양한 표정을 보면서 뭐라고 말하고 있는 것 같은지 이야기해 본다. 말을 듣지 않고 어떻게 알 수 있는지에 대해 이야기를 나눈다.
- 만약 다른 나라 사람이 사용하는 말을 모를 때 어떻게 하면 같이 살 수 있을지 이야기를 나눈다.
- 함께 살아가는 데 같은 말을 배우는 것만큼(또는 그보다 더) 필요한 것은 어떤 것들이 있을지 이야기를 나눈다.

노래 부르기

■ 노래를 배운다.

- 노래를 들어본 후, 멜로디만 허밍(입은 다물고 코로 소리를 내어 부르는 방법)으로 부른다.
- 시각자료를 이용하여 노랫말을 배운다. 노랫말 가운데 유아들이 모르는 낱말이 있으면 교사는 간단하게 설명해 준다.
- 노래를 반으로 나누어 교사가 앞부분을 부르고 유아가 뒷부분을 불러본다.
- 모두 함께 부른다.

통합활동

■ '안녕' 대신 다른 언어를 넣어 노랫말을 바꿔 부를 수 있다.

■ 악기를 이용하여 '안녕' 하고 인사하는 것처럼 표현해 보기로 하고 노랫말 대신 악기 소리를 넣어서 불러본다.

Music Activity 75

집에 갈 시간

작사/곡 김진영

노래 이야기

사람들은 정해놓은 시간에 맞추어
하루를 의미 있게 보낼 수 있도록 활동을 계획하곤 합니다.

유아들이 유치원에서 보내는 시간은
기쁨으로 채워지는 순간들이었으면 좋겠습니다.

집에 돌아가는 시간은 아쉽지만
다른 날 다시 만날 약속을 할 수 있어서
또 다른 기쁨이 있는 순간이었으면 좋겠습니다.

활동을 위한 제안

노래 부르기

■ 노래를 부른다.

- 하루 일과가 끝나고 집으로 돌아가기 전에 자연스럽게 노래를 부르거나 배경음악으로 듣는다.
- '똑딱 똑딱' 은 혀를 차서 소리를 내보거나 리듬 막대 등의 타악기로 소리를 내본다.

■ 노래에 맞추어 손동작을 만들어 해본다.

- 두 개의 손가락만 사용하여 만들어 본 동작

  [예 1] '똑딱 똑딱' (같은 가사에 동일) : 검지를 세워 좌우로 시계추처럼 흔든다.

  [예 2] '이제는 집으로' : 손가락을 한쪽씩 좌우로 세워 집의 지붕처럼 만든다.

  [예 3] '가야 할 시간' : 손가락을 걸어가는 것과 같은 모양으로 움직인다.

  [예 4] '안녕히 계세요' : 인사하듯 양쪽 손가락을 차례로 구부린다.

  [예 5] '내일 또 만나요' : 양쪽 손가락을 한쪽씩 흔들며 등 뒤로 사라지게 한다.

- 다른 신체 부위를 사용하여 만들어 본 동작

  [예 1] '똑딱 똑딱' (같은 가사에 동일) : 손바닥을 마주 붙여 세워 좌우로 시계추처럼 흔든다.

  [예 2] '이제는 집으로' : 손바닥을 한쪽씩 좌우로 세워 집의 지붕처럼 만든다.

  [예 3] '가야 할 시간' : 팔을 앞뒤로 흔들며 걸어가는 것과 같은 모양으로 움직인다.

  [예 4] '안녕히 계세요' : 머리를 인사하듯이 굽힌다.

  [예 5] '내일 또 만나요' : 양손을 한쪽씩 흔든다.

■ 같은 노래를 다양한 빠르기로 불러본다.

- 메트로놈(metronome) 등을 이용하여 속도를 바꾸어가며 그에 맞추어 노래해 본다.
- 달라진 속도에 맞추어 걸어가듯 다리와 몸을 움직여 본다.

Music Activity 76

추수감사

작사/곡 김진영

노래 이야기

어떤 사람은 밭을 갈았고,
어떤 사람은 씨를 뿌렸고,
어떤 사람은 물을 주었습니다.

그러나 하늘에서 햇빛이 비춰주지 않았다면,
비가 땅으로 스며들어가 뿌리를 적시지 않았다면,
그리고 그 무엇보다도 씨앗으로부터 싹이 나오고 자라게 하지 않았다면
우리는 그 어떤 것도 추수할 수 없었을 것입니다.

그래서 우리는 우리가 수고한 만큼
우리가 할 수 없었던 일을 깨닫게 되고
그로 인하여 감사할 수 밖에 없습니다.

활동을 위한 제안

사전활동

■ 추수 감사와 관련된 동화를 들려준다.

- 농부 이야기 : 농부가 한 해 동안 열심히 일한 후 가을에 추수를 하며 감사해 하는 이야기를 들려준다.
- 철수의 사과 이야기 : 철수가 사과를 먹다가 감사해서 사과를 누가 주었는지 찾아가며 엄마 → 가게 아저씨 → 배달해 준 아저씨 → 농부 아저씨 → 하나님께 감사하게 되었다는 이야기

■ 추수 감사에 관한 이야기를 나눈다.

- 추수란 무엇일까?(일 년 동안 열심히 일해서 열매를 거둬들이는 것)를 생각하며 이야기를 나눈다.
- 왜 추수에 감사해야 하는지 이야기를 나눈다.

노래 부르기

■ 노래를 배운다.

- 노래를 한 번 듣고 무엇에 대한 노래인지 이야기해 본다.
- 멜로디만 한 번 듣고, '라라라' 같은 한 음절로 멜로디를 따라서 불러본다.
- 그림자료를 이용하여 노랫말을 소개한다.
- 노랫말을 넣어 불러본다. 이때 유아들은 '감사해 감사해 하나님께' 부분만 불러보고 나머지는 교사가 부른다.
- 노래 전체를 부르며 유아들이 부를 수 있는 만큼 따라해 보도록 한다.

■ 노래에 익숙해지면 노랫말을 바꾸어 불러본다.

- 감사하는 것이 또 어떤 것이 있는지 이야기하고 노랫말을 바꾸어 불러본다.

Music Activity 77

축하하세

작사/곡 김진영

노래 이야기

아기가 태어났을 때 주위 사람들은 축하한다고 이야기합니다.
그런데 부모님은 아기에게 고맙다고 이야기하기도 합니다.
태어나줘서, 우리에게 와줘서 고맙다고…
왜냐하면 그만큼 아기의 탄생이
부모의 삶에 기쁨이 되었기 때문입니다.

성탄절은 예수님의 생일이기 때문에 생일을 축하하는 날입니다.
동시에 예수님이 나를 위해 태어나신 날이기 때문에
감사하는 날이기도 합니다.

활동을 위한 제안

사전활동

■ 노래와 관련된 미술활동을 한다.

- 성탄목 꾸미기 : 반짝이는 다양한 실과 종이 또는 가루로 성탄목 모양의 종이를 꾸미는 활동
- 별 만들기 : 별 모양의 딱딱한 종이에 구멍을 뚫어주고 금색, 은색 줄로 다양하게 가로지르며 꾸며보는 활동

노래 부르기

■ 노래를 배운다.

- '축하하세'의 각 음절을 다른 종이에 각각 써서 노래자료로 사용한다. 예를 들어, 성탄목 모양의 종이에 '축'이라고 쓰고, 별 모양의 종이에는 '하'를, 종 모양의 종이에는 '세'라고 써서 준비할 수 있다.
- 글씨를 하나씩 붙이며 읽어준다. 그리고 각 글씨를 모두 합하면, 어떤 말이 되는지, 무슨 뜻인지 유아들에게 물어본다.
- 12월 25일은 누가 태어나신 날인지, 무슨 날이라고 부르는지 이야기한다.
- 예수님의 생일인 성탄절을 축하하기 위해 무엇을 만들었는지 이야기해 본다(성탄목, 별 등).
- 노래를 듣는다. 이때 교사는 노래자료(축하하세 글씨, 성탄목, 별)가 있는 노랫말 부분을 손가락으로 가리킨다.
- 어떤 노랫말이었는지 기억해본다.
- 노래를 함께 불러본다. 유아들이 노랫말을 알 수 있도록 노래 속도에 맞게 노래자료가 있는 노랫말 부분의 자료를 가리킨다.
- 노래에 익숙해지면 2절도 배운다. '감사하세' 낱말은 1절처럼 종이에 써서 준비할 수 있고, '손을 들고 손뼉치며'는 직접 동작을 해보면서 부를 수 있다.

Music Activity 78

치우는 시간

작사/곡 김진영

노래 이야기

교사 시절이던 어느날
집으로 돌아가려고 버스를 기다리고 있었습니다.
나는 어디로 가고 있는가? 나를 태워갈 차는 어디에 있는가?
아마도 그런 생각을 하고 있었던 것 같습니다.

갑자기, 마음속에서 '어디?' 하는 단어가 멜로디와 함께 들렸습니다.
밖에 나와서 활동을 하고 있는 모든 것들은
해야 할 일을 마치고 밤이 되면 집에 돌아가야 하듯이
아이들과 놀던 장난감들도 놀이시간이 끝나면
집으로 돌아간다는 생각이 들었습니다.
그래서 집으로 돌아오는 버스 안에서
마음속에 들렸던 모티브를 가지고 노래를 완성했습니다.

활동을 위한 제안

노래 부르기

■ 다양한 시간에 자연스럽게 노래를 부른다.

- 치우는 시간을 알려주기 위해 노래를 들려준다.
- 노래를 반복해서 녹음한 후에 치우는 시간 동안 틀어 놓는다.

• 유아들이 치우기를 하고 있을 때 유아들이 치우고 있는 물건들을 노랫말로 넣어 불러준다.
• 다같이 모였을 때, 아직 치워지지 않은 장난감을 가지고 와서 이야기를 나누며 노래를 부를 수 있다.

[예] '엉엉… 어? 여기 울고 있는 장난감이 있네. 왜 장난감이 울고 있을까?', '아직 집으로 돌아가지 못한 장난감이 있네…', '이 자동차는 누가 집으로 데려다 줄까?' 등

• 귀가시간이 되었을 때에 노랫말을 바꿔서 불러볼 수 있다.

[예] 진영이는 어디? 준호는 어디? 아이들은 집으로 돌아갈 시간

정해진 시간을 아는 것이
아름답게 시작한 만큼
아름답게 마무리할 줄 아는 지혜입니다.
Jinyoung's Never Ending Melody

친구와 헤어질 때

작사/곡 김진영

노래 이야기

지혜의 왕이라고 불리웠던 솔로몬이
「전도서」라는 책에 적은 것처럼
모든 일에는 기한이 있고 목적을 이룰 때가 있습니다.

날 때가 있고 죽을 때가 있으며, 심을 때가 있고 심은 것을 뽑을 때가 있으며
죽일 때가 있고 치료시킬 때가 있으며, 헐 때가 있고 세울 때가 있으며
울 때가 있고 웃을 때가 있으며, 슬퍼할 때가 있고 춤출 때가 있으며
찾을 때가 있고 잃을 때가 있으며, 지킬 때가 있고 버릴 때가 있으며
찢을 때가 있고 꿰맬 때가 있으며, 잠잠할 때가 있고 말할 때가 있습니다.

그리고
만날 때가 있고 헤어질 때가 있습니다.
그렇기 때문에
만나서 기쁠 때가 있고 헤어져서 슬플 때가 있고,
함께 했을 때를 기억하며 감사할 때가 있습니다.

활동을 위한 제안

노래 부르기

■ 노랫말과 관련된 이야기를 나눈다.

- 함께 했던 어떤 일이 생각나는지, 어떤 일이 재밌었는지 등 그 동안 함께 지내며 있었던 일에 대해 이야기를 나눈다.
- 지금 친구와 헤어지게 되어 마음이 어떤지 이야기를 나눈다.
- 살다보면 여러 만남의 시간을 갖게 되는데, 우리가 만날 수 있었던 것처럼 헤어지는 시간도 있음을 이야기한다.
- 우리가 만나서 즐겁게 지냈던 추억들은 우리 마음속에 담아두면 헤어지더라도 늘 마음속에서 함께 있는 것이라고 이야기를 해준다.

■ 노래를 부른다.

- 교사가 노래를 불러준다.
- 노래를 들은 후 느낌에 대해 이야기해 본다.
- 어떤 노랫말이 들어 있는지 귀 기울여 들어보자고 이야기하고 교사가 다시 한 번 불러본다.
- 노래가 끝나면 어떤 노랫말이 들어 있었는지 유아들이 기억하는 대로 이야기해 본다.
- 유아들이 이야기하면 그 노랫말이 들어 있는 노래의 부분을 교사가 불러준다.
- 또 어떤 노랫말이 기억나는지 묻고, 같은 방법으로 해당 부분을 교사가 불러준다.
- 다시 한 번 노래할 때 기억나는 부분을 같이 부르자고 하고, 조금 천천히 노래를 부른다.
- 모이기 시간이나 전이시간 등에 교사가 자연스럽게 노래를 불러 유아들이 노래에 익숙해지도록 한다.

■ 헤어짐을 경험해야 하는 다양한 날에 부른다.

- 수료식이나 종업식 때 모두 함께 부른다.
- 전학 등으로 유치원을 떠나게 된 친구를 위해 불러준다.

■ 다양한 시간에 노래를 듣고 부른다.

- 떠나게 된 친구를 위해 선물로 그림을 그려주는 시간에 배경음악으로 듣는다.
- 수료식이나 종업식이 끝난 후 유아들이 서로 인사를 나누는 동안 노래를 배경음악으로 듣는다.

Music Activity 80

친구하고

작사/곡 김진영

노래 이야기

유아들이 둘씩 짝을 지어서
율동을 할 수 있도록 만든 노래입니다.

각 신체 부위도 탐색하면서
다양한 움직임을 경험해 볼 수 있도록 하였습니다.

활동을 위한 제안

통합활동

■ 둘씩 짝을 지어서 마주보고 노랫말에 맞추어서 율동을 한다.

- '친구하고 마주 보고' : 둘씩 마주보고 선다.
- '머리 어깨 무릎 발' : 각 신체 부위를 손으로 짚는다.
- '자리를 바꿔서' : 마주보고 있던 친구와 자리를 바꾼다.
- '머리 어깨 무릎 발' : 각 신체 부위를 손으로 짚는다.
- '머리를 흔들고' : 머리를 자유롭게 흔든다.
- '어깨를 으쓱으쓱' : 양 어깨를 올렸다 내렸다를 두 번 반복한다.
- '무릎을 움직이고' : 무릎을 살짝 굽히고 양 무릎을 좌우로 자연스럽게 흔든다.
- '발을 동동 구르고' : 제자리에서 종종 걸음 걷듯이 양쪽 다리를 번갈아 땅을 구른다.
- '춤을 추다' : 자유롭게 춤을 춘다.
- '앉아요' : 노래가 끝나면 제자리에 앉는다.

■ 앉아 있는 상태로 노래를 다시 부르며 율동을 한다.

- 앉아서 율동을 할 때에는 '머리 어깨 → 무릎 → 발'의 순서대신 '발 → 무릎 → 어깨 → 머리'를 짚고 움직이는 것으로 한다.
- '자리를 바꿔서' 부분에서는 앉아 있는 상태에서 자리를 바꾸려면 어떻게 할지 이야기를 나누고 다양하게 움직이며 자리를 바꾸어 보도록 한다.

  [예 1] 엉덩이로 걸어서 자리 바꾸기

  [예 2] 다리를 굽힌 채 낮은 걸음으로 걸어서 자리 바꾸기

  [예 3] 무릎을 대고 기어서 자리 바꾸기
- 마지막에는 '춤을 추다 일어서세요'라고 하면서 제자리에서 일어선다.

Music Activity 81

크고 큰 우주, 작고 작은 우리

작사/곡 김진영

노래 이야기

우리는 엄마의 뱃속, 작은 공간에서 삶을 시작합니다.
그리고 밖으로 나와 세상에서 살아가면서
우리가 속하는 더 큰 세상이 있음을 점점 알게 됩니다.

우주와 같은 광대한 세상이 존재하고,
그 안에 작은 내가 있음을 깨닫게 되고,
동시에 작은 우리들이 모여서 세상을 만들어감을 깨닫게 됩니다.

활동을 위한 제안

노래 부르기

- 노랫말을 전달하기 위해 다양한 시각자료를 준비한다.
    - 천체 모형과 지구본을 사용할 수도 있다.
    - 주머니식의 그림자료를 만들어서 우주에서 지구를 꺼내고 지구에서 한국을 꺼내어 점점 작은 주머니에 그려진 그림을 꺼내 보도록 준비할 수도 있다.
- 노래를 부른다.
    - 시각자료를 사용하여 노랫말을 전달한다.

  [예] (노래로) 아주 크고 큰 우주에 무엇 있을까?
  (우주 그림에서 지구 그림을 꺼내며 노래로) 우주에 지구가 있지요.
  (말로) 우주에 무엇이 있다고?
  (노래로) 아주 크고 큰 우주에 지구가 있죠.
  (지구 그림에서 한국 지도 그림을 꺼내며 노래로) 지구에 한국이 있지요.
  (말로) 그럼 아주 크고 큰 우주에 무엇이 있는거지?
  (노래로) 아주 크고 큰 우주에 한국이 있죠.

    - 도돌이표가 시작되는 부분의 노랫말은 선생님과 유아들이 주고 받듯이 불러볼 수 있다.

  [예] 교사 : 우주에 지구가 있지요.
  유아 : 아주 크고 큰 우주에 지구가 있죠.
  교사 : 지구에 한국이 있지요.
  유아 : 아주 크고 큰 지구에 한국이 있죠.

- 전자악기나 효과 음향 등을 사용해 우주의 소리들을 만들어서 녹음해 보고 그것을 틀어놓은 상황에서 노래를 불러 볼 수도 있다.

Music Activity 82

토끼 보는 날

작사/곡 김진영

노래 이야기

유치원 마당에는 동물장이 있었는데, 그 안에는 토끼도 있었습니다.
유아들은 날마다 토끼를 보기도 하고 풀을 주기도 했습니다.

어느날 토끼를 잔디밭에 꺼내어 보기로 했습니다.
토끼장 밖으로 꺼낸 토끼를 열린 공간에서 만나는 것은
유아들에게는 너무나 흥분되는 경험이었을 것입니다.
그러나 토끼가 놀랄까봐 조심스럽게 다가가 먹을 것을 주면서
토끼를 살며시 만져보는 유아들의 모습은 너무나 아름다웠습니다.

활동을 위한 제안

노래 부르기

■ 이 노래는 토끼를 관찰하는 활동에서 부르기 위해 만들어진 노래이다. 토끼를 관찰하는 활동은 다음과 같이 진행된다.

- 마당에 유아가 둘러 앉으면서 토끼가 밖으로 나가지 않도록 블록 등을 이용해 울타리를 만든다.
- 유아들이 둘러 앉으면 토끼를 가져와 가운데에 놓는다.
- 유아들은 조용히 토끼를 관찰한다.
- 한두 유아씩 조용히 다가가서 준비한 먹이를 토끼에게 준다.

■ 토끼를 관찰하기 위해 마당으로 나가기 전에 주의해야 할 점을 이야기하며 노래를 배운다.

- 오늘은 무엇을 하기로 한 날인지 이야기하면서 교사가 노래의 처음 여덟 마디를 부른다.
- 토끼를 만져보기도 할 것이라고 이야기하고 주의할 점이 무엇일지 생각해 보도록 한다.

  [예] 토끼가 놀라지 않도록 큰 소리를 지르지 않는다, 한 사람씩 조심스럽게 다가가서 토끼를 만진다 등
- 노래의 9~16마디를 교사가 불러준다.

■ 모형 토끼를 사용하여 노랫말에 있는 것과 같이 실제로 해보면서 노래를 부른다.

- 노래의 첫 여덟 마디를 모두 함께 부른다.
- 누가 토끼를 만져볼 것인지 묻고 한 명의 유아가 살금살금 걸어 나와 토끼를 만져보도록 한다. 유아가 앞으로 나올 때 9~16마디를 함께 부른다. 이번에는 누가 (모형) 토끼에게 푸른 배춧잎을 주어보겠느냐고 묻고, 한 유아가 배춧잎을 주는 흉내를 내는 동안 17~24마디를 부른다.
- 누가 해보겠냐고 다시 묻고 앞의 과정을 반복하며 자연스럽게 노래를 부르도록 한다.

■ 배운 노래를 여러 차례에 걸쳐 부른다.

- 토끼를 보기 위해 둘러 앉아 준비하고 있을 때 노래를 부른다. 이때, 목소리는 너무 크지 않도록 작은 소리로 불러보도록 한다.
- 토끼를 보고 들어와서 경험한 것에 대한 이야기를 나눌 때 노래를 불러본다.
- 토끼의 움직임을 회상하면서 토끼 흉내를 내며 노래를 불러볼 수도 있다.

튼튼한 집

작사/곡 김진영

노래 이야기

모래 위에 지은 집은 비가 오고 바람이 불면 무너지지만
반석 위에 지은 집은 기초가 튼튼하여 무너지지 않습니다.

기초를 튼튼하게 하기 위해서는
단단하고 좋은 땅을 구분할 수 있는 지혜도 필요하지만,
그 위에 튼튼한 집을 지을 수 있는
준비된 성실한 마음도 필요합니다.

활동을 위한 제안

사전활동

- 노래와 관련된 이야기를 나눈다.
  - 시각자료들을 이용하여 튼튼한 기초 위에 지은 집과 그렇지 않은 집을 비교해 보고 이야기를 나눈다.

[예] 기초가 튼튼한 집과 그렇지 않은 집은 어떻게 다르지?, 비바람이 치면 어떻게 될까?, 왜 그럴까? 등

- 《아기 돼지 삼형제》와 같은 이야기를 들려준 후 세 형제가 지은 집이 어떻게 달랐는지, 늑대가 불었을 때 왜 두 형제의 집은 날아갔는지 등에 대해 이야기를 나눌 수도 있다.
- 튼튼한 집을 지으려면 어떻게 해야 하는지 이야기를 나눈다.

노래 부르기

■ 노래를 배운다.

- 노래를 듣고 어떤 노랫말이 있었는지 이야기해 본다.
- 노래의 시작인 '뚝딱…' 부분을 유아들이 불러본다. 그리고 나머지는 교사가 부른다.
- '뚝딱… 튼튼한 집을 만들자' 부분을 유아들이 부르면서 두 손을 주먹쥐고 망치질 하듯이 흉내내보도록 한다.
- 노래에서 튼튼한 집은 무엇이 튼튼해야 된다고 했는지 묻고 '기초가 튼튼한 집을' 부분까지 유아들이 불러보도록 한다.
- 노래 전체를 불러본다.

■ 노래를 다양하게 불러본다.

- 간단한 손동작을 만들어 노래해 본다.
- 튼튼한 집 이외에 또 어떤 것을 지어볼 수 있을지 이야기를 나누고 노랫말을 바꿔 부른다.

[예] 튼튼한 다리, 튼튼한 유치원

통합활동

■ 노래를 부르며 악기 연주를 한다.

- 공사하는 장면을 표현할 수 있는 악기들을 모두 찾아본다.

[예] 톤블록-나무 두드리는 소리, 트라이앵글-못 박는 소리 등

- 악기를 사용하여 '뚝딱 뚝딱 뚝딱딱' 부분에 다양한 리듬 패턴을 만들어서 연주해 본다.

[예] 뚝뚝뚝뚝-딱딱딱, 뚝딱뚝딱-칭칭 등

- 반주에 맞추어 악기 소리로만 연주해 보거나, 노래와 함께 연주해 본다.

Music Activity 84

튼튼해 지려면

작사/곡 김진영

노래 이야기

건강을 위해서는 균형이 중요합니다.
신체, 인지, 언어, 사회, 정서 등의 발달영역에서
고른 발달이 이루어지는 것이 중요하고,
신체 발달을 위해 필요한 영양소를 섭취하기 위하여
각 식품군의 음식을 잘 선택해서 먹는 것이 필요합니다.

편식하지 않고 골고루 먹어서
건강한 아이들로 자라나길 소원하며…

활동을 위한 제안

사전활동

■ 노랫말과 관련하여 몸에 좋은 음식에 관한 이야기를 나눈다.

- 그림자료를 사용하여 몸에 좋은 음식과 좋지 않은 음식에 대해 이야기를 나눈다.
- 몸을 건강하게 하기 위해서 먹여야 하는 음식들에 대해 이야기를 나눈다. 몸에 필요한 영양소와 그것을 담고 있는 음식들의 예를 이야기해 본다.

노래 부르기

■ 노래를 배운다.

- 노래를 한 번 듣는다.
- 어떤 노랫말이 들어 있었는지 이야기를 나눈다.
- 튼튼해 지려면 어떤 음식을 먹어야 한다고 했는지 이야기를 나눈다.
- (유아들이 처음부터 메아리처럼 따라 부르는 형식에 익숙하지 않은 경우에) 음식 이름이 나오는 부분에서 선생님이 두 번씩 반복해서 부를거라고 한다. 첫 번째는 잘 듣고 두 번째 부를 때 같이 불러보도록 한다.
- 영양군 그림자료를 이용하여 다른 음식 이름도 노랫말에 넣어서 불러본다. 이때에는 선생님이 먼저 노래하면 잘 듣고 있다가 유아들이 한 번 더 (메아리처럼) 따라 불러보도록 한다.
- 다시 한 번 부를 때 '튼튼해 지려면 무엇을 먹을까?' 부분도 함께 불러보도록 한다.

■ 악기를 연주하며 노래를 부른다.

- 이 노래는 국악장단에 맞춘 것으로, 장구를 사용하여 박자를 맞추며 부를 수 있다. 유아들도 손뼉을 치거나 손으로 다리를 치며 불러보도록 한다.
- 주고 받듯이 부르는 메아리가 시작되는 부분에서는 노래하는 사람만 연주를 하여 악기 소리도 주고 받듯 메아리가 되도록 한다.
- 노랫말과 악기의 리듬을 같이 연주하다가 익숙해지면 목소리를 줄이고 악기로만 연주해 본다.

Music Activity 85

팝콘 만들기

작사/곡 김진영

노래 이야기

이 노래는 유치원 교사시절 유아들과
팝콘을 직접 튀겨보는 요리활동을 하면서 만든 곡입니다.

노란 알맹이가 투명 냄비에 튀겨지면서
하얗게 변하는 모습의 팝콘을 연상하며
이 노래를 만들었습니다.

활동을 위한 제안

사전활동

■ 노래와 관련하여 팝콘 만들기 요리활동을 한다.

- 팝콘이 튀는 모습이 보이도록 투명한 냄비에 팝콘을 튀긴다.
- 요리활동을 하면서 유아들과 함께 팝콘의 모양, 색깔, 냄새, 소리, 움직이는 모양 등을 탐색한다.
- 요리를 하는 동안 팝콘 만들기 노래를 배경음악으로 듣는다.

노래 부르기

■ 노래를 배운다.

- 요리를 해본 경험에 대해 이야기를 나눈다.

[예] 팝콘 만들기를 해보니까 어땠니?, 팝콘이 어떻게 변했니? 등

- 노래를 듣고 어떤 노랫말이 있었는지 이야기를 나눈다.
- '톡톡톡' 같이 따라할 수 있는 쉬운 부분만 노래해본다.
- 손을 팝콘이 튀는 것처럼 움직이면서 처음 네 마디를 불러보도록 하고 나머지는 교사가 불러본다.
- 유아가 노래를 쉽게 익히면 전체를 불러본다.

통합활동

■ 동작으로 팝콘을 표현해 본다.

- 팝콘을 표현하도록 도울 수 있는 자료들을 찾아서 사용한다.

[예] 응원할 때 쓰는 술, 팝콘을 나타낼 수 있는 장갑 등

- 노래를 부르는 유아와 동작을 하는 유아로 그룹을 나누어 팝콘이 튀는 것을 표현해 보도록 한다.

■ 노래를 부르며 타악기를 연주한다.

- 팝콘이 튀는 것과 같은 소리를 표현할 수 있는 악기를 찾아본다.
- 우드블록, 마라카스 등의 악기를 사용하여 노래의 '톡톡톡 탁탁탁' 부분에 소리를 내어 볼 수 있다.

■ 노래를 부르며 음높이가 있는 악기를 연주해 본다.

- 목금을 사용하여, 팝콘 만들기 노래의 1도인 'D'와 5도인 'A'만 가지고 연주하면서 소리가 들릴 때마다 유아들이 팝콘이 튀는 것처럼 표현해 보도록 한다. 처음에는 천천히 연주하다가 점점 빨리 연주해 본다.
- 규칙적으로 연주하다가 불규칙하게 연주할 수도 있다.

Music Activity 86

팽이

작사/곡 김진영

노래 이야기

민속놀이인 팽이 돌리기에는 많은 의미가 들어 있습니다.
팽이 하나를 돌리기 위해 줄을 촘촘히 돌려 감는 정성,
팽이가 땅에 제대로 서도록 힘껏 던지는 노력,
팽이가 계속해서 돌아갈 수 있도록 옆을 쳐주는 도움.

팽이는 힘이 다하면 쓰러지겠지만,
다시 누군가의 손에 들려 줄이 감겨지고,
땅 위에 세워질 때
다시 돌아갈 수 있는 힘을 얻게 됩니다.

활동을 위한 제안

사전활동

■ 노래와 관련하여 팽이 돌리기 활동을 해본다.

- 팽이를 직접 돌리면서 팽이가 움직이는 모습을 관찰한 후 노래를 부르면 더 효과적이다.
- 우리나라 전통 팽이 중에서 줄을 감아서 돌리는 팽이를 구해 직접 돌리는 모습을 관찰해 보는 것도 좋다.

노래 부르기

■ 노래를 배운다.

- 팽이 돌리기를 해본 경험을 나누며 팽이가 어떻게 움직였는지 이야기한다.
- 노래를 듣고 어떤 노랫말이 있었는지 이야기를 나눈다.
- '팽 팽 팽이가…' 처럼 기억하기 쉬운 노래의 부분들을 유아들이 따라해 보도록 하고 나머지는 교사가 부른다.
- 반복을 통해 익숙해지면 노래 전체를 부른다.

■ 다양한 방법으로 노래를 부른다.

- 노래를 한 번 더 부르며 노랫말에 맞춰 팽이가 돌아가는 모양을 흉내내어 본다.
- 이 노래는 굿거리 장단에 맞춘 노래로, 장단의 기본 소리를 들어보고 그에 맞게 무릎을 쳐 보기나 몸을 움직여 보면서 그 흥을 몸에 익히도록 하면 좋다.

Music Activity 87

한 몸

작사/곡 김진영

노래 이야기

우리 몸의 각 부분은
제각기 다른 모양으로 다른 위치에 있으면서
또 다른 역할을 합니다.

각각의 신체 부위는 한 몸을 이루는 데 중요한 요소들이기에
몸의 각 부분의 역할은 다른 부분의 역할과 비교될 수 없습니다.

그리고 한 부분이 아프게 되면,
다른 부분의 역할에도 영향을 주게 되죠.
몸의 각 부분처럼 사람들도
저마다 다른 모습으로 빚어내는 역할들이 합하여 한 몸을 이룰 때
아름다운 하모니가 만들어 지는 것입니다.

활동을 위한 제안

통합활동

■ 음높이가 있는 악기를 준비한다.

- 핸드벨이나 목금과 같은 악기를 준비한다.
- 도(c′), 레(d′), 미(e′), 파(f′), 솔(g′)의 다섯 음만 사용하므로 다른 음을 따로 분리해 놓아도 좋다.

• 각 음은 노랫말에서 얼굴의 각 부위로 짝지어져 있으므로 각 음에 얼굴 부위 표시를 붙여 놓을 수도 있다(입－도, 코－레, 눈－미, 귀－파, 머리－솔)

■ 다섯 개의 음과 다섯 신체 부위의 짝을 이용해 다양한 활동을 계획해 본다.

• 처음에는 머리(솔)와 눈(미)만 사용하여 소리를 구분해 보도록 한다.
• 음을 연주하면 신체 부위를 맞추거나 가리키도록 한다.
• 얼굴 각 부분을 가리키면 그에 맞는 음 연주하도록 할 수도 있다.
• 유아들이 두 가지 음에 익숙해지면 점차 다른 얼굴 부위에 해당하는 음을 늘려간다.

■ 그림자료를 이용하여 악기로 연주한다.

• 악기의 건반에 각 음에 해당하는 신체 부위를 붙여주고 그림을 보면서 노래를 연주해 보도록 한다.
• 그림카드로 패턴을 만들어 연주해 본다.

[예] 눈－코－입－눈－코－입, 눈－귀－귀－눈－귀－귀

■ 각 신체 부위와 음을 맞추기에 익숙해 지면, 노래 전체를 불러보거나 핸드벨 연주를 해볼 수 있다. 이때, 한 명의 유아가 한 개의 음을 연주하도록 역할을 정하면 좋다.

■ 노래와 음에 익숙해진 뒤 두 가지 신체 부위를 동시에 가리키며 연주하도록 하면, 화음을 들을 수 있다.

Music Activity 88

한 번 다시 일어나

작사/곡 김진영

노래 이야기

살다보면 넘어지는 때가 있습니다.
그러나 좌절하지 않는 것은
다시 일어설 수 있기 때문입니다.

혼자 다시 일어설 수 있기도 하지만,
스스로 일어설 수 있는 힘조차 없을 때에는
옆에 있는 누군가가 함께 잡아 일으켜 주기 때문에
다시 일어설 수 있습니다.

활동을 위한 제안

노래 부르기

- 노래를 손동작과 함께 부른다.
  - '한 번 다시' : 양손 검지를 세워 하나를 가리킨다.
  - '일어나' : 세운 손가락 하나와 함께 몸을 앞으로 숙였다 일어난다.
  - '두 번 다시' : 양손 검지와 중지를 세워 둘을 가리킨다.
  - '일어나' : 세운 손가락 두 개와 함께 몸을 앞으로 숙였다 일어난다.
  - '하나님이 손을 꼭 잡아주시니' : 한 손을 어깨 위로 들고 다른 손으로 그 손을 잡은 후 점점

위로 올린다.

- '세 번 다시' : 양손의 검지, 중지, 약지를 세워 셋을 가리킨다.
- '일어나' : 세운 손가락 세 개와 함께 몸을 앞으로 숙였다 일어난다.
- '두 번 다시' : 양손 엄지를 뺀 나머지를 세워 넷을 가리킨다.
- '일어나' : 세운 손가락 네 개와 함께 몸을 앞으로 숙였다 일어난다.
- '우리 함께 손을 꼭 잡아주리니' : 양쪽에 있는 친구의 손을 잡고 앞뒤로 흔든다.

■ 노래를 다양한 기회에 부른다.

- 친구가 아파서 결석했을 때 전화로 노래를 함께 불러 줄 수 있다.
- 하던 일이 잘 안 되서 친구가 속상할 때 노래를 불러 줄 수 있다.

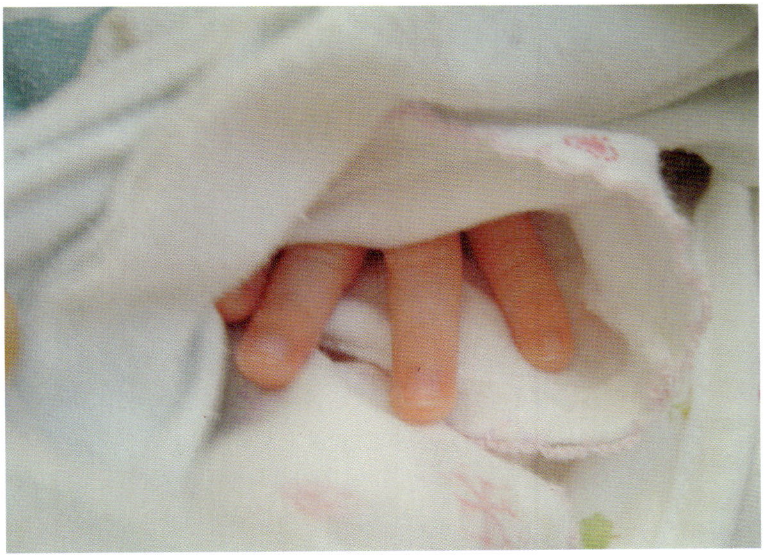

내가 다시 일어설 수 있는 것은 내가 잡고 있기 때문이 아니라
누군가 나를 잡아주시기 때문입니다.
Jinyoung s Never Ending Melody

Music Activity 89

할 수 있죠

작사/곡 김진영

노래 이야기

탄생 이후 매일의 삶이
유아들은 물론 모든 사람들에게 새로운 삶입니다.

누군가에게 모든 것을 의존해야 하는 삶으로 시작해서
무엇인가 하나씩 스스로 할 수 있게 되고
그래서 나의 도움이 필요한 다른 사람을 위해서
무엇인가 할 수 있게 되기까지 성장해 나가는 것은
유아기를 지나면서 누구나 거쳐가게 되는 과정입니다.

어제와 다른 오늘은 새로운 것을 보고 듣게 하고,
새로운 일들을 하게 하며, 새로운 생각과 마음을 갖게 합니다.
그래서 새로운 오늘만큼 성장하고,
새로운 오늘만큼 무엇인가를 할 수 있는 것이죠.

활동을 위한 제안

노래 부르기

■ 하루 일과 중에 노래를 자연스럽게 부른다.

- 이 노래는 유아의 독립적인 생활 습관과 관련된 노래로 혼자서 할 수 있는 활동, 즉 손을 씻거나 이 닦기 등을 할 때 자연스럽게 불러보면 좋다.
- 2/4박자에 맞추어 소리 패턴을 만들어서 노래를 부르면서 같이 해본다.

  [예] 무릎치기-손뼉치기-무릎치기-손뼉치기 등
- 혼자서 할 수 있는 다른 일들을 찾아보고 그에 따라 노랫갈을 바꾸어 불러본다.

  [예] 손을 씻죠, 이를 닦죠, 밥을 먹죠, 옷을 입죠 등
- 노랫말이 바뀌면 그에 맞게 다른 소리 패턴을 찾아보거나 몸을 움직이면서 노래를 불러볼 수 있다.

■ 노래를 3/4박자로 바꾸어 부른다.

- (2/4박자에 맞추어 부를 때와 비교하여) 어떻게 노래의 느낌이 달라졌는지 이야기를 나눈다. 유아는 박자가 바뀌었다고 말할 수는 없지만 조금 느려졌다고 느낄 수 있다.
- 2/4박자의 '나혼자서 잘해요' 대신 3/4박자에서는 '친구와 함께 잘해요'로 노랫말을 바꾸어 부른다.
- 친구와 함께 할 수 있는 일은 또 어떤 일들이 있는지 찾아보고 노랫말을 바꾸어 부른다.

  [예] 노래 하죠, 춤을 추죠, 정리하죠 등

통합활동

■ 노래를 부르며 악기 연주를 한다.

- 2/4박자로 부를 때와 3/4박자로 부를 때의 차이점을 느낄 수 있도록 악기를 박자에 맞춰 연주해 보도록 한다.
- 반주에 맞춰 노래하는 대신 악기로 다양한 리듬 패턴을 만들어 연주해볼 수 있다. 교사가 만든 리듬 패턴을 모방하여 반복해 보도록 하거나, 유아들이 스스로 리듬 패턴을 만들어 보도록 격려한다.

Music Activity 90

해바라기

작사/곡 김진영

노래 이야기

해바라기는 해만 바라봅니다.
그래서 꽃의 이름이 해바라기입니다.
해가 하늘에 떠오르면 하늘에 있는 해를 바라보고
해가 땅으로 지면 땅을 향해 고개를 숙입니다.

해바라기는 해를 향해 다가가기 때문에
이 땅에서는 키가 아주 큰 꽃이 되었습니다.

활동을 위한 제안

노래 부르기

■ 해바라기와 관련한 이야기를 나눈다.

[예] 왜 이름이 해바라기일까?, 해바라기는 키가 어떻게 컸을까? 등

■ 노래를 배운다.

- 노래를 듣는다.
- 어떤 노랫말이 들어 있었는지 생각나는 대로 유아들이 이야기를 해보도록 한다.
- 교사가 그림자료를 이용하여 노랫말을 알려준다.
- 교사와 유아가 노래를 두 마디씩 주고 받듯이 불러본다. 그리고 반대로 불러본다.

• 유아들을 두 그룹으로 나누어 노래를 두 마디씩 주고 받으며 불러보도록 한다.

• 노래 전체를 함께 부른다.

통합활동

■ 노래를 부르며 높이 뻗어보는 활동을 해본다.

• 벽에 높은 해바라기 그림을 붙여놓거나 교사가 해바라기가 될 수 있다.

• 유아는 음악에 맞추어 걷다가 까치발을 들고 해바라기 꼭대기로 손을 뻗어본다.

■ 해바라기 꽃이 되어본다.

• 교사 또는 유아가 해가 되어본다.

• 해바라기가 된 유아들은 해의 움직임에 따라 노래에 맞추어 움직인다.

내가 바라보고 있는 해가 웃고 있다면
나도 웃고 있는 것입니다.
Jinyoung's Never Ending Melody

Music Activity 91

형님반에 간다네

작사/곡 김진영

노래 이야기

방학이 지나고 유아들이 유치원에 돌아왔을 때
나는 그들이 많이 자라있음을 확연히 느낄 수 있었습니다.
키가 훌쩍 커있던 것은 물론이고, 생각하는 것이나 말하는 것들도
처음 4세반에 들어왔을 때와는 달랐습니다.

교사회의시간에 원장 선생님께서
"아이들이 방학 동안 많이 자란 것 같지요?"하고 물어보셨습니다.
교사들이 그렇다고 하자,
"누가 그렇게 아이들을 자라게 하셨을까?"하고 다시 물으셨습니다.

유아들이 자란 것은 방학 동안이었으니까,
부모님이 키워주셨다고 말해야 하나 망설이고 있는데
원장 선생님께서 다시 말씀하셨습니다.
"세월이 아이들을 자라게 한거지…"

'아하! 그렇구나…' 생각하고 있는데
"세월은 누가 주셨을까?"하고 다시 물으셨습니다.
순간 또 '아…'하는 탄성이 머릿속을 지나갔습니다.
세월을 주신 분이 아이들을 자라게 하셨겠죠?

활동을 위한 제안

노래 부르기

- 노래와 관련하여 이야기를 나눈다.
  - 유아들과 모여 앉는 시간에, 이제 며칠 뒤면 우리 반에 더이상 오지 않고 언니(누나)/오빠(형)들이 있는 반으로 올라가게 된다고 이야기한다.
  - 우리 반에 처음 왔을 때의 사진을 보여주며, 그때와 비교하여 지금은 어떻게 달라졌는지 이야기한다.
  - 우리 반에서 지내면서 어떤 일들이 재미있었는지 이야기를 나눈다.
- 그림자료를 보며 노래를 배운 후 여러 기회에 노래를 듣고 누르도록 한다.
- 이 노래는 종업식에 부르기 위한 곡으로, 학기가 끝나기 며칠 전부터 배경음악으로 틀어놓아 유아들이 익숙해지도록 한다.
- 종업식날 함께 부르고, 마지막 인사를 나눌 때 배경음악으로 틀어놓는다.

Music Activity 92

흔들 흔들

작사/곡 김진영

노래 이야기

스스로 움직일 수 있는 신체를 가진 것은 감사한 일입니다.
몸의 커다란 근육들을 움직일 수 있고,
작은 근육들을 사용하여 할 수 있는 여러 가지 일들에 대하여
우리는 또 한 번 감사할 수 밖에 없습니다.

그러나 동시에 내 스스로 통제할 수 있는
모든 움직임을 멈추고 귀를 기울여 본다면,
우리의 눈에는 보이지 않는 움직임들에 대해
느끼고 생각해 볼 수 있게 될 것입니다.

활동을 위한 제안

통합활동

■ 노랫말에 맞추어 몸을 움직이며 노래를 부른다.

- 노랫말에 나오는 신체 부위를 돌리거나 흔들며 살며시 움직여 본다.
- 노래의 1절에서는 어깨 → 팔 → 손 → 손가락의 순서로, 2절에서는 엉덩이 → 다리 → 발 → 발가락의 순서로 신체 중앙의 대근육에서 신체 바깥쪽의 소근육으로 움직임이 진행된다.

■ 마지막의 '귀 기울여 봅시다' 부분에서는 어떻게 할것인지 결정한다.

- 주의 집중을 위한 노래로 사용되어, 마지막 부분의 '모두 멈추고'에서는 손을 모아 무릎에 올려놓고, '귀 기울여 봅시다' 부분에서는 귀를 열어 경청하는 모습을 나타낼 수 있다.
- '귀 기울여 봅시다' 다음에 어떤 활동이나 과업을 제시하는 노래 게임을 진행할 수 있다.

  [예] '손을 머리에 얹어 보세요' 등

■ 이 노래에 익숙해지면, 음악에 맞추어 다양한 동작활동을 해본다.

- 신체 부분 중에 또 다른 어떤 곳을 움직여 볼 수 있는 부분에 대해 이야기를 나누고 몸을 움직여 본다.
- 몸의 움직일 수 있는 부위에 방울 등을 매달아서 몸의 움직임과 함께 흔들 수도 있다.
- 두 사람씩 짝을 지어 한 유아는 신체부위를 다양하게 흔들고 다른 유아는 거울이 되어 따라해 본다. 또한 역할을 바꾸어서도 해본다.
- 일렬로 선 후에 끝에 있는 유아가 신체부위를 흔들면 옆에 있는 유아가 따라하여 다른 쪽 끝에 선 유아에게까지 전달하는 활동을 해본다.

참고음반

NEM 001 너를 위한 자장가 : 그치지 않는 노래

수록곡

너는 정말 특별해 / 잠자리에 들시간 /
엄마 아빠가 들려주는 자장가 / 그치지 않는 노래 /
그의 강한 손으로 / 아빠 없는 새를 보았니? /
그 사랑을 모든 아이들에게 / 나의 사랑하는 자여

NEM 002 김진영 동요집 1 : 내 마음이 기쁘단다

수록곡

기쁨을 주는 생일 / 할 수 있죠 / 작은 조각 종이 /
내 마음이 기쁘단다 / 유치원에서 / 꾹 참았네 / 한 몸 /
크고 큰 우주, 작고 작은 우리 / 흔들 흔들 /
옛날 이야기 / 동산 가는 길 / 숲 속 친구들 /
낙엽을 밟으며 / 팽이 / 산타할아버지 오시는 날 /
집에 갈 시간 / 다시 살아나셨죠 / 기쁨을 주는 생일(MR) /
옛날 이야기(MR)

NEM 003 김진영 동요집 2 : 소리나는 편지

수록곡

꽃샘바람 / 봄 / 작은 집 창가에서 / 꽃씨 심기 /
팝콘만들기 / 나팔꽃 / 해바라기 / 물놀이 / 게 /
토끼 보는 날 / 공작새 / 닭 /
들짐승을 집에서 못 키우는 이유 / 정글 /
실로폰을 쳐보자 / 낙엽 / 소리나는 편지 / 추수감사 /
우리들의 마음속엔 / 우리 유치원

참고문헌

국내문헌

김성균(1982). 유아 음악 교육. 세광 음악 출판사.

김순옥(2001). 유아기 아동의 효과적인 가창지도 방법 연구. 음악과 민족, 22, 270-289.

김은정, 이정욱(2005). 유아 수학과 음악의 통합교육을 위한 이론적 고찰, 유아교육연구, 25(6), 201-220.

김영연(1995). 유아 애창동요의 실제 음역에 관한 연구, 한국 음악협회 논문집. 135-152.

김영연, 임혜정(2004). 유아 교육기관에서 선호하는 동요의 적합성에 관한 연구: 악곡 분석을 중심으로. 유아교육연구, 24(6), 193-208.

김인실(1997). 유아의 음악환경과 음악교육과의 관계에 관한 연그, 사회과학 연구 4(1), 167-176.

김진영(1998). 첫 번째 음악책. 한국 어린이 육영회.

김진영(2009). 김진영 동요집. 교문사.

김진영 · 엄정애 · 이승연(2007). 유아 교사를 위한 유아 음악 교육. 양서원.

김진영 · 이순영(2000). 음률활동 자료집. 한국어린이육영회.

손은주(2006). 노랫말 분석을 통해 나타난 동요의 문학적 특징에 관한 연구. 신라대학교 교육대학원 석사학위 논문.

신주현 · 김희연(2004). 가정의 음악환경과 예술교육 경험이 유아의 음악능력에 미치는 영향. 아동교육, 13(1), 5-21.

안경숙 · 이옥주(2003). 소리에 대한 음악과 과학교육 통합활동이 유아의 음악적 개념에 미치는 영향. 음악교육연구, 24, 49-65.

엄정애 · 박미경(2008). 새 노래 부르기 활동에서 다루고 있는 유아 교사의 음악적 개념과 지도의 어려움, 아동학회지, 29(3), 93-113.

윤선희(2001). 유아 음악능력 발달에 미치는 가정의 음악적 환경 요인, 음악교육연구, 21(1), 75-94.

이인원 · 김숙자(2006). 음악과 수학 통합활동이 유아의 음악능력과 수학 개념 형성에 미치는 영향. 열린유아교육연구, 11(2), 305-329.

임혜정(2003). 우리나라 유아동요의 음악적 문제. 한국음악교육학회 발표논문집, 169-172.

정혜선 · 김수영(2008). 가정환경변인과 유아교사변인이 유아의 음악적 능력 및 태도에 미치는 영향. 아동학회지, 29(2), 125-137.

조윤미(2004). 함께 즐기는 유아 국악 교육. 창지사.

주영은(2000). 유아의 동요 분석에 관한 연구. 음악교육연구, 19, 205-221.

황해익 · 손원경 · 손유진(2002). 유치원 수준별 교육과정 운영에 관한 연구. 유아교육연구, 22(4), 29-50.

국외문헌

Bamberger, J., & DiSessa, A.(2003). Music as embodied mathematics: A study of mutually informing affinity, *International Journal of Computers for Mathematical Learning, 8*(2), 123-160.

Brophy, J., & Alleman, J.(1991). A caveat: Curriculum integration isn' t always a good idea. *Educational Leadership*, 49(2), 64-66.

Buckton, R.(1977). A comparison of the effects of vocal and instrumental instruction on the development of melodic and vocal abilities in young children. *Psychology of Music, 5*(1), 36-47.

Chen-Hafteck, L., Niekerk, C. V., Lebaka, E., & Masuelele, P (1999). Effects of language characteristics on children' s singing pitch: Some observations on Sotho-and English-speaking children' s singing. *Bulletin of the Council for Research in Music Education, 141*, 26-31.

Cooper, N. A.(1992). Selected factors related to children' s singing accuracy: Pitch discrimination, vocal pitch accuracy. *Dissertation Abstracts International, 53*, 4244 A.

Diamantes, T., Young, K.M., & McBee, K.(2002). An analysis of reading and content area skills improvement through music instruction, *Reading Improvement, 39*(3), 114-118.

Edmonson, F. A.(1972). Effects of interval direction on pitch acuity in solo vocal performance, *Journal of Research in Music Education, 20*(2), 246-254.

Flowers, P. J. & Dunne-Sousa, D.(1990). *Pitch-pattern accuracy, tonality, and vocal range in preschool children' s singing. Journal of Research in Music Education, 38*(2), 102-114.

Forgarty, R.(1991). Ten ways to integrate curriculum, *Educational Leadership, 49*(2), 61-65.

Forrai, K.(1997). The influence of music on the development of young children, Music Research with children between 6 and 40 months, *Early Childhood Connections, 3*(1), 14-18.

Gardner, H.(1993). Creating Minds. New York: Basic Books.

Garland, T. H., & Kahan, C. V.(1995). Math and Music: Harmonious Connections. Dale Seymour Publications.

Geringer, J. M.(1983). The relationship of pitch-matching and pitch-discrimination abilities of preschool and fourth-grade students. *Journal of Research in Music Education, 31*(2), 93-99.

Goetze, M., & Horii, Y.(1989). *A comparison of the pitch accuracy of group and individual singing in young children, Bullentin of Council for Research in Music Education, 99*, 57-73.

Green, G. A.(1993). Unison versus individual singing and elementary students' vocal pitch accuracy. *Journal of Research in Music Education, 39*(3), 225-231.

Greenberg, M.(1979). *Your Children Need Music.* Upper Saddle River, NJ: Prentice-Hall, Inc.

Hornbach, C. M., & Taggart, C.C.(2005). The relationship between developmental tonal aptitude and singing achievement among kindergarten, first-, second-, and third-grade students, *Journal of Research in Music Education, 53*(4), 322–331.

Kim, J., & Lee, S.(2009). Pre-service teachers' perceptions and perspectives on early childhood music education: A comparative analysis of the US and Korea, *Advances in Music Education Research, 2*, 63–79.

Kim, J., & Choy, D. (2008). Learning to toot your own horn: pre-service teachers' integrating music into a childhood classroom. *Journal of Research in Childhood Education, 22*(4), 405–423.

Kim, J., & Choy, D.(2005). Investigation of pre-service teachers' self perception on musical knowledge and teaching efficacy. *International Journal of Early Childhood Education, 11*(2), 81–98.

Kim, J.(2001). Effects of word type, context and vocal assistance on children's pitch matching in singing. *International Journal of Early Childhood Education, 7*(2), 93–114.

Kim, J. (2000). Children's pitch matching, vocal range, and developmentally appropriate practice. *Journal of Research in Childhood Education, 14*(2), 152–160.

Kohlberg, L, & Hersh, R. H.(1977). Moral development: A review of the theory. *Theory into Practice, 16*(2), 53–59.

Leighton, G., & Lamont, A.(2006). Exploring children's singing development: Do experiences in early schooling help or hinder?, *Music Education Research, 8*(3), 311–330.

McDonald, D.T., & Simons, G. M.(1989) Musical Growth and Development: Birth through Six. New York: Schirmer Books.

Miller, L. K.(1990). The contributions of development versus music training to simple tempo discrimination. *Journal of Research in Music Education, 38*(4), 294–301.

Moore, R. S.(1991). Comparison of children's and adults' vocal ranges and preferred tessituras in singing familiar songs. *Bulletin of the Council for Research in Music Education, 107*, 13–22.

Moorhead, G. E., & Pond, D.(1978). Music of Young Children. Santa Barbara, CA: Pillsbury Foundation for Advancement of Music Education.

Nielsen, M. E.(1989). Integrative learning for young children: A thematic approach. *Educational Horizons, 68*(1), 19–24.

Ramsey, J. H.(1983). The effects of age, singing ability, and instrumental experiences on preschool children's melodic perception, *Journal of Research in Music Education, 31*(2), 133–145.

Rogers, G. L.(2004). Interdisciplinary lessons in musical acoustics: The science-math-music connection, *Music Educators Journal, 91*(1), 25 .

Scott, C. R.(1989). How children grow musically. *Music Educators Journal, 76*(2), 28−31.

Shelley, S.(1981). Investigating the musical capabilities of young children. *Council for Research in Music Education, 68*, 26−34.

Sims, W. L., Moore, R.S., & Kuhn, T. L.(1982). Effects of female and male vocal stimuli, tonal pattern length, and age on vocal pitch-matching abilities of young children from England and the United States. *Psychology of Music, 10*, 104−108.

Tanner, D., & Tanner, L. N.(1995). Curriculum Development: Theory into Practice. Upper Saddle River, NJ: Prentice Hall, Inc.

Vygotsky,(1978). Mind in Society. Cambridge MA: Harvard University Press.

Wassume, S.(1979). Elementary school children' s vocal range, *Journal of Research in Music Education, 27*, 214−226.

Weltch, G. F.(1979). Vocal range and poor pitch singing. *Psychology of Music, 7*(2), 13−21.

Weltch, G. F., Sergeant, D. C., & White, P., J.(1997). Age, sex, and vocal task as factors in singing "In Tune" during the first years of schooling. *Bulletin of the Council for Research in Music Education, 133*, 153−160.

찾아보기

지은이 소개

이화여자대학교 사범대학 유아교육 학사(B.A)
콜럼비아 대학교 유아교육 석사(M.A./ Ed.M, Teachers College, Columbia University)
콜럼비아 대학교 유아교육 박사(Ed.D., Teachers College, Columbia University)
이화여자대학교 사범대학 부속 이화유치원 교사
Hollingworth Center for Gifted Children, Teachers College 교사
Riverside Church Weekday School 교사
이화여자 대학교 유아교육학과 초빙교수
현재 뉴욕시립대 교수(The College of Staten Island, City University of New York)

저 서

4세 어린이를 위한 유치원 교육과정 운영의 실제(공저, 1992)
음률활동 자료집(1997)
유아를 위한 첫 번째 음악책(1998)
음률활동 자료집(2000)
The Musical Teacher: Preparing Teachers to Use Music in the Childhood Classroom(2004)
유아 교사를 위한 유아 음악 교육(공저, 2007)
김진영 동요집(2009)

음 반

너를 위한 자장가 : 그치지 않는 노래
김진영 동요집 1 : 내 마음이 기쁘단다
김진영 동요집 2 : 소리나는 편지
김진영 동요집 2-1 : A Singing Letter(영어본)

수 상

'그치지 않는 노래(Never Ending Melody)' 로 John Lennon Songwriting Contest 어린이 노래 부문 수상(2002)

홈페이지 http://www. neverendingmelody.com

통합적 유아 음악교육
유아와 함께 **노래 부르기**

2010년 2월 11일 초판 인쇄
2010년 2월 16일 초판 발행

지은이 김진영
펴낸이 류제동
펴낸곳 (주)교문사

책임편집 성혜진
본문디자인 이연순
표지디자인 황옥성
표지삽화 장태용
제작 김선형
영업 김재광 · 정용섭 · 송기윤

출력 다넷미디어
인쇄 삼신문화사
제본 과성제책사

우편번호 413-756
주소 경기도 파주시 교하읍 문발리 출판문화정보산업단지 536-2
전화 031-955-6111(代)
FAX 031-955-0955
등록 1960. 10. 28. 제406-2006-000035호

홈페이지 www.kyomunsa.co.kr
E-mail webmaster@kyomunsa.co.kr
ISBN 978-89-363-1025-7 (93370)

값 23,000원
*잘못된 책은 바꿔 드립니다.